KB129113

사례관리 전문가 [2판]

심화과정교육

한국사례관리학회 편
김성천 · 김경희 · 김연수 · 김은정 · 김현수 · 김혜성
민소영 · 박영숙 · 심정원 · 유서구 · 정병오 · 조현순 공저

Case Management Advanced Course

학지사

2판 머리말

　2012년, 사례관리의 기본과 관점을 왜곡하지 않고, 사례관리자 개인의 이해와 역량에만 의존하지 않도록 하기 위해 『사례관리 전문가교육-실무자 기초과정』을 발간하게 되었다. 도움이 필요한 클라이언트와 사례관리 실무자들을 위하는 방안을 위해 시간과 마음을 모은 집필자들의 노력과 헌신의 결과였다. 충분히 논의되고 준비되지 않은 '사례관리'는 복지의 다양한 영역에서 '해결책'과 '귀결점'으로 회자되면서 사례관리교육에 대한 요구는 더 세분화되고, 구체적인 실무과정에 대한 교육의 필요성이 제기되었다. 이에 한국사례관리학회는 기초과정, 심화과정, 슈퍼바이저 과정으로 교육과정을 기획하고 체계적인 교육을 담당하고자 2016년 『사례관리 전문가 심화과정교육』을 발간하였다.

　기초과정과 심화과정의 교육을 통해 실무자들과 함께 복합적이고 다양한 욕구를 가진 클라이언트와 소통하려 했고, '사람'과 '지역사회'에 대한 존중과 관심, 사례관리의 개념과 가치를 전달하고자 노력하였다. 심화과정교육에서 '욕구사정에서의 상담기술', '사례관리를 위한 자원 개발과 관리', '사례관리 사업평가 및 성과관리,' 개별 영역에서의 사례관리를 통해 실무자들에게 도움이 되도록 교육을 구성하고 교육해 왔다.

　사례관리의 영역이 확대되고, 사례관리 실무자들의 경험과 역량도 높아지면서 사례관리 교육과정과 내용, 교육에 대한 요구들이 더 구체적이고 다양해졌다. 이에 한국사례관리학회는 『사례관리 전문가교육-실무자 기초과정』을 수정·보완하고, 사례관리 대학 교재를 출판하기에 이르렀다. 심화과정의 개정을 위한 고민도 깊어지면서 교육을 담당해 오신 강사분들과 실무자들의 의견을 모아 수차례 회의를 거쳐 2판의 교육내용을 만들게 되었다.

기초에서 전문교육 요구도가 많은 부분을 심화과정으로 하자는 안과 새롭게 현장에서 제기되는 많은 영역 중에서 중요도에 따라 새롭게 내용을 구성하자는 의견이 팽배했다. 치열한 논의를 통해 기초과정에서 보다 심화해야 하는 부분을 중심으로 하되 현재 논의되고 있는 어젠다도 최소한 담아내면서 적용과 실습에 초점을 두는 『사례관리 전문가 심화과정교육』 2판을 집필하였다.

이 책의 제1부에서는 기초과정 사정 틀을 계승하면서도 사정의 개념, 사정 관련 이론, 사정의 주요 요소와 도구, 사정을 통한 목표 설정을 심도 있게 다루고, 주요 과정마다 연습과제를 제시하여 사례관리자가 실질적으로 사정을 할 수 있는 역량을 증진하는 데 초점을 두었다.

제2부는 사례관리 전문가 기초 교육과정 중 운영체계의 이해, 간접실천 부분에 대한 심화과정으로 집필되었다. 클라이언트의 욕구에 부응하는 자원의 반응 역량을 개발하고 강화, 유지되도록 하는 데 기여하는 사례관리자의 역량 향상을 목표로 '자원 개발과 관리'로 자원 개발, 자원관리, 내부 체계에서 일하기, 외부 체계와 일하기를 소개하고 배운 내용을 토대로 적용하고 사례를 실습으로 크게 다섯 개의 장으로 구성된다.

제3부에서는 '사례관리 평가 및 성과관리'로 사례관리실천을 클라이언트, 실무자, 조직, 지역사회 수준에서 다차원적으로 평가하기 위해 필요한 이론 및 실천 지식과 기술을 습득할 수 있도록 구성하였다. 아울러 과정평가와 성과평가로 나누어 평가 방법을 이해하고, 다양한 실제 사례들을 통하여 연습하면서 사례관리 평가 및 성과관리 내용을 이해할 수 있도록 집필하였다.

내용을 구성하고 합의하는 데도 활발한 논의가 있었듯이 이 책의 모든 부분이 심화과정 내용으로 충족되기는 어려울 것으로 보인다. 앞으로도 지금처럼 실무자들과 교육을 담당한 강사들의 의견을 통해 개정 작업은 이루어질 것이다.

많은 집필자와 합의된 의견을 도출하는 데 오랜 시간이 걸린 가운데도 이 책이 나올 수 있었던 것은 한국사례관리학회 2대 회장이신 김성천 교수님의 리더십과 포용력, 추진력의 힘이라고 생각한다. 학회에 대한 애정과 사회복지에 대한 열정, 실무자들에 대한 무한한 애정을 가진 많은 집필자의 노고가 아니었으면 힘들었던 작업으로 생각한다. 인세도 학회에 기부한 채 각 주제별로 팀을 꾸려 끊임없이 회의하고 고민하면서 탈고해 주신 분들의 노고에 다시 한번 깊은 감사의 말씀을 전한다. 아울러 한국사례관리학회의 발전을 위해 늘 지원을 아끼지 않으시는 학지사 김진환 사장님과 꼼꼼하게 편집을 맡아주신 이세희 선생님과 직원분들에게도 감사드린다.

많은 회의와 노력 끝에 집필진들이 탈고를 했지만 책이 출간되는 순간은 언제나 아쉬움과 부족함이 있을 것으로 생각된다. 앞으로 현장에서 필요로 하는 책이 될 수 있도록 독자들의 많은 관심과 조언 부탁드리며, 이 책을 계기로 현장과 학회 모두가 더 발전하기를 바라는 마음이다.

2022년 8월
(전)한국사례관리학회장 최말옥

1판 머리말

경제적 효율성을 강조하는 신자유주의와 신관리주의가 득세하면서 한국 사회복지에 사례관리 열풍이 불기 시작하였다. 그러나 한국에서도 급속하게 확대되고 있는 사례관리는 충분한 논의와 준비가 미진한 상태에서 급히 도입되면서, 정체성이 왜곡되고 혼란스럽게 적용되는 문제점을 노정하였고, 이를 바로잡기 위해 2009년에 한국사례관리학회가 결성되었다. 학회의 다양한 노력 중 하나가 한국사회복지사협회와 함께 책임감 있는 사례관리 전문가를 양성하는 교육체계를 마련하고 교육하는 것으로, 기초과정과 심화과정 그리고 슈퍼비전 과정으로 기획하고 진행해왔다. 교육 초기에는 전체 사회복지실천의 영역을 아우를 수 있는 보편적 대상을 염두에 둔 기본적으로 일반적인 교육 콘텐츠 개발에 입각한 기초과정 중심으로 교육이 이루어져 왔다. 이를 위해 2012년에 『사례관리 전문가교육-실무자 기초과정』이 발간되었고, 이를 기반으로 전문가교육에 힘써 왔다.

그러나 다양한 영역에서 사례관리가 적용되면서 기초교육만으로는 전문적 사례관리실천에 한계가 있어서 심화과정교육도 병행되어 왔으며, 그 노력의 결실로 심화과정 전문가교육을 위한 교재를 발간하게 되었다. 그동안 심화과정교육은 미발간된 심화과정 교재를 중심으로 이루어져 왔고, 심화과정교육 경험을 통한 수정 · 보완 작업을 통하여 정식으로 출간하게 된 것이다. 제1부 공통 영역은 기초과정의 심화로 '욕구사정에서의 상담기술', '사례관리를 위한 자원개발과 관리', '사례관리

사업평가 및 성과관리'의 내용으로 구성하였다. 제2부 특수 영역은 기초에서 다루지 못했던 개별 영역에 대한 것으로 '아동·청소년복지, 자활복지, 노인복지, 장애인복지, 학교사회복지, 다문화가족복지' 분야에서의 사례관리에 관한 내용으로 구성하였다. 물론 심화과정에서 다루어야 할 분야는 이 책에서 담은 내용보다 더 많지만, 이는 개정 작업을 통해 앞으로 보완해 나갈 것이다.

예정보다 오랜 집필 시간이 걸린 이 책이 나오기까지 먼저 필자들의 노고에 다시 한번 깊은 감사의 말씀을 전한다. 집필하는 과정에서 제도가 바뀌어 다시 수정하고 교육생들의 피드백을 받아 내용을 보완하는 등 오랜 기간의 노고 끝에 이 책이 나오게 되었고, 책 출간 이후의 인세도 학회에 기부하기로 해 주셨다. 이 책이 나오기까지의 지난한 과정을 책임져 주신 교육훈련분과장 유명이 교수님께도 새삼 심심한 감사의 말씀을 드린다. 그리고 늦어진 책의 출간을 인내해 주시고 학회의 발전을 위해 늘 지원을 아끼시지 않는 학지사 김진환 사장님과 직원 여러분께도 감사의 말씀을 전한다.

여러 노력을 기울였지만 심화과정 또한 부족함이 적지 않으리라고 생각한다. 독자들의 많은 지도편달을 바라고 이를 바탕으로 앞으로 더 좋은 책이 될 수 있도록 보완할 것을 약속드리며, 이 책을 통하여 한국사례관리가 한 걸음 더 발전하는 계기가 되기를 기원한다.

2016년 8월
한국사례관리학회장 김성천

차례

제
1
부

사
정
과
목
표

제3부

사례관리 평가 및 성과관리

제1부

사정과

목표

김경희, 김성천, 김연수, 김혜성

사정은 공급자 중심의 단순 서비스에서 요구(want)에 따른 이용자의 자격 조건과 해당 자원 여부에 대해 간단하게 이루어지면 되나, 복합적 욕구(need)를 가진 클라이언트를 도우려는 사례관리에서 그 영역이 넓고 역동적이어서, 숙련된 사정 역량을 요구하게 된다.

심화 과정에서는 기초 과정에서의 사정 틀을 계승하면서도 사정의 개념, 사정 관련 이론, 사정의 주요 요소와 도구, 사정을 통한 목표 설정을 심도 있게 다루고, 주요 과정마다 연습 과제를 제시하여 사례관리자가 실질적으로 사정을 할 수 있는 역량을 증진하는 데 초점을 두었다.

[학습목표]

1. 사례관리에서 사정의 개념과 특성을 이해한다.
2. 사례관리자가 갖추어야 할 자세와 역량을 숙지한다.
3. 다양한 사정의 이론적 틀을 숙지하고 성찰의 중요성을 숙지한다.
4. 사정의 다양한 요소와 도구를 이해하고 활용할 수 있는 역량을 습득한다.
5. 사정을 통한 목표를 세울 수 있는 과정과 전략을 습득한다.

제1장

사정의 개요

1. 사정의 개념

사정이란 사례관리자와 클라이언트가 함께 클라이언트의 욕구에 관한 정보를 수집하고 분석하며, 우선순위를 정하고, 종합화하는 과정이다(한국사례관리학회 편, 2019). 이는 초기 면접을 통해 사례관리 대상으로 선정된 클라이언트와 가족을 대상으로 직면한 문제와 어려움이 무엇이며, 변화를 기대하는 삶의 영역들이 무엇인지, 그리고 상호작용하는 환경 속의 다양한 체계들과의 관계는 어떠한지에 대한 정보를 수집하고 분석하여 제시하는 과정이라 할 수 있다. 이를 위해 사례관리자는 클라이언트의 관점에서 생각하려고 노력하면서 클라이언트가 이야기하는 모든 언어적 표현들을 경청하고 비언어적 표현들을 관찰한다. 이를 통해 클라이언트가 삶에서 해결하고자 하는 문제, 변화를 기대하는 부분들이 무엇인지를 발견하고, 그 내용들을 종합하여 논리적으로 제시하는 과업을 수행하게 된다. 또한 클라이언트의 주변 환경체계, 자원체계에 대한 정보를 수집하면서 클라이언트가 현재 직면한 어려움이나 문제 상황에 영향을 미치는 사회환경적 또는 사회구조적 요인, 문화적 요인, 법이나 제도적 측면에 이르기까지 폭넓은 틀에서 관련 정보를 파악하여 사정을 진행해야 한다. 영역별로 본다면, 사정 단계에서 사례관리자는 클라이언트와 가족이 직면한 위기 상황, 욕구와 강점 및 자원, 그리고 변화를 방해하는 장애물이 무엇인지를 구체적으로 파악하여 제시할 수 있어야 하며, 신체적 · 심리적 · 정신적 · 사회적 측면에서 클라이언트의 삶에 대한 전체적인 이해를 할 수 있어야 한다.

사정을 위해 사례관리자는 클라이언트와 가족, 이웃이나 지인, 지역의 복지기관 등 공식적 및 비공식적 자원체계에 속한 사람들과 지속적으로 소통하고 필요한 정보를 수집하며, 협업하는 과정을 거치게 된다. 또한 사정을 통해 파악된 여러 욕구들은 클라이언트와의 논의 과정을 통해 우선순위를 선정하여 추후 사례관리에서 다루게 될 합의된 목표로 전환될 수 있어야 한다. 그러므로 사정 단계에서 최종적으로 산출되는 욕구는 사례관리를 통해 해결하거나 변화되어야 할 삶의 구체적인 상황 또는 클라이언트의 바람, 기대, 희망과 관련이 있으며, 사례관리 전 과정을 통해 달성되어야 하는 목표, 그리고 목표 달성을 위한 서비스 계획을 수립하는 근거로서 중요한 역할을 하게 되므로 사정의 중요한 결과물이 된다.

2. 성찰적 실천으로서의 사정

사회복지실천 영역에서 일하는 사례관리자는 기본적으로 생태체계적 관점에서 '환경 속의 인간(person in environment)'을 조망하는 이론적 틀에 근거하여 실천하는 전문직이다(엄명용, 김성천, 윤혜미, 2020). 그런데 생태체계적 관점은 미시, 중시, 거시 체계들이 서로 관련이 있다는 점은 알려 주나, 무엇이 중요한지에 대한 개입 방향은 알려 주지 않기에, 사례관리자가 '환경 속의 인간(PIE)'에 관해 어떤 가치와 지식(이론)으로 무장되어 있느냐에 따라 사정의 방향과 내용은 달라질 수밖에 없다. 예를 들어, 클라이언트를 사정할 때 결핍과 문제 중심으로 사정할 수도 있지만, 결핍보다는 강점과 역량 중심으로 사정하기도 한다. 또한 욕구(문제)의 원인을 가족, 학교, 직장, 이웃 등의 미시적 환경에 초점을 두어 사정하는 사례관리자가 있는가하면, 차별과 낙인, 불합리한 정책과 제도 및 분배구조 등의 거시적 환경까지 사정을 하는 사례관리자도 있다. 이러한 차이점은 옳고 그름의 측면이 아니라 사례관리자의 교육과 실천환경에 따른 선호(選好)의 측면에서 조망되어야 할 것이다.

따라서 사례관리자는 자신의 실천이 어떤 모델과 이론에 근거하고 있는지에 대한 정체성이 있어야 하고, 더 나은 실천을 하기 위해 자신의 고정된 사정 틀에 안주하기보다 지속적으로 성찰[1]하며 성장하는 실천가가 되어야 한다. 성찰적 실천은 실천에 영향을 미칠 수 있는 다양한 요인들을 바라보게 하고(Johns, 2004), 자신이 알고 있는 한정된 지식체계에 대한 반성과 새로운 지식과 관점을 받아들임을 통한 변증법적 이행 과정이다(Payne, 1997). 이를 통해 사례관리자는 문제 상황을 더 낫게 분석하고 해결할 수 있는 역동적인 실천가로 거듭나며 성장하게 된다(김성천, 강희숙, 2021). 이러한 성찰 과정에서는 사례관리자의 지식적 측면만 아니라 사례관리자의 자기인식, 가치관, 자세 점검도 중시하여야 한다. 프로선수가 게임에 임할 때 최상의 컨디션을 만들어 임해야 하듯이, 사례관리자는 실천에 있어서 지적·심적·신체적으로 최선의 상태에서 임할 수 있도록 노력해야 할 의무가 있다(영국 사례관리자협회, 2018).

로젠탈 효과[2]에 의하면 사례관리자의 믿음과 가치, 이론적 관점 등은 클라이언트에게 큰 영향을 미친다고 볼 수 있기에, 사례관리자가 클라이언트와 실천에 대해 어떤 입장을 취하느냐는 사례관리의 사정과 개입 방향에 큰 영향을 주게 된다. 그러나 우리나라에서 사정의 주체자인 사례관리자가 사정의 대상이 되는 경우는 거의 없다. 그 이유는 사례관리자는 이미 해당 실천을 잘 할 수 있는 전문성을 지닌 주체로 전제되고 인정되고 있기 때문이다. 많은 국가에서 사례관리자의 자격 규정을 자격증과 교육훈련 및 일정 기간의 실천 경험을 담보한 자로 규정하고 있다. 그런데 한국에서는 사례관리자의 자격 규정[3]이 있더라도 실제로 구속력이 없고, 존중되지 않

---

1) 성찰성(reflexivity)이란 사례관리자의 실천이 과연 최선인가를 반추하며 깊이 살피는 것으로, 반영 또는 반성(reflectivity)과 혼용하여 쓰기도 한다(Cruz, 2007). 그러나 반영(反影)이 개인적 차원에서 자기 언행의 잘못이나 부족함이 없는지 돌이켜 보는 것이고, 성찰은 개인적인 수준을 넘어 사회적인 환경과 양자 간의 상호작용까지를 포괄하는 개념으로 본다(최명민, 김기덕, 2013).

2) 로젠탈 효과(Rosenthal Effect)는 타인의 기대나 관심, 격려 및 칭찬으로 인하여 능률이 오르거나 결과가 좋아진 현상을 교육적으로 증명한 것을 말한다. 교육 현장에 적용되는 피그말리온 효과(Pygmalion Effect)라고도 한다.

3) 한국사례관리학회에서는 사례관리자의 자격을 다음과 같이 규정하고 있다. "사례관리자는 사회복지사 1급

고 있어서 과연 사례관리자가 자격을 갖춘 전문가인가에 대해서는 회의적인 경우가 적지 않기에 이에 대한 점검은 중요하다. 따라서 사례관리자는 계속 자기성찰과 검열 그리고 성장을 위한 노력을 해야 한다. 사례관리자는 자신의 개인적·전문적 가치와 이론적 관점은 무엇이며, 그것이 어떻게 자신의 실천과 행동을 규제하며, 클라이언트 원조와 대인관계에 영향을 미치는가를 항상 염두에 두어야 한다. 이를 위해 사례관리자는 업무 영역과 관련된 정기적인 슈퍼비전과 교육에 참여해야 하고, 지속적인 전문성을 증진하고 유지하기 위해 노력해야 한다. 〈표 1-1〉은 사례관리자가 자신의 전문성을 높이기 위한 자기 이해의 측면에서 점검해야 할 사항들이다.

〈표 1-1〉 사례관리자의 자기인식 점검 요소

• 사례관리자의 가치, 태도에 관한 성찰	• 자신이 행하는 실천의 가치와 태도에 성찰하는 시간을 갖고 있는가? • 사례관리에 관련된 자신의 강·약점, 편견 등에 대한 자기인식을 얼마나 어떻게 점검하는가? • 사례관리자의 가치와 신념은 무엇이며, 그것이 어떻게 사례관리에 영향을 주고 있는가? • 사회복지 윤리와 선서의 내재화 및 기관 규정 준수 등 윤리적 태도는 어떠한가? • 사회정의 역량, 인권 감수성, 성인지 감수성, 장애 감수성, 다문화 감수성은 어떠한가? • 사회의 불의와 부정을 거부하고, 개인 이익보다 공공 이익을 앞세우려고 노력하는가?
• 사례관리자가 활용하고 있는 접근법(지식, 기술) 성찰	• 자신이 실천에 활용하는 지식(이론)과 모델의 강점과 약점은 어떠한가? • 소외되고 고통받는 사람들의 편에 서서, 클라이언트의 인권과 권익을 지키고자 노력하는가? 어떻게 노력하는가? • 클라이언트뿐만 아니라 그 외 다양한 체계(자원체계, 관료체계 등)들과 의사소통할 수 있는 역량(경청, 의사 표현, 의사 전달, 설득 등)을 갖추고 있는가?

자격증 취득 후 사회복지실천 경력 2년 이상인 자이거나 사회복지사 2급 자격증 취득 후 사회복지실천 경력 4년 이상 되어야 하며, 사례관리와 관련된 교육과 훈련을 받은 자이어야 한다."

3. 사정에 필요한 역량

사정을 위해 사례관리자가 갖추어야 하는 역량은 다음과 같다(한국사례관리학회 편, 2020).

첫째, 관계를 형성하고 욕구를 확인하는 능력이다. 사정은 목적지향적인 활동으로(Wilson et al., 2008), 사정 과정에서 가장 중요한 사례관리자의 과업은 클라이언트와 가족의 욕구를 탐색하고 확인하는 것이다. 이를 위해 사례관리자는 초기 면접 단계에서부터 클라이언트 및 가족과 상호 신뢰에 바탕을 둔 좋은 관계를 형성해야 한다. 그리고 이러한 관계의 토대 위에서 클라이언트 및 가족과 면담하면서 이들이 호소하는 문제나 어려움에 귀를 기울이고, 클라이언트의 요구나 요청, 그리고 그 이면에 있는 충족되거나 해결되어야 할 삶의 상황이 무엇인지를 파악하여 이를 구체적인 욕구로 제시할 수 있어야 한다.

둘째, 지식에 기반한 사정을 수행해야 한다. 여기에는 생태체계 관점, 강점 관점, 사회복지실천에 관한 모델이나 이론, 인간행동과 발달에 대한 이론이나 지식, 그리고 정신건강이나 중독, 가정폭력이나 학대 등과 같은 특정 분야에 대한 지식들이 적용된다. 즉, 사정이란 단순히 클라이언트와 가족으로부터 얻은 정보를 정리하여 나열하는 것이 아니라 사례관리의 근거가 되는 관점, 이론이나 모델 등의 지식적 기반 위에 클라이언트의 상황과 관련하여 수집한 다양한 정보들을 분석하고 종합하여 제시하는 작업이라 할 수 있다.

셋째, 적절한 질문을 통해 면담을 구조화할 수 있는 능력을 갖추고 있어야 한다. 사정 과정에서 사례관리자는 클라이언트가 처한 삶의 상황에 관한 정보를 수집하기 위해 구체적인 질문을 던지고, 클라이언트의 이야기를 경청하며, 적절한 반응을 할 수 있어야 한다. 또한 주어진 시간 내에 클라이언트의 삶의 다양한 영역들에 관한 정보를 수집하기 위해 면담을 구조화하여 진행할 수 있는 능력을 갖추고 있어야 한다. 즉, 사례관리자는 클라이언트의 다양한 욕구, 강점, 장애물을 사정할 수 있는 적절한 질문들을 클라이언트가 이해할 수 있는 언어로 제시할 수 있는 역량을 지니

고 있어야 한다. 또한 경청, 공감, 탐색, 명료화 등 다양한 면담기술들을 적절하게
잘 활용할 수 있는 실천기술들을 구비하고 있어야 한다.

넷째, 관찰할 수 있는 역량을 지니고 있어야 한다. 사례관리자는 초기 면접이나
사정을 위해 가정방문을 할 수 있으며, 방문 시 클라이언트와 가족의 상호작용, 가
정이 위치한 지리적 여건과 물리적 환경, 가정 내 위생상태 등을 관찰할 수 있다. 뿐
만 아니라 클라이언트와 면담 시 비언어적으로 전달되는 메시지를 통해 클라이언
트의 감정, 태도, 가족원들과의 관계, 선호 등에 관한 정보를 얻을 수 있는데 이와
같은 정보들은 관찰을 통해 파악할 수 있는 중요한 정보이기에 사례관리자는 관찰
자로서의 역량을 갖추고 있어야 한다.

다섯째, 사정에 필요한 구체적 정보들이 무엇인지 알고 있어야 하며, 다양한 차원
에서 클라이언트와 가족에 대해 신뢰할 수 있는 정보들을 수집할 수 있어야 한다.
사정 과정에서 사례관리자는 일차적으로 클라이언트가 호소하는 주요 문제나 어려
움에 귀를 기울이지만 면담을 진행하는 과정에서 안전, 건강, 일상생활, 경제, 가족
관계, 돌봄, 사회적 관계, 취업 등 클라이언트와 가족의 삶의 여러 영역들을 살펴보
며 충족되지 못한 욕구 또는 사례관리를 통해 다루어야 할 주요 이슈들이 무엇인지
살펴보아야 한다. 이를 위해 사례관리자는 욕구사정을 위해 확인해야 하는 구체적
인 삶의 영역들을 알고 있어야 하며, 다양한 정보원들로부터 클라이언트의 욕구, 강
점 및 자원, 장애물 사정을 위한 정보 수집을 해야 한다.

여섯째, 수집된 정보들을 통합하는 능력을 갖추고 있어야 한다. 사례관리자는 다
양한 정보원으로부터 수집한 자료들에 근거하여 클라이언트와 가족에 대한 종합적
인 사정을 실시해야 한다. 이 과정에서 수집된 정보들을 객관화하고, 제시된 사실에
근거한 전문적인 판단을 실시하여 논리적인 최종적 사정을 할 수 있는 역량을 구비
해야 한다.

일곱째, 클라이언트와 상의하여 제시된 욕구들의 우선순위를 결정하고 이를 목
표와 연결시킬 수 있는 역량을 갖추고 있어야 한다. 사례관리자는 사정 과정을 통해
제시된 다양한 욕구들을 클라이언트와 논의하는 과정을 통하여 우선적으로 사례관
리를 통해 다루어야 하는 욕구들로 제시해야 한다. 이러한 욕구들은 사례관리의 합

의된 목표를 결정하는 기반이 되는 것으로 중요하며, 사례관리의 목표는 반드시 사정된 욕구와 논리적으로 연결될 수 있도록 수립되어야 한다.

여덟째, 사례관리자는 사정 시 사례와 관련된 자신의 이슈, 개인력이나 가족력, 실천 경험, 그리고 사회적 편견이나 차별 등에 관해서 성찰할 수 있는 시각과 함께 윤리적 민감성과 문화적 민감성을 지니고 있어야 한다. 사례관리자는 자신의 개인적인 경험에 기반한 편견이나 선입견이 사례관리에서 클라이언트와의 관계나 사례진행에 영향을 미치지 않도록 유의해야 한다. 그리고 사회복지실천의 윤리와 가치에 기반한 실천이 이루어지도록 하는 노력을 해야 하며, 문화적 배경이 다른 클라이언트와 함께 일할 때는 문화적 민감성을 지니고 사정이 이루어지도록 각별히 유념해야 한다.

4. 다각적 차원의 정보 수집

사정을 위해서는 다양한 정보원으로부터 클라이언트와 가족에 대한 정보를 수집해야 한다. 사례관리자는 기본적으로 클라이언트와 가족구성원과의 면담을 통해 직면한 위기, 욕구, 강점과 자원, 그리고 장애물에 대한 정보를 수집해야 한다. 동일한 문제나 직면한 어려움에 관해 가족구성원마다 그 상황을 바라보는 관점이나 시각이 다를 수 있기 때문에 중요한 문제의 경우 가능하다면 가족구성원 모두의 의견을 들어 보는 것이 좋다. 또한 클라이언트와 가족이 관계를 맺고 있는 이웃이나 지인, 그리고 서비스를 이용하고 있는 지역사회 내의 타 복지기관이나 행정복지센터, 기타 시설의 실무자와 접촉하여 클라이언트와 가족에 대한 정보를 수집해야 한다.

만약 학교 적응에 어려움을 경험하고 있는 아동에 관한 사정을 하고 있다면 아동과 부모를 먼저 면담해야 하며, 학교 선생님과 연락을 취하여 학교에서 아동이 어떻게 생활하고 있는지에 대한 구체적인 정보를 수집한 후 이러한 정보들을 종합하여 아동의 현재 학교적응 상태에 대한 사정을 해야 한다. 또 다른 예로 신체적 및 정신적 건강에 문제가 있는 독거 어르신이나 청장년 1인 가구에 속한 클라이언트에 대한 사정을 하고 있다면 가깝게 지내는 지인이나 교류가 있는 이웃과 접촉하여 클라이언트에 대한 정보를 추가적으로 수집해야 하며, 함께 살지는 않지만 클라이언트에게 자녀나 형제자매 등 가족이 있다면 필요시 클라이언트의 동의를 얻어 이들과도 접촉하여 클라이언트에 대한 정보를 수집할 수 있도록 노력해야 한다.

사정 단계에서 사례관리자가 정보 수집을 위해 면담을 하거나 접촉해야 하는 체계들은 다음과 같다.

1) 클라이언트와 동거 가족

클라이언트는 사례관리자가 일차적으로 접촉하고 면담을 실시하여 안전, 건강, 경제, 가족관계, 사회생활, 일상생활 등 삶의 다양한 영역에서 직면한 어려움, 욕구, 강점 등에 관한 정보를 수집해야 하는 일차적 대상이다. 사례관리자는 반드시 클라이언트와 대면으로 면담을 진행하여 사정에 필요한 정보를 수집해야 하는데, 가정방문을 실시하여 클라이언트에 대한 면담을 진행하는 것이 일반적이다. 아울러 클라이언트가 함께 생활하고 있는 동거 가족이 있다면 가정방문 시 가족구성원에 대해서도 면담을 실시하여 가족원이 지니고 있는 문제에 대한 인식, 변화에 대한 욕구와 강점이 무엇인지에 관한 정보도 면밀히 수집해야 한다.

사례관리에서 클라이언트와 가족을 하나의 체계로 보는 것은 매우 중요하며, 클라이언트와 가족구성원 모두를 대상으로 제시된 문제와 욕구, 그리고 강점과 자원을 살펴보고 종합적인 사정을 할 수 있어야 한다.

2) 비동거 가족구성원 또는 확대 가족의 구성원

사례관리자는 클라이언트에 대한 정보 수집을 위해 필요시 비동거 가족구성원이나 확대 가족의 구성원과 접촉해야 한다. 특히, 클라이언트가 1인 가구일 때 클라이언트에게 비동거 가족원이 있다면 필요한 경우 클라이언트의 동의를 얻은 후 비동거 가족원에게 연락을 취하여 클라이언트와 관련된 정보를 수집하거나 클라이언트의 거취와 관련된 상의를 해야 한다. 또한 상황에 따라서는 클라이언트의 확대 가족까지 범위를 넓혀서 클라이언트에 대한 정보 수집을 하거나 클라이언트와 관련된 논의를 해야 할 수도 있다. 특히, 자원에 대한 사정을 실시할 때 클라이언트의 비동거 가족구성원 및 확대 가족원 가운데 클라이언트에 대한 지지체계가 될 수 있는 인적 자원에 대한 사정을 실시하는 것이 사례관리 사정에서 중요하다.

그러나 만약 1인 가구인 클라이언트가 가족과의 관계가 단절되어 있는 상태라면 사례관리자는 비동거 가족원이나 확대 가족의 구성원이 있는지, 이들 중 향후 클라이언트에 대한 지지체계가 되어 줄 수 있는 사람이 있는지에 대해 살펴보아야 한다. 이 과정에서 비동거 가족원이나 확대 가족구성원과 접촉해야 할 상황이 발생한다면 클라이언트의 동의를 구해야 하며, 이들과 연락하는 목적이 클라이언트에 대한 최선의 서비스를 제공하기 위함임을 클라이언트와 가족구성원에게 인식시켜야 한다.

3) 이웃, 친구, 가까운 지인 등

클라이언트와 관련된 정보를 수집할 때 이웃이나 친구, 가깝게 지내는 지인 등을 함께 면담하는 것도 사정에 필요한 중요한 정보를 얻을 수 있는 좋은 방법이다. 이들은 클라이언트의 사회적 지지체계이자 클라이언트에 대한 객관적 정보를 보다 포괄적으로 수집하는 데 중요한 정보원이 될 수 있으며, 향후 클라이언트를 지원해 줄 수 있는 비공식적 지지망의 구성원이 될 수 있으므로 사정 단계에서부터 이들과 접촉하여 필요한 정보를 수집하는 것이 좋다. 물론 이 과정에서도 클라이언트의 친구나 지인과 연락을 취하기 위해서는 클라이언트의 동의가 필요하며, 이웃의 경우는 클라이언트와 자주 왕래를 하거나 클라이언트와 인접하여 살고 있어 클라이언트의 생활에 대한 정보를 줄 수 있는 사람을 면담하는 것이 좋다.

4) 클라이언트에 관한 정보를 줄 수 있는 교사, 의사, 타 기관의 실무자 등

사례관리자가 만나게 되는 클라이언트와 가족원은 학교에 다니거나 병원이나 지역사회 내의 다른 복지기관이나 시설을 이용한 경험을 지니고 있을 수 있다. 만약 사정에 있어 클라이언트나 가족원의 학교생활, 건강상태, 타 기관에서 이용하고 있는 서비스 등에 관한 구체적 정보가 필요하다면 사례관리자는 이러한 정보를 줄 수 있는 교사, 의사, 타 기관의 실무자 등과 접촉하여 상황을 설명하고 클라이언트와 가족원에 대한 정보를 수집해야 한다. 이와 같은 정보는 클라이언트의 사회적 기능 수준이나 건강상태 등에 대한 보다 객관적인 정보를 수집하는 데 기여한다. 그러나 병원 기록이나 건강상태와 관련된 진단 기록 등은 개인정보와도 관련된 부분이므로 열람을 하거나 정보를 얻는 데 한계가 있을 수도 있기 때문에 이 점을 감안하여 최대한 필요한 객관적 정보를 얻을 수 있는 노력을 해야 한다.

5) 클라이언트에 관한 이전 기록

만약 클라이언트가 이전에 사례관리 서비스를 이용한 적이 있거나 공공복지 영역에서 서비스를 이용한 적이 있다면 사례관리자는 이에 관한 기록을 확인해 볼 수 있으며, 그 내용을 사정 단계에서 참고할 수 있다. 이러한 기록에는 클라이언트의 과거 서비스 이용 내역이나 관련 상황들에 관한 정보가 제시되어 있으므로 클라이언트의 현 상황을 이해하는 데 참고 자료가 될 수 있다.

6) 지역사회의 자원체계

사정 단계에서 클라이언트가 과거 활용하였거나 현재 활용하고 있는 지역 자원과 향후 활용 가능한 자원이 무엇인지를 탐색하는 것은 매우 중요하다. 사례관리는 클라이언트의 욕구 충족 및 문제해결을 위해 필요한 다양한 자원체계를 동원하고 활용하는 과정이라고도 할 수 있으므로 사례관리자는 사정 단계에서 클라이언트와 가족이 활용하고 있는 자원체계, 그리고 앞으로 동원되어야 할 자원체계에 대한 충분한 정보를 수집해야 한다. 여기에는 지역 내의 다양한 인적 및 물적 자원체계, 복지시설이나 재단, NGO, 행정복지센터 등과 같은 관공서, 상담기관이나 보호시설, 자원봉사단체 등 공식적 및 비공식적 자원체계들이 모두 포함될 수 있다.

7) 사회구조적(제도, 정책, 문화) 차원의 정보체계

사정 단계에서 사례관리자가 수집해야 하는 정보에는 클라이언트의 제시된 욕구와 관련하여 활용 가능한 제도 및 정책들이 포함된다. 예를 들면, 국민기초생활보장제도, 긴급복지지원제도, 의료급여제도, 장애인복지제도(장애연금, 장애수당, 장애자립자금 등), 바우처 제도 등과 같은 제도나 정책들을 비롯하여 지자체 차원에서 동원하거나 활용할 수 있는 경제적 지원 및 가족지원제도나 정책들이 무엇인지에 관한 정보를 수집하는 것이 포함된다.

또한 사례관리자는 클라이언트가 살고 있는 지역사회를 포함하여 사회구조적, 사회경제적 차원에서 클라이언트와 가족이 어떤 계층에 속해 있으며, 그와 관련하여 나타나는 특성이 무엇인지, 경험하게 되는 사회적 불평등이나 차별, 편견이나 낙인 등이 있다면 무엇인지 등에 관해서도 살펴보아야 한다. 뿐만 아니라 클라이언트가 타 문화권으로부터 이주를 통해 한국 사회에서 살고 있다면 클라이언트의 문화적 배경에 대한 이해가 필요하며, 문화적 차이로 인해 경험하게 되는 것들이 무엇인지를 고려한 사정을 실시해야 한다.

제2장

사정 이론

1. 사정의 이론적 틀

사례관리자가 어떤 지식과 이론적 틀에 근거하여 사정하느냐에 따라 사정의 초점과 범위는 달라지게 된다. 이것은 의료에 비유하자면, 양방과 한방이 환자를 진단하는 틀과 치료의 방법이 매우 다른 것에 비유할 수 있다.

이 책에서는 사회복지 사례관리의 기본적 입장인 '환경 속의 인간'을 통합적으로 사정하기 위해 적합한 이론적 틀로 ① 브론펜브레너(Bronfenbrenner, 1993)의 생태체계 모델, ② 핀쿠스와 미나한(Pincus & Minahan, 1973)의 체계 모델, ③ 얀 푹(Jan Fook, 1993)의 통합적 사정, ④ 톰슨(Thompson, 2001)의 PCS 체계, ⑤ 도미넬리(Dominelli)의 전체적 개입 도표(holistic intervention chart)의 틀을 소개하고자 한다. 임상 중심의 미시적 실천과 교육에 익숙한 사례관리자들은 아마도 ③, ④, ⑤번의 틀은 다소 생소할 수 있다. 그러나 사례관리자가 지역사회 중심의 통합적 실천을 지향하는 사정 역량을 갖추는 것이 중요하기에, 기존의 교재와 교육에서는 소개되지 않고 있는 거시적 사정 틀을 추가하여 소개한다.

1) Bronfenbrenner의 생태체계 사정 틀

일반적으로 생태체계 접근은 미시, 중시, 거시의 3차원으로 설명하는 데(Germain & Gitterman, 1995; Compton & Gallaway, 1999) 반하여, 브론펜브레너(Bronfenbrenner, 1993)의 생태체계 모델에서는 인간이 자신을 둘러싼 미시체계, 중간체계, 외체계, 거시체계, 시간체계와 끊임없이 상호작용하는 존재로 본다(임은미, 구자경, 2019). 브론펜브레너는 중시체계에 해당하는 중간체계를 미시체계 간의 관계성이 맺어지고 있는 장소로 보았고, 거시체계를 클라이언트에게 직접 영향을 주는 외체계와 간접적인 영향을 주는 거시체계로 분류하였다. 또한 시간성의 개념을 넣어 각 체계들을 사정할 때 시간의 흐름에 따라 변화하면서 상호작용이 이루어지는 점을 고려하였

〈표 2-1〉 **생태체계 사정의 차원과 내용**

사정 차원	사정 초점	사정 대상
미시체계	• 개인이 직접 접촉하고 상호 교류할 수 있는 체계	• 개인과 밀접한 관계가 있는 가족, 학교, 직장, 여가생활 등
중간체계	• 미시체계들이 생산적으로 또는 갈등하는 상호작용을 하고 관계를 맺는 곳	• 비교적 친밀한 인간관계에서의 문제 • 보편적인 사회적 관계에서의 문제 · 공식적 조직과의 문제(병원, 사회복지기관, 공공기관 등)
외체계	• 클라이언트와 직접적인 접촉은 거의 없지만 클라이언트의 미시체계에 영향을 미치는 사람, 기관, 제도	• 이웃 • 서비스 기관 • 직장과 사회적 지지망 • 다양한 언론 매체 • 국가정책과 법
거시체계	• 클라이언트에게 직접 영향을 미치지 않지만 외체계에 영향 주고, 외체계는 미시체계와 중간체계에 영향을 줌으로써 결국 클라이언트에게 영향을 줌	• 산업구조, 경제 상황, 국가 간 무역 형태 • 이주 유형, 문화적 신념 • 계속되는 하위 집단 간 사회정치적 갈등 종교
시간체계	• 클라이언트, 미시체계, 중간체계, 외체계, 거시체계가 각자 시간에 따라 변화하면서 상호작용하는 모습을 반영	• 생활력 • 가계도, 생태도, 사회도의 변화

다는 점에서 사례관리의 복잡성과 통합성을 이끌어 낼 수 있는 유용한 사정 틀이라고 평가할 수 있다. 브론펜브레너의 생태체계 모형에 근거하여 사정할 경우에 그 초점과 대상은 〈표 2-1〉과 같다.

2) Pincus와 Minahan 체계 모델 사정 틀

핀쿠스와 미나한(Pincus & Minahan, 1973)은 사회복지실천 현장에서 작동하는 체계를 변화매개체계, 클라이언트 체계, 표적체계, 행동체계, 전문가 체계 등으로 제시하였고, 이는 기본적인 사정 범주로 볼 수 있다. 그런데 사례관리실천 현장에서 주로 이루어지는 사정의 주 초점은 클라이언트 체계, 표적체계, 행동체계에 국한되는 경향이 있다. 따라서 사례관리자(변화매개체계)와 변화촉매체계(사례관리의 환경), 슈퍼비전 체계에 대한 사정은 상대적으로 간과되고 있어서 이에 대한 성찰이

〈표 2-2〉 체계 모델에서 사정의 차원과 내용

사정 차원	사정 초점	사정 내용
변화매개체계/ 변화촉매체계	• 클라이언트의 변화를 도모하기 위해 노력하는 변화매개인과 영향을 주는 변화촉매 체계	• 사례관리자의 자기 점검, 평가 • 사례관리기관, 상담실, 각종 쉼터, 서비스 기관, 가족과 이웃 등에 대한 사정
클라이언트 체계	• 사례관리자에게 도움을 청하거나 어떤 문제해결을 위해 사례관리자와 공동의 노력을 기울이겠다고 계약한 사람(체계)	• 클라이언트 개인 • 불편과 피해를 호소하거나(예: 이웃) 보호를 요청하는 의뢰체계(예: 경찰)
표적 체계	• 클라이언트의 변화를 위해 같이 변화되어야 할 체계	• 가족, 이웃, • 관련 법(조례)과 정책 • 문화
행동체계	• 클라이언트를 지원하기 위해 함께 할 수 있는 모든 체계	• 자원체계 • 네트워크
전문가 체계	• 복합적 욕구와 문제를 해결하기 위한 슈퍼비전 체계	• 슈퍼비전 시스템 • 내부 슈퍼바이저 • 외부 슈퍼바이저

필요하다. 이와 같이 핀쿠스와 미나한이 제시하는 체계 모델은 사례관리에서 간과하고 있는 사정의 대상을 상기시켜 준다. 핀쿠스와 미나한의 체계 모델에 근거한 사정의 초점과 내용은 〈표 2-2〉와 같다.

3) Jan Fook의 통합적 사정 틀

『급진개별사회사업(Radical Social Casework)』(1993)을 저술한 푹(Fook)은 전통적 사회복지실천이 거시적 요인을 간과하고 있음을 비판하면서, 전통적 사정 방법에 진보적 사정 방법을 접목시켜서 사정의 영역을 확장해야 한다고 주장하였다. 푹은 전통적 사정 틀을 부정하지 않으나, 그 한계를 극복하기 위한 시도로 거시적 사정 틀을 도입하여 확장된 사정 틀을 제공하고자 하였다. 전통적 사회복지실천에서 사회 환경은 단순히 가족, 친구, 동료와 같은 미시적 환경(social milieu)으로 이해되는 반면, 진보적 사회복지실천에서는 더 넓은 사회경제적 구조(지배적 이데올로기, 권력 갈등, 은폐되어 있는 착취적·억압적 관습, 제도 등)로 사정의 영역이 확대되어야 한다고 보았다. 푹이 제시한 사정의 초점과 내용은 〈표 2-3〉과 같다.

〈표 2-3〉 Jan Fook의 통합적 사정 틀

	전통적(미시적) 사정		진보적(거시적) 사정	
	사회적 환경(social milieu) 강조		사회경제적 구조 강조	
	문제는 직접적 환경에 대처하는 개인의 무능력에 기인한다.		개인의 문제는 사회경제적 구조에서 발생하는 '부적합성'으로 인해 야기된다.	
사정	환경에 대처하지 못하는 개인	• 부적절/비효과적 상호작용 • 역할 수행의 스트레스, 역할 수행 능력 부재 • 비현실적 역할 기대 • 규범 갈등 • 과거의 경험으로 인한 부정적 학습 • 대인관계의 문제, 사회적 지지 부족 • 사회적 고립 • 물질적 자원 결핍	부적합한 사회 경제적 구조	• 권력의 부족 • 이데올로기적 역할 제한 • 이익 집단 갈등, 집단 규범의 숨겨진 사회적 기능 • 개인적·사회적 변화에 대한 무능력 • 사회적 낙인과정의 영향 • 사회경제적 구조의 제한

목표	개인이 직접적 환경에 적응하고 대처하도록 돕는 것		사회경제적 구조의 영향에 대항하는 통제력을 증진시켜 사회적 상황을 변화시키는 것	
	사회적 상황에 적응·대처할 수 있도록 원조	• 상호작용 개선 • 스트레스 경감, 기대의 수정 • 개인 간 갈등 해소 • 현재와 과거 경험 분리 • 대인관계 개선, 사회적 지지 강화 • 물질적 지원 제공	구조적 측면을 변화·통제할 수 있도록 원조	• 착취당한 사람의 권력 증진 • 이데올로기적 제한 축소 • 지배이익 집단의 착취 축소 • 집단 규범의 은폐된 기능 노출 • 권력 불균형의 평등화 • 변화·통제능력 향상 • 역사적·사회적 변화의 영향 인식하기 • 사회적 낙인에 저항 • 구조를 변화시켜 물질적 자원 제공하기

출처: 이 표는 Fook(1993), pp. 48-52에 제시된 표들을 재구성한 것임.

Fook의 통합적 사정 틀의 이해를 돕기 위해 적용한 사례에 관한 사정 분석의 예시를 제시하면 다음과 같다.

사례 2-1

윤상(9세)은 잦은 결석으로 학교사회복지사에게 의뢰되었다. 어머니(30세)는 사회복지사와의 만남에서 아들의 문제에 관해 도움 받기를 원하였다. 윤상은 배가 아프다고 하거나 단지 집을 나가기 싫다는 이유로 학교 가기를 거부하며, 종종 짜증을 부리고 울며 발작을 하기도 하여 어머니는 큰 스트레스를 받고 있었다. 아버지(31세)는 트럭 기사로 정기적으로 원거리 장기출장이 잦은 상황이다. 이로 인해 부부가 만날 시간이 적어졌고, 그가 집에 오는 날에는 아들의 양육방식 차이로 인해 다툼이 잦았다. 어머니는 남편이 집에 있을 때라도 아들과 놀아 주지 않는다는 것에 불만이었으며, 남편은 부인이 아들을 너무 허용적으로 양육한다는 점에 대해 불만을 갖고 있었다. 경제적인 어려움으로 어머니는 일을 그만둘 수 없는 상황이다. 이러한 상황에서 어머니는 사회복지사를 찾아와 도움을 요청하게 되었다.

전통적 접근에서는 앞 사례의 문제가 기본적으로 가족구성원이 기존 사회질서에 적응하지 못해서 생기는 개인적 무능력에 기인한다고 보나, 진보적 실천에서는 가족성원들이 처한 거시적 환경인 학교 교육과 관련된 법적 요구, 어머니와 아버지의 직장 여건과 재정상태, 그리고 윤상의 양육을 위한 대안의 부재 등에 있다고 본다. 이를 분석한 예시는 〈표 2-4〉와 같다.

〈표 2-4〉 윤상 사례의 사정 비교 분석

	전통적(미시적) 사정	진보적(거시적) 사정
사정 초점	• 문제는 기존 체제에 적응하지 못해서 생기는 개인적 무능력(부모와 윤상의 부적응) • 개인적 역량 결핍이나 가족구성원들 간의 의사소통 패턴의 부적절함 및 비효율적인 의사소통 문제 • 어머니와 아버지의 상이한 양육 방법 • 어머니가 아들에게 과도한 스트레스를 주거나, 비현실적인 요구나 역할을 기대하기 때문에 문제가 발생 • 생각과 규범 및 역할의 갈등	• 맞벌이 가정과 모에게 자녀 양육 책임을 전적으로 부과하는 사회구조(법과 정책)의 문제 • 부모의 자녀 양육을 고려하지 않는 부모의 직장 여건 • 윤상의 양육을 지원하기 위한 사회적 대안의 부족 • 윤상과 모에게 부과되는 부적응과 무능력함이라는 사회적 낙인 • 단순한 경제적 결핍 문제가 아니라 맞벌이를 하여도 살기 어려운 경제구조 문제

4) Thompson의 PCS 사정체계

톰슨(Thompson, 2001)의 PCS 사정체계는 개인적 수준, 문화적 수준, 사회구조적 수준으로 제시된다. 그런데 PCS 세 수준은 서로 밀접하게 관련되고 상호작용하기 때문에, 통합적 사정을 하기 위해서는 이 세 수준의 상호작용이 중시된다. 이 틀은 '환경 속의 클라이언트'와 '복지 서비스와 클라이언트 간의 상호작용'을 파악하는 데 있어서 미시로부터 거시적 수준에 이르기까지 다양한 요인들이 미치는 영향을 파악하고 이해하고자 하는 사회복지사에게 매우 유용한 틀로 평가받는다(Thompson, 2001). 톰슨이 제시한 사정의 초점과 내용은 〈표 2-5〉와 같다.

〈표 2-5〉 Thompson의 PCS 통합적 사정 틀과 내용

	사정 초점	사정 내용
P	• 미시적 환경에 대처하지 못하는 개인적 무능력과 힘(power)의 부족	• 개인적 또는 심리적 생각, 감정, 태도, 행동과 같은 개인의 신념과 행위와 편견 및 대인관계 • 개인의 정체성과 신념 및 행동에 대한 분석
C	• 문화 가치와 규범 및 정상성에 대한 합의와 순응 • 이데올로기적 규제—역할행동, 신념 제한 • 사회적 낙인과 차별	• 정상적이라고 믿는 문화적 가치와 규범과 같은 이데올로기가 사회적 차별과 낙인에 영향을 미침 • 사회적으로 고수하는 신념과 '신화'가 클라이언트와 그의 상황에 미치는 영향 • 클라이언트의 과거 혹은 현재 경험에 영향을 미치는 특정 문화 혹은 정치적 분위기
S	• 사회를 통제하는 사회경제적 구조와 제도 및 정책이 미치는 영향	• 불합리하고 불평등한 제도로 인한 정치적·경제적 압력과 통제 및 사회적 배제와 억압 및 차별 등이 사정의 중요한 요소 • 사회적 배제와 억압 및 차별의 사회정치학적 함의 분석

5) Dominelli의 전체적 접근

사회복지실천에서 반억압 실천을 주장하는 도미넬리는 개인적·사회적·물리적 맥락을 이해할 수 있는 다차원적인 분석틀인 '전체적 접근법(holistic approach)'을 주장하였다. 억압은 개인적·제도적·질적 요인들의 상호작용 속에서 발생하기 때문에 이들의 역동적인 상호작용 맥락을 이해해야 한다고 보았다(Dominelli, 2002: 181).

도미넬리에게도 사회복실천의 대상은 기본적으로 '환경 속의 인간'이다. 실천의 기본 단위의 인간의 영성, 신념과, 가치가 중시되어야 하고 이들에게 직간접적으로 영향을 주는 가족, 지역사회, 국가사회, 국제사회의 맥락이 고려되어야 한다고 보았다. 환경의 영역에서 제도적 측면으로는 기관과 사회 문화적 관계를, 물질적 맥락으로는 자원과 물리적 환경을 중시하였다. 이외에 사회관계에 필연적으로 작동하는 권력관계와 실존하는 정치경제적 압력을 고려하였고, 이 모든 요소들의 역동성을 전체적으로 파악할 수 있는 실천가의 성찰(reflexivity)을 중시하였다.

톰슨과 도미넬리의 분석틀이 갖는 특징은 차별과 억압이 어느 한 수준에서 일어

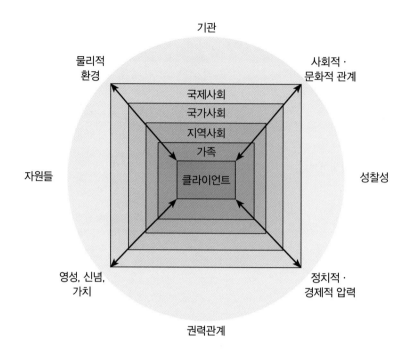

[그림 2-1] 반억압 실천을 위한 전체적 개입 도표
출처: Dominelli(2002), p. 184 재인용.

나는 것이 아니라 개인을 둘러싼 사회, 문화적인 요인들과의 계속적인 상호작용으로 발생하기 때문에, 차별과 억압이 발생하는 사회구조적 맥락 속에서 개인의 경험을 분석하는 것이 필요하다고 보았다. 클라이언트가 경험하는 사회적응 과정을 이해하기 위해서는, 클라이언트의 특성과 그를 둘러싼 사회, 문화적 요소들 간에 일어나는 상호작용으로 인해 어떻게 적응이 클라이언트에게 경험되는가를 분석할 필요가 있다.

앞에서 살펴본 브론펜브레너의 생태체계 사정 틀과 핀쿠스와 미나한 체계 모델 사정 틀에서 사정의 초점은 환경을 고려한다고 하나 거시적 환경에 대한 접근은 미약하고, 환경의 변화보다는 기존 환경에 대한 개인의 적응을 강조하는 경향이 강하다. 반면에 얀 폭의 통합적 사정 틀, 톰슨의 PCS 사정체계, 도미넬리의 전체적 접근에서 강조하는 거시적 사정 틀은 개인보다는 거시적 환경에 대한 사정을 중시하고 있다. 양 사정 틀 간의 가장 큰 차이점은 사회환경을 이해하는 데 있다. 미시적 사정 틀이 주목하는 환경은 가족, 친구, 학교, 지역사회 자원 등과 같은 미시적 차원의 환경에 국한되고 있는 반면에, 거시적 사정 틀에서는 서비스 이용자에게 억압과 차별을 유발하는 지배적 이데올로기, 권력, 은폐되어 있는 착취적·억압적 관습, 제도 등으로 사정에서 다루는 환경의 외연을 확장시켰다. 또한 개인의 문제도 환경에 대한 부적응(maladaptation)의 측면에서 파악하는 것이 아니라 사회경제적 억압과 차별 구조에서 대처(coping)할 수 없는 힘(권력)과 역량의 부재로 보고 사정하고 있다.

2. 통합적 사정의 요소와 내용

이상에서 살펴본 5가지 유형의 이론적 고찰을 통하여 도출한 사례관리에서의 통합적 사정의 요소와 구체적 내용은 〈표 2-6〉과 같이 제시될 수 있다.

〈표 2-6〉 **사례관리에서 통합적 사정 지표와 내용**

사정 차원	사정 요소	사정 내용
클라이언트	클라이언트는 어떤 사람인가?	• 모습과 외모, 건강, 연령, 장애, 질병, 주거 상황 등 • 생애사: 삶의 사건, 역사, 생애 과정에서의 사회적 변화(직업적 변화, 결혼생활 파경, 이사 혹은 이민) • 지적 능력과 표현력, 정서와 행동 수준 • 개인의 정체성과 신념 및 행위 • 지적 능력과 인식: 언어로 표현할 수 있는 능력 • 자아상: 자기 자신, 개인적 목표, 자신의 역할을 어떻게 자신을 보고 있는가? • 동기: 무엇이 사회복지사와 만나게끔 하였는가? 클라이언트를 변화하게끔 하는 것은 무엇인가? • 대처 전략들: 그녀의 상황을 합리화하는 것은 무엇인가? 그녀가 문제 상황을 부정하고 있는가? • 정서와 행동 수준: 불안하거나 우울해 보이는 면은 없는가? • 삶의 변화들: 삶의 과정의 변화에 어떻게 대처하는가? 예 삶의 단계나 위치의 변화, 상실 등 • 문제 상황의 인식: 개인이 가진 문제 상황의 관점은 무엇인가?

035

	클라이언트는 어떤 어려움과 욕구(요구)를 갖고 있는가?	• 클라이언트는 자기 문제를 무엇으로 생각하고, 그 원인은 어디에 있다고 생각하는가? • 클라이언트는 자기 문제에 관해 어떤 요구와 욕구를 갖고 있는가? • 클라이언트가 힘(권력)이 부족해서 생기는 문제와 욕구는 무엇인가?
	어려움 해결을 위해 어떤 노력을 하여 왔고 효과가 있었는가?	• 과거의 어떤 노력이 클라이언트가 문제에 대처하는 데 도움이 되었는가? • 삶의 변화에 관한 대처 방법과 능력·문제 상황의 인식 • 삶에서 얼마나 많은 선택권과 힘을 갖고 문제를 해결하기 위해 노력하여 왔는가? • 변화하려는 동기·정서와 행동 수준 • 개인 차원의 내적·외적 자원
관계	사례관리자와 클라이언트 체계와의 관계	• 사례관리자와 클라이언트 간의 관계(힘의 관계 포함)는 어떠한가? • 사례관리기관과 클라이언트 간의 관계(힘의 관계 포함)는 어떠한가? • 클라이언트는 서비스를 받는 것에 관해 어떤 생각(느낌)을 갖고 있는가?
	미시체계와의 관계	• 클라이언트는 누구와 밀접한 관계를 맺고 사는가? • 클라이언트가 가족, 학교, 직장, 여가생활 등의 밀접한 관계에 있는 체계와 어떻게 지내는가? • 클라이언트가 보편적인 사회적 관계를 맺고 있는 공식적 조직(병원, 사회복지기관, 공공기관 등) 등의 체계와 어떻게 지내는가?
	중간체계와의 관계	• 클라이언트가 동료, 가까운 친구, 이웃과 같이 비교적 친밀한 관계에 있는 체계와 어떻게 지내는가? • 병원, 사회복지기관, 공공기관 등의 체계와 어떤 관계를 맺고 있는가?
	외체계와의 관계	• 클라이언트와 직접적인 접촉은 거의 없지만 클라이언트에게 영향을 미치는 사람, 기관, 제도(이웃, 관련 기관과 제도, 언론, 국가정책 등) 등의 체계와 어떤 관계를 맺고 있는가?
사회 구조 (문화)	클라이언트는 어떤 사회구조의 맥락 속에서 살고 있는가?	• 사회경제적 계층: 클라이언트의 과거와 현재 처한 계층의 결과로 갖는 가치, 관계, 경험은 무엇인가? 현재의 사회경제적 지위가 과거와 다른가? 현재의 지위에 따른 어려움은 없는가? • 젠더(gender): 클라이언트의 사회적 성이 과거와 현재 삶에 어떻게 영향을 미치는가? • 클라이언트가 어떤 특별한 사회적 낙인이나 차별을 받고 사는가? 예 실직자, 다문화, 수급권자 등 • 종교: 클라이언트가 종교의 결과로 고수하는 가치는 무엇인가? 클라이언트의 삶에서 어떤 역할을 하는가?

클라이언트가 사회 구조 속에서 어떤 영향(억압과 차별)을 받고 있는가?	• 문화와 민족성: 클라이언트의 문화적 배경은 무엇인가? 클라이언트가 인종 혹은 문화 혹은 민족적 소수 집단에 속하는가? 이러한 문제는 어떤 결과를 가져오는가? • 하위 문화: 클라이언트의 상황에 영향을 미치는 하위 문화는 무엇인가? 예 청소년, 중독자 모임, 다문화인 등의 하위 문화 • 클라이언트가 어떤 특별한 사회적 꼬리표, 장애, 정신질환, 외국인, 노인, 아동, 전과, 수급자, 종교, 빈곤 등으로 낙인찍히고 차별과 억압을 받고 있는가? • 직업과 교육 수준: 이것이 일치하는가? 클라이언트가 여기에 만족하는가? • 사회제도와의 관계: 법률 위반, 학교 등교 거부 등 • 사회적으로 고수하는 신념과 '신화': 이러한 것들이 클라이언트와 그의 상황에 어떻게 영향을 미치는가?

📖 [실습해 보기 2-1] 다음 사례를 읽고 생각해 봅시다.

1. 심화교육을 받기 전과 후에 아래 사례를 분석함에 있어서 어떤 점에 차이가 생기는지 숙고하고 팀원들과 논의하시오.

초등학교 때부터 지금까지 큰 문제없이 학교생활을 해 왔던 A군(지적 장애 3급, 통합교육)이 중학교 2학년이 되면서 예전에 없던 문제 행동을 보이기 시작하였다. A군은 수업시간 중 산만한 행동에 대해 선생님이 통제할 때 벽에 머리를 박는 등의 자해 행동을 시도하였고 그 빈도는 주 1회 이상으로 증가하기 시작하였다. 심지어 최근에는 면도칼로 손목을 그어 대는 경우가 2번 있었고, 두 번째 시도(팔목을 그어 피가 많이 남)에 놀란 담임 선생님이 학교사회복지사 선생님께 A군을 의뢰하였다. A군의 가족(부모와 여동생)은 A군의 장애로 인해 동네에서 고립감을 느끼고 있었다. 중 2가 되면서 A군은 중 1때의 친구와 다른 반에 배치되면서 불안감을 느끼고 있었고 현재는 몇몇 급우들에게 간헐적으로 따돌림을 받고 있는 것으로 알려졌다.

제3장

사정의 다양한 영역들

1. 욕구사정

1) 욕구사정의 개념

욕구란 무엇을 얻거나 무슨 일을 하고자 바라는 것으로서 삶의 질 향상을 위해 클라이언트가 생각하는 수준이나 원하는 요청 사항, 또는 무엇인가를 필요로 하거나 원하는 상태로 정의할 수 있다. 욕구는 특정 프로그램이나 서비스를 제공해야 할 필요성, 즉 개입의 필요성이자 개입을 통해 변화를 도모해야 하는 클라이언트의 상황으로 변화목표와 직접적인 관련성을 가지며, 서비스 자체에 대한 요구(demand, want)와는 구별이 필요한 개념이다(한국사례관리학회 편, 2019).

사례관리에서 욕구사정은 클라이언트와 가족이 직면한 어려움이나 문제와 관련하여 해결하고 싶어 하는 것, 기대하는 변화나 충족되기를 바라는 구체적인 삶의 영역과 요소들이 무엇인지를 클라이언트의 관점에서 파악하는 것이라 할 수 있다. 사례관리자는 욕구사정을 위해 먼저 클라이언트의 요구(want)와 욕구(need)를 구분할 수 있는 역량을 갖추어야 한다. 요구(want)와 욕구(need)는 밀접한 관련성이 있지만 구분되는 개념으로서 사례관리자는 클라이언트의 요구나 요청으로부터 욕구를 사정할 수 있어야 한다.

욕구사정에서 제시된 문제, 요구나 바람, 욕구는 구분이 필요한 일련의 개념이다. 제시된 문제란 클라이언트가 직면하고 있는 생활상의 어려움으로서 물질적·정신적·사회적·제도적 결함이나 결핍으로 인해 나타나는 것으로 정의할 수 있다. 요구나 바람이란 클라이언트가 자신의 문제를 해결하거나 욕구를 충족하는 데 필요하다고 생각하여 도움을 요청하는 내용으로 자원이나 서비스의 형태가 될 수 있다. 욕구란 상식적 혹은 사회적 삶의 기대수준과 현재 상태의 차이로 나타난 결핍 혹은 부족한 상황을 내외적 자원이나 서비스를 통해 해결하거나 충족되어야 할 필요가 있는 상태로 사례관리의 결과목표와 밀접한 관련을 가진다(한국사례관리학회 편, 2019).

예를 들어 설명하자면, 클라이언트가 신체적 질병으로 말미암아 어떤 증상이나 고통을 호소하고 있고, 사례관리자에게 치료를 받을 수 있도록 병원비를 지원해 달라는 요구를 하고 있다면 이 상황에서 클라이언트의 문제는 '질병 경험'이 될 수 있고, 요구는 '치료비 지원'이 될 수 있으며, 욕구는 '증상이나 고통 완화', '질병 치료' 또는 치료를 통한 '건강 회복'이라고 사정할 수 있다. 즉, 이 상황에서 클라이언트의 요구(want)는 '치료비 지원'이지만 욕구(need)는 요구 자체인 치료비 지원이 아니라 요구를 통해 충족하고자 하는 것이나 기대되는 변화인 '증상이나 고통 완화', '질병 치료' 또는 '건강 회복'이 되는 것이다. 또 다른 예시로 경제적 어려움이 있는 차상위 가정의 부모가 사례관리자에게 자녀가 학교 수업을 따라가기 어려우니 학원을 다닐 수 있도록 학원비를 지원해 달라고 요청한다면 이 상황에서 클라이언트의 문제는 자녀의 '학업 부진'이 될 수 있고, 요구는 '학원비 지원', 그리고 욕구는 학원비 지원을 통해 궁극적으로 충족하고자 하는 자녀의 '학업능력 증진' 또는 '성적 향상'이 될 수 있다. 사례관리자는 욕구사정 시 클라이언트가 제시하고 있는 문제나 요청 사항들을 경청하면서 그 이면에 있는 욕구를 사정할 수 있어야 하는데 욕구는 클라이언트의 삶에서 기대하는 변화나 긍정적 변화 상황과 밀접하게 연결되어 있음을 기억해야 한다.

욕구사정을 위한 면담 시 클라이언트는 대개 자신이 직면한 어려움이나 문제, 고통에 관한 이야기를 하거나 자신이 필요로 하는 것, 제공받기를 기대하는 서비스나 지원이 무엇인지에 관해 이야기하는 것이 일반적이다. 이때 사례관리자는 클라이언트와 가족원이 진술한 정보에 바탕을 두고 자신의 전문적 판단을 가미하여 클라이언트와 가족이 충족되기를 기대하는 욕구가 무엇인지를 파악할 수 있어야 한다.

2) 욕구사정의 영역

욕구사정은 삶의 다양한 영역들을 모두 포괄할 수 있도록 다차원적인 측면에서 이루어져야 한다. 욕구사정 시 사례관리자가 참고할 수 있는 이론으로는 '매슬로의 5단계 욕구 이론'을 들 수 있다. 매슬로는 인간이 지니는 욕구를 기본적인 생존과 관련된 1단계 욕구로부터 자아실현에 이르는 5단계 욕구로 위계적 수준을 나누어 욕구의 영역들을 제시하였다. 매슬로의 욕구 이론에서 1단계는 생리적 욕구로 음식, 물, 거주지 등에 대한 욕구, 2단계는 안전에 대한 욕구로 안전하며 안정적인 삶을 살고자 하는 욕구, 3단계는 애정과 소속의 욕구로 친구, 가족, 배우자, 연인 등과 애정을 나누고자 하는 욕구, 4단계는 자기존중의 욕구로 성취, 통제, 인정, 존경 등을 받고자 하는 욕구, 그리고 5단계는 자아실현의 욕구로서 가장 고차원적인 내적 충족감과 관련된 욕구가 포함된다. 사례관리자는 욕구사정 시 위계적인 단계로 제시될 수 있는 이러한 인간의 기본적인 욕구들을 이해하고 클라이언트에 대한 욕구사정을 수행할 수 있어야 한다.

또한 사례관리에서 욕구사정 시 사례관리자가 살펴보아야 하는 삶의 다양한 영역들에는 소득, 주택, 고용 및 직업, 건강과 보호, 정신건강, 사회적 관계, 여가활용, 일상생활 관련 어려움, 법적 욕구, 교육 등 삶의 다양한 영역들이 모두 포함된다. 이와 관련하여 희망복지지원단에서는 안전, 건강, 일상생활 유지, 가족관계, 사회적 관계, 경제, 교육, 직업, 생활환경, 법률 및 권익보장의 10개 영역으로 범주를 구분하여 욕구사정을 실시하도록 권장하고 있다(보건복지부, 2021).

사례관리자는 이러한 욕구사정의 다양한 영역들을 잘 숙지하고 각 영역별로 클라이언트와 가족의 삶에 어떤 어려움이나 문제가 발생하고 있는지를 잘 파악하여, 이를 충족되어야 하는 욕구로 전환하여 제시할 수 있어야 한다. 욕구사정을 위해 사례관리자는 가정방문을 하여 클라이언트와 가족원을 면담하고 클라이언트와 가족원의 관점에서 사례관리를 통해 충족되거나 변화되기를 기대하는 것이 무엇인지를 파악하여 욕구를 도출해야 한다.

3) 사정된 욕구

욕구사정 과정의 최종적인 산출물은 사례관리자와 클라이언트가 함께 사례관리를 통해 다루게 될 욕구를 결정하고 제시된 욕구들에 우선순위를 부여하는 것이다. 사정을 위한 면담을 진행할 때 때로는 클라이언트가 요구하는 것과 사례관리자의 관점에서 클라이언트에게 필요하다고 생각하는 것에 차이가 있을 수 있다. 만약 사례관리자가 자신의 관점에서 클라이언트의 욕구를 파악하고 사례관리를 진행해 나간다면 변화과정에서 클라이언트의 적극적인 참여가 어려워질 수 있으므로 사례관리자는 반드시 클라이언트와 함께 욕구를 도출해야 한다.

사례관리는 클라이언트의 삶의 변화과정에 사례관리자가 동반자이자 지지자로서 함께 하는 것이므로 욕구사정 단계에서부터 클라이언트와 함께 사례관리를 통해 초점을 두게 될 욕구가 무엇인지를 논의하여 결정하는 것이 중요하다. 이는 사정 단계에서 최종적으로 산출된 욕구가 사례관리의 목표와 직결되며, 클라이언트가 자신의 욕구를 인식하고 변화노력에 동기를 가지고 함께 참여하게 될 때 사례관리의 성과가 더 커질 수 있기 때문이다.

또한 동일 시점에서 많은 욕구들이 제시될 때 사례관리를 통해 우선적으로 다루어질 욕구를 결정하여 욕구에 우선순위를 부여하는 것도 사례관리자가 클라이언트와 함께 수행해야 하는 중요한 과업이다. 욕구의 우선순위를 정할 때는 가장 시급하게 충족되어야 하는 욕구, 클라이언트가 가장 먼저 해결하고 싶어 하는 욕구, 성취 가능한 목표와 연결될 수 있는 욕구들을 우선적으로 고려해야 한다. 클라이언트와 함께 욕구를 산출하고, 욕구에 우선순위를 부여하는 것은 사례관리를 더욱 목표지향적인 변화과정으로 나아가게 하는 중요한 작업이다.

4) 도움이 되는 질문

욕구사정 시 사례관리자는 클라이언트의 삶의 다양한 영역에서 어떤 일들이 일어나고 있으며, 이에 대한 클라이언트의 생각, 요구, 바람 등이 무엇인지를 알아보고, 이를 바탕으로 한 욕구사정을 실시하기 위해 구체적인 질문들을 던져야 한다. 욕구사정이 이루어지는 삶의 다양한 영역들과 관련하여 제시된 문제와 요구 및 욕구를 파악하기 위해 사례관리자가 확인해야 할 사실들과 활용할 수 있는 질문들에 대한 예시를 〈표 3-1〉에 제시하였다.

〈표 3-1〉 욕구 영역별로 확인해야 할 정보들과 욕구 파악을 위한 질문 예시

욕구영역	확인해야 할 정보들	욕구 파악을 위해 활용 가능한 질문들
안전	• 누군가(가족구성원, 비동거 가족, 이웃, 친구, 학교나 직장 내 누군가)로부터 안전을 위협받고 있는가? • 대상자가 타인의 안전을 위협하고 있는가? • 응급 시 도움을 요청할 체계가 있는가?	• 본인과 가족의 안전을 위해 무엇을 원하는가? • 본인과 가족의 안전을 위해 기대하는 변화가 무엇인가? • 응급 시 어떤 도움을 필요로 하는가?
건강	• 본인이나 동거 가족 중 신체적 질환 혹은 정신적 질환(중독-술, 담배, 약물, 의약품, 인터넷, 스마트폰, 게임, 도박, 쇼핑, 성 중독 등, 우울, 조현증 등)으로 약물관리를 하는 사람이 있는가? • 신체적 질환 또는 정신적 질환으로 일상생활, 사회생활 등에 어려움이 있는가? • 본인이나 동거 가족 중 지난 6개월 동안 자살을 시도한 사람이 있는가?	• 본인이나 가족원의 질병과 관련하여 어떤 치료나 도움을 원하는가? • 본인이나 가족원의 신체적 및 정신적 건강과 관련하여 기대하는 변화가 무엇인가? • 자살사고가 있을 때 어떤 도움이나 지원을 기대하는가?
일상생활 유지	• 본인이나 동거 가족이 일상생활(식사, 용변 처리, 옷 입기, 세탁, 몸 씻기, 청소, 정리정돈, 수면, 그 외 가사활동 등)에 어려움이 있는가? • 외출 시 이동이 어려운가?	• 본인이나 동거 가족이 일상생활(식사, 용변 처리, 옷 입기, 세탁, 몸 씻기, 청소, 정리정돈, 수면, 그 외 가사활동 등)을 해 나가는 데 어떤 도움이 필요한가? • 외출 시 이동하는 데 어떤 도움이 필요한가?

가족관계	• 동거 혹은 비동거 가족구성원 간 갈등이 있거나 단절된 상황인가? • 영유아, 아동, 노인, 장애인 등을 양육하거나 돌보는 데 어려움이 있는가?	• 가족구성원과의 관계에서 기대하는 변화는 무엇인가? • 가족 내 양육이나 돌봄과 관련하여 어떤 도움이 필요한가?
사회적 관계	• 도움을 받을 만한 친인척, 이웃, 동료관계, 단체나 기관이 있는가? • 본인이나 동거 가족이 방에서 거의 나오지 않으면서 외부와 관계가 단절된 상황인가? • 본인이나 동거 가족이 이웃과 갈등을 유발하고 있는가?	• 친인척, 동료, 이웃 등과의 관계에서 어떤 도움이나 변화가 필요한가? • 주변인들과의 관계에서 발생한 갈등을 어떻게 해결하고 싶어 하는가?
경제	• 돈이 없어서 기초생활(의식주, 교육비, 의료비, 집세, 퇴거 위험, 난방, 공과금 등)에 어려움이 있는가? • 금전관리(수입과 지출)나 빚 때문에 어려움이 있는가?	• 기초생활과 관련한 어려움(의식주, 교육비, 의료비, 집세, 퇴거 위험, 난방, 공과금 등) 해결을 위해 무엇을 필요로 하는가? • 금전관리나 빚 문제와 관련하여 어떤 도움을 필요로 하는가?
교육	• 본인이나 자녀가 기초학습능력(읽기, 쓰기, 말하기, 듣기, 타인 이해하기, 계산하기 등)이 부족하여 사회생활이 어려운가? • 본인이나 자녀가 학교생활이나 학업 유지에 어려움이 있는가?	• 본인이나 자녀의 기초학습능력과 관련하여 어떤 변화를 기대하는가? • 본인이나 자녀의 학교생활이나 학업 유지와 관련하여 어떤 도움을 필요로 하는가?
직업	• 본인이나 동거 가족이 근로능력, 가족 돌봄, 자녀양육, 일자리 발굴, 대인관계 기술, 신용, 신체 및 정신건강 등에 어려움이 있어서 일하기 어려운가?	• 본인이나 동거 가족의 구직, 이직 또는 직업 유지와 관련하여 어떤 도움을 필요로 하는가?
생활환경	• 주거나 주거환경이 본인이나 가족의 안전과 건강에 해를 끼치는가? • 주거환경 문제로 본인이나 동거 가족이 이웃과 갈등을 유발하고 있는가?	• 주거나 주거환경과 관련하여 어떤 변화가 필요한가?
법률 및 권익보장	• 본인이나 동거 가족이 법적 문제로 일상생활이나 사회생활에 어려움이 있는가? • 본인이나 동거 가족이 차별대우나 불이익을 받고 있는가?	• 본인이나 동거 가족의 법적 문제와 관련하여 어떤 도움이 필요한가?

출처: 보건복지부(2021). 희망복지지원단 업무안내, pp. 30-32 자료를 기반으로 수정 및 보완하여 제시함.

사례관리자는 사정을 위한 면담에서 이와 같은 질문들을 참고하여 클라이언트와 가족이 이해할 수 있는 언어로 질문을 해야 한다. 또한 개방형 질문과 폐쇄형 질문을 함께 적절하게 사용하여 클라이언트와 가족이 그들의 관점에서 하고 싶은 이야기, 요구 사항이나 기대하는 것들에 관해 충분히 이야기할 수 있도록 면담을 진행해 가면서 욕구사정을 실시해야 한다.

5) 사례를 통한 욕구사정 예시[1]

(1) 사례 개요: 아동학대가 의심되는 복합적 욕구 사례

클라이언트 및 가족구성원
• 클라이언트: 30세, 여
• 가족구성원: 동거 배우자(사실혼관계, 30세, 무직, 알코올 중독, 자살사고)
첫째 자녀(남, 10세, 초 3), 둘째 자녀(여, 7세, 어린이집),
셋째 자녀(5세, 어린이집, 지적장애 의심), 넷째 자녀(4세, 어린이집)
• 가구 유형 및 특성: 기초생활수급 가구
• 사례관리기관: 구청 희망복지지원단

사례 개요
주민들이 얼마 전 이사 온 가정의 어린아이들이 누추한 옷차림으로 저녁 늦은 시간까지 동네를 배회하는데도 부모가 돌보지 않는 것 같다며 동 행정복지센터에 방문하여 아동학대가 의심된다고 제보하였다. 담당 공무원이 아동보호전문기관과 가정방문하였을 때 집안은 입던 옷가지와 먹고 남은 음식들, 강아지의 분변까지 섞여 비위생적인 상태였고, 부모들은 자신들이 아이들을 잘 돌보고 있다며 주민신고에 대해 불쾌한 반응을 보였다. 그런데 방에서 나오지 않는 배우자의 눈치를 보던 클라이언트는 남편과 장사를 했다가 실패해서 돈이 한 푼도 없어 아이들을 먹이는 것은 물론이고 공과금과 월세도 연체되어 집에서 쫓겨 날 지경이라고 하소연하였다.
클라이언트와 현재 함께 살고 있는 배우자는 사실혼 부부였고 자녀 4명과 함께 살고 있었다. 클라이언트는 10년 전 결혼하자마자 시작된 남편의 폭력을 피해 가출하였고 이후 각각 아버지가 다른

---

1) 본 교재에 사용된 사례 예시는 2015~2017년 한국보건복지인력개발원에서 공모하여 사례관리실천 우수 사례로 선정된 사례의 내용들을 바탕으로 발간된 『참여형 교육을 위한 사례관리실천 사례집』(최지선 외, 2018)의 내용 중 일부를 발췌한 것이며, 이를 수정하여 제시하였다.

세 명의 아이를 낳은 후에 현재 배우자를 만나 동거하다가 넷째 자녀를 출산하였다. 남편과는 연락
이 끊어지고 이혼이 안 된 상태라서 네 명의 자녀들은 전남편의 자녀로 가족관계부에 등록되어 있
다. 클라이언트와 현재 배우자는 어릴 적 부모로부터 적절한 양육을 받지 못했고 일찍 가출하여 떠
돌다가 만나서 함께 살게 되었다. 마땅한 기술도, 일을 해 본 경험도 없던 부부는 생계를 위해 하는
일마다 실패를 하였고 배우자는 우울증과 알코올 중독으로 자살소동을 벌이는 일이 잦았다. 클라
이언트는 자신이라도 일을 하고 싶지만 아이들이 어려서 일을 할 수도 없다. 클라이언트는 당장 생
계가 막막한 상황인데 배우자와 법적 부부도 아니고 배우자가 자녀들이 자신의 자식이 아니라서
무책임하게 아무것도 하지 않는다고 원망하고 있었다. 배우자는 아내(클라이언트)가 아픈 자신을
가족으로 생각하고 돌봐 주지 않으니 무정하다고 하며 부부는 서로에게 불만을 가지고 있었다.
이 가정에 대해서 아동보호전문기관에서는 아동방임에 대한 개입을 실시하고 이 가정을 고위험가
구로 판정하여 희망복지지원단에서 사례관리를 수행하도록 협의하여 지역사회의 개입이 시작되
었다.

(2) 정보 수집 내용에 근거한 욕구사정

〈표 3-2〉 **욕구사정 예시**

영역	제시된 문제	요구/바람	욕구(need)
안전	"우리가 아이들을 학대하고 있다는데 그렇지 않아요. 다만 애들이 많아서 돌보기가 벅차요." "아이들이 혼자서 나가서 잘 돌아다니곤 하거든요. 일일이 다 간섭할 수가 없으니까 그냥 두는 편이에요. 근데 그걸 가지고 이웃에서 신고를 한 거예요." "사실 나도 부모한테서 받은 거도 없고 부모가 뭘 해 준 기억도 없어서…… 더 애들한테 뭘 어떻게 해 줘야 할지 모르겠어요. 마음은 잘 해 주고 싶은데."	"주변 사람들이 저희를 애들 학대하는 부모로 보지 말고 있는 그대로 그냥 잘 이해해 주면 좋겠어요." "아이들을 잘 돌보고 싶어요. 더 잘 해 주고 싶죠." "부모로서 해야 하는 일들을 잘 하고 싶어요. 이왕이면 좋은 부모가 되고 싶어요."	-주변인들의 편견 해소 -자녀를 잘 돌볼 수 있는 부모 역량 증진 -자녀를 잘 돌볼 수 있는 양육환경 조성

건강	"되는 게 없으니 속이 타서 술을 마시는데 죽고 싶다는 생각이 자꾸 들어 괴로워요. 치료를 받기는 받아야 하는데." "저번에는 죽고 싶다는 생각이 자꾸 들어서 복지콜센터에 전화해서 도와달라고 하기도 했어요." "집 안에 스트레스가 많다 보니 자꾸 술을 마시게 돼요. 근데 이걸 치료받으러 간다는 게 잘 안되네요."	"잘 되는 일이 좀 있으면 좋겠어요." "술을 덜 마시고 싶어요." "스트레스 같은 게 좀 해결되어서 죽고 싶다는 생각을 안 하고 잘 살게 되면 좋겠어요."	−남편의 음주 문제 치료 −남편의 심신 건강 회복 −스트레스 요인의 완화
가족 관계	"법적 혼인을 안 해서 그런지 남편은 나와 애들에게 신경 쓰는 것 같지 않아요." "아내는 내가 아파도 관심도 없어요." "둘째는 입양 보냈는데 다시 돌아왔어요. 그렇다 보니 집에서 키우는 게 더 힘들고 그 아이 문제로 자꾸 남편과 싸우게 돼요."	"남편이 나와 애들한테 좀 더 관심을 가져 주면 좋겠어요." "아내가 내가 아플 때 간호해 주거나 술을 마실 때 좀 덜 마시도록 도와주면 좋을 텐데……." "둘째 문제로 남편과 더 이상 싸우지 않았으면 좋겠어요".	−혼인 신고 −부부관계 증진 −자녀 문제 함께 해결 −가족 내에서 존중받고 싶음
경제	"들어오는 돈이 없어서 월세도 공과금도 밀려서 쫓겨 날 것 같아요. 벌써 이사를 몇 번이나 했는지 몰라요." "생활비가 부족하다 보니까 자꾸 여기저기서 돈을 빌리게 되고 사는 게 너무 힘들어요."	"밀린 공과금이라도 좀 낼 수 있으면 좋겠어요." "생활비로 쓸 수 있게 뭐든 좀 지원해 주면 좋겠어요."	−경제적 어려움 해소 −재정관리 역량 강화 −일할 수 있는 여건 조성

욕구사정 시 사례관리자는 클라이언트가 직면한 문제, 제시한 요구나 바람에 초점을 두면서도 그러한 문제 또는 요구나 바람이 제시된 배경과 맥락을 사회구조적 차원과 문화적 맥락 차원에서도 분석해 보고 이를 반영하여 욕구를 사정해야 한다. 이는 직면한 문제와 관련하여 클라이언트의 개인적 차원에서의 대처능력이나 역량을 강화하는 것뿐만 아니라 그러한 문제가 발생하는 사회구조적 맥락과 관련하여 클라이언트가 살아가야 하는 지역사회나 사회구조적 측면에서 무엇이 변화해야 하는가에 이르기까지 사례관리자의 사정이 이루어져야 한다는 것을 의미한다. 예를 들면, 〈표 3-2〉에 제시된 욕구의 예시에서 주변인들의 편견 해소, 자녀를 잘 돌볼 수 있는 양육환경 조성, 일할 수 있는 여건 조성 등과 같은 욕구들은 클라이언트 개인적 차원뿐만 아니라 사회구조적 차원, 지역사회와 관련된 문화적 맥락까지 포함하는 사정 결과라 할 수 있다. 〈표 3-2〉에 제시된 욕구는 제시된 사례에서 사례관리자가 도출해 낼 수 있는 욕구의 예시들로서 최종적인 결과물은 클라이언트와의 논의를 통해 결정해야 한다.

6) 욕구사정 실습해 보기

다음의 사례를 읽고 욕구사정의 주요 영역별로 제시된 문제, 요구나 바람, 욕구를 사정해 보자.

복합적 욕구를 가진 한부모가구 사례[2]

〈클라이언트 기본 정보〉

- 기본 인적 사항: 여성, 34세, 고교 중퇴, 무직, 우울증
- 가구 유형: 한부모가구
- 동거 가족: 큰아들(15세, 중 3, 적응장애, 우울증, 자살 충동), 둘째 아들(4세, 발달지연)
- 가계 소득: 추정하기 어려움(간헐적으로 친정 도움)
- 주거 유형: 반지하 월세

---

2) 본 사례는 『참여형 교육을 위한 사례관리실천 사례집』(최지선 외, 2018)에 수록된 사례 중 하나임.

〈사례 개요〉

클라이언트는 19세에 성폭행을 당한 후 임신을 하게 되자 가해자와 혼인신고를 하고 결혼생활을 시작하였다. 그러나 시댁의 거부적인 태도와 남편의 음주 문제와 폭력, 외도로 안정적인 결혼생활을 하지 못하고 이혼하였다. 이혼 이후 첫째 아들을 조모가 초등학교 3학년까지 양육을 하였으며, 조모가 아프거나 양육 공백이 생길 때 클라이언트가 간헐적으로 왕래하며 아이를 돌봤다. 그러나 "아이가 그늘이 심하다"는 주변 사람들 이야기에 3학년 초 큰아들을 일방적으로 데리고 와서 현재까지 키우고 있다. 그러나 조모가 "아이를 뺏으러 올까 봐 두려워서" 아이가 초등학교 시절에는 한 달에 2~3회만 등교시킨 시기도 있었다.

클라이언트는 5년 전 치킨집 아르바이트 중 사장의 친구와 교제하며 임신을 하게 되었고 한 번의 낙태 경험이 있었디. 이후 두 번째 임신 시 낙태에 대한 죄책감으로 둘째 아들을 출산하였다. 그러나 클라이언트가 전남편과의 사이에 이미 자녀가 있다는 사실을 알고 마음이 변한 둘째 아이 아버지로부터 버림을 받았다. 이후 아이들의 두 아버지는 각자 재혼을 하여 살고 있으며 아이들에 대한 부양 의무를 전혀 하지 않고 있어서 클라이언트가 혼자 힘으로 두 아이를 양육하고 있었다. 클라이언트는 아이들을 돌보느라 안정적인 수입이 없고 친정 부모로부터 불규칙적이고 간헐적인 경제적 지원을 받으며 최소한의 생계를 유지하고 있었다. 불안정한 환경(조모로부터 학대를 받은 것으로 추정)에서 자란 첫째 아들은 정신적으로 불안정하였으며, 둘째 아들은 잘 먹지 않고 편식이 심하여 '어린이집에서의 학대(발바닥을 바늘로 찔렀다고 클라이언트가 진술)'로 어린이집에 가는 것을 싫어하고, '극도로 공포스러워하여' 집에서 직접 돌본다고 하였다.

클라이언트는 둘째 자녀를 돌보느라 일을 거의 하지 못하여 소득이 없는 상태였고 친정부모로부터 간헐적으로 경제적 지원을 받지만 생계를 유지할 수 있는 수준이 아니어서 지속적으로 궁핍한 생활을 하고 있었다. 클라이언트는 피해적인 사고가 심하고 치아 손상도 심각하나 치료비 부담으로 병원을 가지 못하고 있었다. 이외에도 클라이언트는 과체중, 우울감, 대인기피증이 심한 수준이었다. 클라이언트의 진술로는 큰아들이 중학교 입학 이후 자해나 자살충동 등의 증상으로 정신과 치료가 필요하다고 하였다. 또한 둘째 자녀의 발달지연으로 인해 만 4세이지만 아직 기저귀를 사용해야 하나 기저귀 구입여력이 되지 않는다며 전반적인 경제적 어려움을 주로 호소하고 있었다.

📖 욕구사정 실습

욕구 영역	제시된 문제	요구/바람	욕구(need)

2. 강점 및 자원 사정

1) 개념과 영역

사례관리자는 실천과정에서 클라이언트가 좀 더 생산적이고 만족스러운 삶을 살
도록 역량을 강화(empowerment)하는 데 초점을 둔다. 클라이언트의 역량을 강화하
는 것은 클라이언트와 그와 관련된 집단, 가족, 지역사회와 주변에 있는 자원과 도
구를 발견하고, 활용하게 도우려는 의지와 과정을 의미한다(Saleebey, 2007; De Jong
& Berg, 2012 재인용). 역량 강화는 자신에게 이미 존재하는 역량에 초점을 두고 이를
발전시키려는 강점 관점과 관련이 있다. 샐리비는 역량 강화에 대한 자신의 시각을
강점 관점(strengths perspective)으로 명명했다. 샐리비(Saleebey, 2007)가 주장하는

강점 관점의 기본 과정은 다음과 같다.

① 아무리 삶이 힘들더라도, 모든 사람은 삶을 나아지게 하는 데 활용할 강점이 있다. 실천가는 클라이언트가 자신의 강점을 활용하는 방향을 존중해야 한다.

② 클라이언트의 동기는 클라이언트 스스로 강점이라고 하는 것을 계속 강조함으로써 증가한다.

③ 강점은 클라이언트와 실천가가 협력해서 발견한다. 숙련된 실천가라도 클라이언트의 삶이 나아지려면 무엇을 해야 하는지를 대신 결정할 권리는 없다.

④ 실천가가 강점에 초점을 맞추면 문제로 내담자를 판단하거나 탓하는 대신 최악의 환경에서도 어떻게 견뎌 왔는지를 발견하게 된다.

⑤ 아무것도 없다고 여겨지는 상황일지라도 모든 환경에는 활용할 자원이 있다.

그러므로 강점과 자원 사정은 클라이언트의 역량 강화, 즉 지금까지 문제를 극복하고 살아올 수 있게 한 잠재력인 강점을 드러내고, 이에 대해 클라이언트와 공유하며 이것을 지속할 수 있도록 지원하기 위한 것이다. 이것은 '클라이언트가 원하는 삶을 향해 나아가기 위해 그 자신과 지역사회 안에 있는 여러 힘을 발견하여 협력하는 과정'을 의미한다.

강점과 자원은 클라이언트가 중요하게 생각하고 그가 원하는 변화를 이루는 데 도움이 되는 모든 것이 될 수 있다. 구체적으로 개인적 자질과 특성, 재능, 교육이나 삶의 경험을 통해 알게 된 지식과 지혜, 폭력과 질병 등 고통을 당하고 대처하는 과정에서 개발된 능력, 역경을 극복하며 얻게 되는 자부심, 영성, 지역사회의 자원과 기회 등이다(Saleebey, 2007). 이러한 강점은 개인의 장점을 넘어선 의미, 즉 긍정적인 어떤 특성이나 성향 이상으로 이해될 필요가 있다. 강점은 절대적인 기준이나 사회적인 바람직함에 있는 것이 아니므로(한국사례관리학회 편, 2020) 다양한 것들이 클라이언트의 삶의 상황이나 맥락 안에서 강점과 자원으로 발견될 수 있다. 가령 개인의 '게으른' 성향은 대개 긍정적으로 수용되기 어려울 수 있으나, 다른 한편 '여유 있는' 모습의 강점으로 발휘될 수 있을 것이다. 사례관리자는 클라이언트의 욕구 충족을 위해 필요한 강점과 자원을 사정하고, 현재 확보된 내·외적 강점과 자원을 확인하며, 필요한 강점과 자원을 발견하고 확보하며 연계하는 실천을 수행해 나가게 된다.

2) 강점 및 자원 사정 방법

(1) 강점 사정 방법

강점 사정을 하는 이유는 클라이언트가 바라는 결과를 이루기 위해서는 잘못이나 과거의 실패를 고치려고 노력하는 것보다, 클라이언트가 이미 갖고 있는 강점이나 과거의 성공을 찾아내어 그것을 확대시키는 것이 더 효과적이기 때문이다. 클라이언트와 가족은 사례관리자와 강점을 이야기하면서 마음을 열고 파트너십을 발전시켜 나갈 수 있고, 강점에 대한 발견을 통해 삶을 개선하고 변화시킬 수 있다는 자신감을 키워 나갈 수 있다.

그러나 클라이언트를 이해하기 위해 정보를 수집하는 과정이 자칫 클라이언트의 문제를 나열하는 목록 작성이 되기 쉽다. 사례관리자가 클라이언트의 힘과 변화를 믿는 강점 관점에 기반하지 않은 채 전문가적 진단과 사정의 입장을 고수하면서, 문제의 목록을 죽 나열한 후에 몇 가지의 강점 관련 질문을 추가하는 것은 진정한 강점 사정이 될 수 없다(Blundo, 2006). 강점은 스스로 강점이라 믿을 때 강점으로 활용될 수 있으며, 누군가 '당신은 이것이 강점이다.'라고 말해 주어도 본인이 그렇게 여기지 않으면 아무 효력이 없으므로, 클라이언트와 함께 대화하고 발견하는 과정을 생략한 채, 사례관리자 혼자 평가하고 추가한 클라이언트의 강점 목록은 실천과정에서 효과를 발휘하기 어렵다.

사례관리자는 사정이 클라이언트의 '문제의 목록'을 만드는 것이 아니라, 앞으로 클라이언트와 함께할 '활동 목록'을 만들기 위한 과정임을 기억해야 한다. 그러므로 사례관리자는 사정평가를 위한 상담을 할 때 클라이언트가 현재 얼마나 어렵고 심각하고 많은 문제를 갖고 있는지에 대한 탐색만이 아니라, 문제로 어려움을 겪고 있음에도 불구하고 어떻게 버텨 오고 있고, 문제를 극복하기 위해 혹은 더 나빠지지 않기 위해 어떤 노력을 기울여 왔는지를 탐색해야 한다. 많은 클라이언트와 가족들은 자신들이 그동안 삶의 어려움에 대처하고 극복하기 위해 노력해 온 힘과 특성을 인식하지 못하는 경우도 많으므로 사정 과정에서의 대화와 논의를 통해 이를 발견하고, 지지하며, 인식하도록 돕는 것이 중요하다.

클라이언트에 대한 강점 사정 방법은, 첫째, 문제해결을 위해 어떠한 노력을 해 왔는지, 둘째, 어려움 속에서 어떻게 견뎌 왔는지(대처질문), 셋째, 과거 좀 더 잘 되었던 성공 경험은 무엇인지(예외질문)를 찾아보는 과정으로 정리될 수 있다.

① 문제해결을 위한 시도와 노력 탐색

클라이언트는 사례관리자를 처음 만났을 때 대부분 문제를 호소하는 것으로부터 이야기를 시작한다. 이 상황에서 사례관리자가 클라이언트의 호소문제만을 집중적으로 분석하는 것은 클라이언트에게 생각보다 큰 도움이 되지 않을 수 있다. 쉽게 변화하기 어려운 상황에 놓인 클라이언트가 고통이나 어려움을 되새기고 이야기하는 것이 오히려 좌절과 무기력을 심화시킬 수 있기 때문이다. 사례관리자는 클라이언트의 문제 자체만이 아니라, 문제해결을 위해 지금까지 시도해 본 방법을 탐색함으로써, 이를 통해 클라이언트의 성공 경험과 그 과정에서 클라이언트가 사용한 강점을 찾아낼 수 있다.

〈문제해결을 위한 시도와 노력 탐색 질문 예시〉

• 그동안 이 문제를 다루기 위해 애쓰셨을 텐데 어떤 것들을 해 보셨는지요?
• 구체적으로 어떤 부분이 도움이 된 것 같으세요?
• 이전에도 이런 상황에 부딪혀 본 적이 있으셨어요?
 ⋯➔ 그때는 어떻게 극복하셨어요?
 ⋯➔ 그때 가장 도움이 된 것은 어떤 것일까요?
 ⋯➔ 그때 누가 가장 도움이 되었을까요?
• 혹시 아직 하지는 않았지만, 앞으로 해야겠다고 생각한 게 있다면, 어떤 것일까요? 그렇게 하면 어떻게 도움이 될까요?

---

② 어려운 상황에서 견디어 온 내적 힘 탐색: 대처질문

클라이언트가 어려움과 문제를 호소하거나 불평하는 상황이 지속될 때, 사례관리자는 상황에 압도됨을 느낄 수 있으며, 이 속에서 어떻게 강점을 사정하고 끌어낼지 고민에 빠질 수 있다. 이때 유용한 강점 사정의 방법 중 하나는 클라이언트가 어려움과 위기 속에서도 어떻게 삶을 포기하지 않고 지금까지 견디며 살아왔는지 질문함으로써 서비스 이용자의 힘을 인정하는 것이다. 즉, 클라이언트가 역경 속에서도 대처해 온 능력과 방법을 함께 탐색함으로써 클라이언트 스스로 자신의 능력을 인식하도록 돕고, 이러한 과정을 통해 함께 강점을 발견할 수 있다. 사례관리자는 "그런 일이 있었군요. 그런데 그러한 어려움에 대해서, 어떻게 대처하셨나요?", "어려운 상황 속에서 삶을 지속해 온 동력이 무엇이었나요?"와 같은 질문을 통해 클라이언트의 문제 상황에서 빠져나와 강점을 향해 시각을 전환할 수 있다.

〈대처질문 예시〉

- 이런 상황에서 어떻게 그렇게 해 오셨는지 정말 인상적입니다. 매 순간 어떻게 견뎌 내셨어요?
- ○○님이 우울하실 수밖에 없는 이유가 많으셨네요. 어떻게 그런 상황에서도 지금까지 견디어 오셨나요? 매일 아침 그래도 어떻게 일어나서 하루를 시작하셨나요?
- 아이들 때문에 견뎌 낼 수 있으셨군요! 아이들을 진심으로 사랑하는 것이 느껴집니다. 아이들을 잘 돌보기 위해서 그동안 어떻게 해 보셨는지 더 말씀해 주세요.
- ○○님도 모든 것에서 도망치고 싶을 때가 있으실 것 같아요. 그런데 어떻게 그렇게 하지 않고 이렇게 버텨 낼 수 있으세요?
- 대부분의 사람들은 오래전에 포기했을 텐데 ○○님은 견뎌 오고 계시네요. 어떻게 그렇게 할 수 있는지 놀랍네요.

출처: Berg & Kelly, 2000; De Jong & Berg, 2012.

---

③ 과거의 성공 경험 탐색: 예외질문

사례관리자가 어떤 대화를 시도해도, 클라이언트가 계속 문제와 어려움을 호소하면서 힘든 현실에 대해 좌절감을 표현한다면 어떻게 강점을 사정할 수 있을지 고민이 될 것이다. 이때 사례관리자는 예외질문을 통해 클라이언트가 원하는 변화와 관련하여 과거 성공 경험을 탐색할 수 있다. 이것은 클라이언트의 미래에 희망적인 가능성이 있다는 근거를 제시하고, 관련된 클라이언트의 강점을 발견하고 강화하는 의미가 있다. 예외란 문제가 발생할 것으로 생각했으나 그렇지 않았던 것을 의미하는 것으로, 과거 성공 경험이나 문제가 덜 나타났을 때, 비교적 괜찮았을 때와 상황을 의미한다. 사례관리자는 예외 상황을 자세하게 탐색하는 과정에서 클라이언트의 강점을 발견할 수 있는데, 이때 예외 상황에 나타난 클라이언트의 노력과 성공 경험을 재확인하고 지지해 주는 것이 필요하다.

〈예외질문 예시〉

- 그런 일이 일어나지 않았을 때는 언제인가요? 그때는 어떻게 그렇게 할 수 있으셨어요?
- 문제가 일어나지 않거나 아니면 조금이라도 덜 심각한 때는 언제였나요? 어떻게 그렇게 할 수 있으셨어요? 그렇게 되기 위해서 어떤 노력을 하셨어요?
- 최근에 괜찮았을 때는 언제였나요? 그때는 어땠나요? 그때는 어떤 다른 점이 있었을까요?
- ____을 다시 하기 위해서는 어떤 일이 일어나야 할까요? 그런 것을 좀 더 자주 할 수 있도록 하기 위해서는 어떻게 해야 할까요?

---

(2) 자원 사정 방법

자원사정은 클라이언트의 강점과 같은 내적 자원과 환경체계 자원 사정으로 이해할 수 있다. 내적 자원 사정 방법은 강점 사정 방법을 통해 어느 정도 설명하였기 때문에 여기에서는 환경체계 자원 사정을 중심으로 설명하고자 한다. 사례관리자는 클라이언트뿐만 아니라 가족과 같은 주변에 중요한 환경체계에도 관심을 기울이는 것이 필요하다. 클라이언트의 삶과 관련 있는 모든 사람을 클라이언트와 가족이 원하는 변화를 이루기 위한 잠재적 자원으로 보고, 포함하는 것이 중요하다.

클라이언트의 환경체계 강점을 파악하기 위해서는 욕구를 중심으로 연결된 사람들과의 면접이 유용하며, 이를 통해 기존에 연결된 자원을 확인할 수 있다. 클라이언트의 관계망 탐색을 위해 주변에 도움을 줄 수 있는 사람들이 누가 있는지 등을 질문할 때는 대개 가족, 지역사회 내 비공식 자원, 공식 자원 순으로 클라이언트에게 보다 익숙하고 친밀한 관계부터 파악해 나가게 된다. 특히 이 과정에서, 변화를 위해 참여시켜야 할 가장 영향력 있는 사람(key person)이 누구인지, 그 사람의 협조를 어떻게 끌어낼 수 있는지에 대해 파악해 나가는 것이 도움이 된다. 이러한 자원 사정은 클라이언트 개인과 가족, 이웃뿐 아니라 관련 법과 정책, 문화적 측면을 포괄하며, 클라이언트와 자원 간의 상호작용의 맥락 안에서 이해되어야 한다.

한편, 클라이언트는 지역사회에서 새롭게 발굴되어 복지 서비스의 대상이 되기도 하지만 이미 다양한 방식으로 복지 시스템 내에 있었던 경우도 많이 있으므로 과거에 받았던 도움의 내용이나 방식에서 어떠한 경험을 하였는지를 사정할 필요가 있다(한국사례관리학회 편, 2020). 과거에 이 가정에 투입된 지역사회 자원은 무엇이었고, 그 자원은 당시 클라이언트와 가정의 삶에 어떤 영향을 주었는지를 파악하여, 과거의 경험을 현재 사례관리 방향에 어떻게 반영할지를 고려하는 것이 필요하다.

〈자원 사정 질문 예시〉

• 주위 분들 중 친하게 지내는 사람은 누가 있으세요?
• 주로 누가 얼마나 자주 방문하나요?
• 도움이 필요할 때는 어떻게 하시나요?
• 도움이 필요할 때 주로 연락하는 사람은 누구이고, 어떤 도움을 받으시나요?
• 그분과는 어떻게 잘 지내게 되셨는지요?
• 주변에 있는 사람 중에 친하게 지내고 싶은 사람은 누가 있으세요?
• (자녀의) 학교와 연락을 하고 계십니까? 담임 선생님과는 어떻습니까? 가장 최근에는 누구와 어떤 얘기를 나누셨나요?
• 학교 외에 다른 교육이나 돌봄 기관을 이용해 보신 적이 있습니까?(학원, 지역아동센터 등)
• 주로 이용하는 의료기관이 있습니까?
• ○○님 가족 상황에 대해 잘 알고 도움을 제공해 주는 기관이 있습니까?(복지관, 주민센터, 동 복지센터, 행정복지센터 등) 어떻게 도움이 됩니까?

※ 이 질문 목록에서 필요한 질문을 선택하여 활용할 수 있음

3) 도움이 되는 질문

앞서, 희망복지지원단 매뉴얼을 참고로 하여 욕구사정에 참고할 수 있는 도움이 되는 질문들을 제시한 바 있다. 이에 대해서도 강점 관점을 적용하여 강점을 사정하는 방식으로 다르게 질문할 수 있다. 〈표 3-3〉은 통합사례관리 실천 가이드(보건복지부, 사회보장정보원, 2021)에 제시된 강점 사정 질문의 예시를 바탕으로 사례관리자가 클라이언트에게 직접 질문하는 데 보다 적합하도록 수정하여 제시한 것이다.

〈표 3-3〉 다양한 생활환경 영역별 욕구와 강점 질문 예시

구분	강점 사정 질문의 예
안전	• 가족들이 외부로부터 위협에 대처하기 위해 어떠한 것을 시도해 본 것이 있나요?(각 가족구성원별로, 누가 무엇을 했는지를 더 구체적으로 질문) • 시도 중 도움이 된 것은 어떤 것이었나요? • 어떻게 되면 본인 가족이 더 안전해질 것으로 생각하시는지요? • 자녀가 더 안전감을 느끼도록 어떻게 보호할 수 있을까요?
건강	• 어떤 때 본인이 신체적으로(또는 정신적으로) 건강하다고 생각하시는지요? • 본인이 할 수 있는(또는 하고 있는) 신체활동에는 어떤 것이 있을까요? • 어떤 것이 자신을 신체적으로 (또는 정신적으로) 건강하게 만든다고 생각하세요? • 지금 이 정도의 건강을 유지하는 비결이 무엇이라고 생각하세요? 어떤 노력을 하고 계세요? • 몸이 아플 때(또는 마음이 아플 때, 정신적으로 힘들 때) 누구에게 연락하세요? 어떤 것이 도움이 되세요?
일상 생활 유지	• 어떻게 모든 일상생활(의식주 관련, 가사 등)을 해 나가고 계세요? • 어떻게 도움을 받는 방법은 찾으시나요? • 특별히 좋아하는 활동은 무엇인가요? • 여가시간에 주로 무엇을 하면서 보내세요? • 어떤 경우에 여가나 휴가를 잘 보냈다고 생각하시나요? 그때는 무엇이 다른가요?
가족 관계	• 가족 중 주로 누구와, 무엇을 하며 시간을 보내세요? • 가족 중에서 누가 가장 당신을 걱정하고 있다고 생각하세요? • 도움이 필요할 때 가족 중 누가 가장 많이 의지가 되고 도움을 주나요?

사회적 관계	• 가족 외에는 주로 누구와 연락하거나 함께 시간을 보내세요? • 잘 지내는 친구나 이웃은 누구인가요? • 현재 참여하고 있는 모임은 무엇인가요? • 도움이 필요할 때 누가 가장 많은 의지가 되고 도움을 주나요? • 이웃, 지역사회 기관, 종교기관 등으로부터 어떤 지지를 받고 있나요? • 과거에는 이웃, 지역사회 기관, 종교기관 등으로부터 어떤 지지를 받았었나요?
경제	• 가족원 중에 누가 어떤 일을 하고 계시나요? • 해 봤던 일은 어떤 것이 있나요? 어떻게 그 일을 할 수 있었나요? • 과거에 생활비 등을 어떻게 마련하셨었나요? • 어떻게 지금 상황을 유지하고 계세요? 현재 다른 가족이나 국가에서 도움을 받는 것이 있을까요? • 돈이 있다면 어떤 데 가장 시급하게 써야 할까요? • 돈이 있다면 앞으로 어떤 것을 해 보고 싶은가요?
교육	• (본인 또는 자녀) 자부할 수 있는 특기, 기술은 무엇인가요? • (자녀의 경우) 좋아하는 과목은 무엇인가요? • 교육 정보를 어디에서 얻고 계세요? • 자녀 교육을 위해 어떤 노력을 하고 계세요? • 자녀가 어린이집이나 유치원, 기타 또래 그룹에 참여하고 있나요? 어떻게 상호작용하고 있나요?
직업	• 어떤 일(또는 직업)을 해 보셨나요? • 지금 직장생활을 유지할 수 있는 것은 어떤 능력(기술) 때문이라고 생각하세요? • 직장생활과 관련해서(또는 일하는 것과 관련해서) 어떤 점을 좋아하세요?
생활 환경 및 권익보장	• 지금 살고 계신 곳/지역사회의 어떤 점이 좋으세요? • 다른 사람들에게 물어보면 지금 있는 곳에서 사는 것이 어떤 점에서 좋다고 얘기할 것 같으세요? • 다른 곳으로 이동할 때 누구로부터, 어떤 도움을 받으시나요?
법률 및 권익 보장	• 이와 같은 법적인 문제와 관련하여 어떻게 대처하세요? • 현재 법적 문제와 관련하여 누구에게 혹은 어떤 기관의 자문을 받고 있나요?

4) 사례를 통한 강점 사정 예시

욕구사정에서 제시한 '아동학대가 의심되는 복합적 욕구 사례'에서 사례관리자가 사정한 클라이언트의 장점은 다음과 같이 정리될 수 있다. 이 가족의 내적 자원은 자녀 사랑과 부모의 책임감, 경제활동 의지와 경험, 종교적 신념을 들 수 있고, 환경체계 자원은 교회, 아동보호전문기관, 자활센터, 동주민센터 기관과 담당자 등을 들수 있다. 사례관리자는 지속적인 면담을 통해 클라이언트와 함께 더 많은 강점과 자원을 발견할 것이며, 이를 변화, 즉 클라이언트의 목표달성을 위한 개인적·환경적 자원으로 활용할 수 있을 것이다.

내적 자원

• **자녀 사랑과 부모의 책임감**

A씨는 자라면서 부모, 형제간 사랑이 부족하여, 자녀들만큼은 따뜻한 가정 안에서 직접 키우고 싶다는 소망을 가지고 있음. A씨는 혼자서 아이들을 키울 자신이 없어서 둘째 아이가 태어나자마자 입양을 보냈으나 두 차례 파양되어 돌아오자 모든 아이를 직접 키우겠다고 결심하였음. 그래서 아동방임 신고로 분리조치를 하겠다는 예고를 받자 아이들과 가족을 돌볼 수 있도록 돕겠다는 사례관리자의 제안을 받아들이게 됨. 동거 배우자 또한 자신의 혈육은 아니지만 모두 가족으로 인정하고 돌보겠다는 의지가 있었고 가장으로서의 역할을 찾고자 함.

• **경제활동 의지와 경험**

A씨와 동거남은 직장생활 경험이나 직업기술은 없지만 지인들의 조언을 듣고 다양한 방법으로 경제활동을 하고자 시도했던 경험이 있음.

• **종교적 신념**

동거남은 독실한 기독교 신자로 자신의 삶에 대한 책임감을 가지려 노력하고 있음.

환경체계 자원

• 교회-동거남은 성실하게 교회활동을 하면서 교우들과의 인간관계를 지원체계로 활용함.

• 아동보호전문기관-아동학대 의심 사례로 신고되면서 아동보호전문기관에서 아동학대 문제인식 및 예방을 위한 부모상담과 모니터링을 실시 중임.

• 자활센터-과거 동거남이 자활사업에 참여한 경험이 있음. 동거남은 건강이 안정되면 다시 참여할 의사를 갖고 있음.

• 동주민센터-공공급여 지원 대상 가구로 점검 중이며, 아동학대 신고를 통해 사례관리를 시작함.

5) 강점과 자원 사정 연습문제

다음의 질문에 대해 잘 생각해 본 후 함께 토의해 보자.

① 무기력한 모습의 클라이언트의 강점 찾기
- 사례관리자가 클라이언트의 강점을 찾기 위해 그동안의 대처 노력과 주변 자원을 탐색하는 질문을 계속 던져도 클라이언트는 "몰라요", "없어요"로 일관하여 더 이상의 질문을 이어 나가기 어려운 상황이다. 이러한 상황에서 사례관리자가 클라이언트의 강점과 자원 사정을 위해 어떤 방법 혹은 노력을 시도해 볼 수 있을지 토의해 보자.

② 비자발적인 클라이언트의 강점과 자원 찾기
- 클라이언트가 자신의 상황을 불평하면서 사례관리자에게 "내가 얘기를 하면 당신이 다 해결해 줄 수 있냐, 무엇을 줄 수 있냐"고 계속 요구하고 있어 사정을 위한 대화가 자꾸 끊기고 있다. 이러한 상황에서 사례관리자가 클라이언트의 강점과 자원 사정을 위해 어떤 방법을 시도해 볼 수 있을지 토의해 보자.

③ 효과적인 자원 사정 경험 나누기
- 나의 성공적인 자원 사정 경험을 생각해 보고 이야기해 보자.
- 클라이언트에게 어떻게 질문 혹은 접근했을 때, 효과적으로 자원을 사정할 수 있었는가?
- 효과적인 개입을 위한 자원 사정 과정에서 사례관리자로서 스스로 더 노력해야 할 부분은 무엇이라고 생각하는가?

3. 장애물 사정

1) 개념과 영역

장애물이란 사례관리를 통해 이루고자 하는 목표 달성을 위한 노력을 저해하거나 한계, 걸림돌이 되는 특성이나 조건을 말한다(한국사례관리학회 편, 2020). 장애물은 내부 장애물과 외부 장애물로 구분할 수 있는데 내부 장애물은 클라이언트의 성격이나 정서적 특성으로서, 문제해결이나 변화를 위한 협력적 노력을 지속하는 데 걸림돌이 될 수 있는 특성을 말한다. 과거의 부정적인 경험으로 인해 인간관계에서 신뢰관계를 형성하기 어렵거나 냉소적인 태도로 인해 사례관리자와의 관계 형성이 어렵거나 사회적 참여나 관계 형성을 하는 데 어려움이나 한계로 작용하는 것 등이 그 예가 된다. 만약, 내부 장애물로서 신체적·정신적 건강 문제가 있을 경우 반드시 객관적 근거가 동시에 명시되어야 한다. 예를 들어, 우울증이 있다고 진술할 경우 병원치료 근거(처방전이나 영수증) 또는 진단서를 통해 질병 사실과 정확한 진단명을 확인하거나 치료 병원에 직접 확인한 내용을 기록한다(한국사례관리학회 편, 2019: 147-148). 외부 장애물은 클라이언트가 처한 삶의 상황이나 환경적 특성으로 인한 장애물을 의미한다. 지지체계와 자원의 부족, 지역사회의 협력체계가 잘 작동하지 않는 것, 클라이언트에게 억압적인 구조나 문화적인 특성 등이 그 예가 된다.

2) 장애물 사정 방법

장애물 사정의 목적은 사례관리 수행 과정에 놓인 장애물을 명확히 하고 사례관리를 통한 변화의 가능성과 한계를 객관적이고 현실적으로 예측하기 위한 것이다. 만약 극복하여 정면 돌파하거나 쉽게 해결하기 어려운 장애물이 나타난다면 우회를 위한 전략을 마련할 필요가 있다(한국사례관리학회 편, 2020). 사례관리자와 클라이언트가 신뢰관계를 형성하는 것에도 어려움이 있을 수 있고, 클라이언트에게 도움이 될 만한 지역사회의 자원 확충이나 전달체계의 변화 또한 빨리 이루어지지 않을 수 있다. 장애물 사정은 여러 가지 어려움을 고려한 현실적인 목표와 실현 가능한 계획 수립을 위해 검토해야 할 전제 조건으로 인식할 필요가 있다.

한 가지 유의해야 할 점은 실천과정의 장애물을 사정하는 과정이 다시 문제와 어려움의 나열로 회귀하는 과정이 되어서는 안 된다는 것이다. 그렇게 되면 클라이언트와 사례관리자 모두 다시 복잡한 문제와 어려움에 압도되면서 무기력감만 더 커지게 될 것이다. 장애물 사정은 클라이언트의 변화를 위해 현실적이고 실현 가능한 계획을 세우는 과정이 되어야 하며, 클라이언트의 미시적 측면뿐 아니라 클라이언트를 억압하는 법, 제도, 문화 등 사회구조의 측면에서 변화가 필요한 영역을 탐색하는 과정이 되어야 한다. 사례관리자는 클라이언트의 욕구 실현과 관련한 여러 가지 어려움을 탐색하는 동시에 이에 대처할 수 있는 클라이언트의 힘을 끌어내야 하며, 지역사회 자원의 발굴과 연계, 클라이언트의 어려움과 자원과 관련된 제도와 사회구조를 변화시키고자 노력해야 한다.

3) 도움이 되는 질문들

> 〈장애물 사정 질문 예시〉
>
> • 이렇게 변화로 나아가는 과정에서 걱정이 되는 점이 있다면 어떤 것일까요?
> • 과거에 이와 같이 변화를 시도하는 과정에서 어떤 어려움을 경험하셨어요?
> • 앞으로 어떤 어려움이 있을 것으로 생각되세요?
> • 필요한 자원을 이용하지 못하거나 불편한 점이 있었다면 어떤 것 때문일까요?

4) 사례를 통한 장애물 사정 예시

'아동학대가 의심되는 복합적 욕구 사례'에서 클라이언트의 내부 장애물과 외부 장애물은 다음과 같이 정리될 수 있다. 장애물 사정은 장애물 그 자체뿐 아니라 클라이언트가 이런 장애물을 극복하고 변화를 만들어 가기 위해서는 어떤 강점을 활용해야 하는지, 어떤 영향력 있는 외부 자원을 참여시킬 수 있는지 등을 함께 고려해야 한다.

내부 장애물
• 학대로 신고되었으나 부모는 인정하지 않음
• 부의 심각한 음주 문제와 우울증: 술을 먹고 자꾸 죽겠다고 경찰에 신고하는 모습

외부 장애물
• 지지체계의 부재: 자녀 양육 과정에서 주변의 도움이 없음
• 가족관계상의 문제: 어머니가 전남편과의 이혼 정리가 되지 않은 상태에서 낳은 네 아이들이 모두 전남편 가족관계등록부에 등재되어 있음. 전남편이 행방불명된 상태로(주민등록 말소됨) 이혼이 안 되고 있음. 현 남편과는 사실혼 재혼 관계임
• 경제적 어려움: 한부모 가정으로 수급 지원을 받고 있었으나 1년 전 부부가 함께 장사를 시작하면서 추정소득이 부과되어 경제적 위기가 심각, 장사 실패, 빚이 늘어나며 관계 악화

5) 장애물 사정 연습문제

다음의 질문에 대해 잘 생각해 본 후 함께 토의해 보자.

- 그동안 사례관리 경험을 통해 자주 파악된 혹은 가장 기억나는 클라이언트의 내부 장애물에는 어떤 것이 있는가?
- 그동안 사례관리 경험을 통해 자주 파악된 혹은 가장 기억나는 클라이언트의 외부 장애물에는 어떤 것이 있는가?
- 장애물 사정을 위한 나의 효과적인 질문 혹은 방법에는 어떤 것이 있는가?
- 장애물 사정이 효과적인 사례관리 개입과 연결되기 위해서는 어떤 점에 유의해야 한다고 생각하는가?

4. 위기 사정

1) 위기 사정의 개념과 영역

위기는 개인의 평소 대처기제로 해결할 수 없는 위험한 사건이나 상황의 결과이며 심리적 불균형을 초래하는 것(Roberts, 2000)으로, 개인의 자원이나 대처기제를 넘어서 견딜 수 없다고 인식되는 상황이나 사건(James & Gilliland, 2001; 육성필 외, 2019)을 의미한다. 위기를 초래할 수 있는 위험 요소로는 가족구성원의 자살, 폭력적 행동, 우울, 정신병, 분노, 알코올 중독, 약물 중독, 가정폭력, 아동학대, 노인학대, 사고(자동차 등), 재난(홍수, 화재 등) 등을 들 수 있다. 「긴급복지지원법」 제2조에서는 위기 상황을 주 소득자의 사망, 가출, 행방불명, 구금시설 수용 등으로 소득이 상실된 경우, 중한 질병이나 부상, 방임이나 학대, 가정폭력 또는 성폭력, 화재 또는 자연재해 등으로 인하여 거주지에서 생활이 곤란하게 된 경우 등으로 정의하고 구분하고 있다.

이와 같은 위기는 어떤 사람도 특별한 면역력을 갖고 있지 않다는 점에서 보편성을 갖는 한편, 같은 상황이라도 어떤 사람은 성공적으로 극복할 수 있는 반면에 또 다른 사람은 그렇지 않다는 점에서 고유성을 갖는다. 사례관리자는 복합적인 문제와 욕구를 가진 클라이언트와 일하는 동안 이와 같은 위기의 보편성과 고유성을 잘 고려하여 클라이언트의 위기 상황을 이해하고 대처하는 과정에 함께 해야 한다. 그러나 2014년 서울 송파구 세 모녀 자살 사건[3]에서 볼 수 있듯이, 개인이 경험하는 위기가 바깥으로 모두 표출되는 것은 아니기 때문에 사례관리자는 외부적으로 나타나는 여러 징후들을 통해 위기의 내용과 정도를 파악할 필요가 있다. 이를 통해

---

3) 2014년 2월 서울 송파구 석촌동의 단독주택 지하 1층에 살던 박 모 씨와 두 딸이 생활고로 고생하다 결국 스스로 목숨을 끊은 사건이다. 당시 지하 셋방에서 살던 세 모녀는 질병을 앓고 있는 것은 물론 수입도 없는 상태였으나, 국가와 자치단체가 구축한 어떤 사회보장체계의 도움도 받지 못해 사회안전망의 한계를 드러낸 사건으로 주목받았다.

위기가 초래되는 복잡한 상황에 대처하고 클라이언트와 환경체계의 안전을 확보하며 삶의 질을 향상시켜 나가기 위한 목표 설정과 협력, 다양한 기관과의 연계를 수행할 수 있다.

여기에서 다룰 위기 사정은 크게 세 가지로서, 첫째, 공공사례관리의 욕구사정에서 함께 다루는 보편적 위기 사정, 둘째, 우울과 자살위험, 셋째, 아동학대에 대한 것이다. 첫째, 보편적 위기 사정을 위해서는 보건복지부(2022)의 희망복지지원단 업무안내에 제시된 10개의 욕구범주에 기초한 위기도 평가를 참조할 수 있다. 여기에서는 이 중 위기와의 직접 관련성이 높은 3가지 영역, 즉 안전, 건강, 가족관계의 위기 사정에 대해 설명할 것이다. 둘째, 정신건강과 관련된 우울과 자살위험 징후를 발견하는 방법에 대해 설명할 것이다. 셋째, 아동의 생존과 권리를 위협하는 아동학대의 징후를 인식하고 협력하는 것에 대해 설명할 것이다.

2) 위기 사정 방법

(1) 주요 위기도 사정

위기 사정의 영역과 방법은 다양할 수 있는데, 여기에서는 희망복지지원단의 통합사례관리에서 사용되는 위기도 조사의 일부를 중심으로 설명할 것이다. 위기도 조사는 사례관리 대상자 선정을 위한 기준으로 대상 가구의 위기 정도 파악 및 사례관리 종결의 적정성 판단 등에 활용되는 것으로 개념화되는데(보건복지부, 2022) 여기에서는 가족의 위기 정도를 파악하여 사례관리 목표 설정 시 시급성과 중요성을 반영하는 자료로 활용하는 방안을 소개하고자 한다. 희망복지지원단 업무안내에 소개된 위기도 평가 영역은 욕구와 마찬가지로 안전, 건강, 일상생활 유지, 가족관계, 사회적 관계, 경제, 교육, 고용, 생활환경, 권익보장을 포함한 10개의 영역이고, 위기도는 0점에서 3점까지로, 3점에 해당될수록 위기도가 높은 것으로 평가되나 문항의 신뢰성을 유지하기 위한 역질문 내용이 포함되어 있다.[4] 그러나 여기에서는

---

4) 희망복지지원단에서 진행하는 위기도 조사지 작성·활용 방법에 대해 구체적으로 알기를 원하면 『통합사

위기도 점수는 활용하지 않으며, 통계적 검증 결과, 고난도 사례관리와 관련성이 높은 상위 3개의 욕구 영역, 즉 안전, 가족갈등, 건강 영역(권자영, 김정화, 2020)을 중심으로 소개하고자 한다.

〈표 3-4〉 위기 사정을 위한 위기도 영역과 내용

영역	세부 영역	위기도 내용
안전	가족 내 안전 유지	• 함께 거주하고 있는 가족구성원이 본인이나 가족을 위협하고 있거나 위협할 것 같은 경우 • 본인이 가족(비동거 가족 포함)을 위협하고 있거나 위협할 것 같은 경우 • 신체적 폭력/정서적 폭력/성적 폭력/방임/경제적 폭력
	가족 외부로부터의 안전 유지	• 비동거 가족, 친척, 친구, 이웃, 사회(학교, 직장 등) 등이 본인이나 가족을 위협하고 있거나 위협할 것 같은 경우 • 신체적 폭력/정서적 폭력/성적 폭력/방임/경제적 폭력 • 응급 상황이 발생할 경우 도움을 받는 데 어려움이 있는 경우 • 지원체계 없음/응급 상황을 인지 못함/자원체계 불충분 또는 어떤 이유로 활용 어려움
가족 관계	관계 형성	• 가족(동거 및 비동거 가족 포함)으로부터 도움을 받는 데 어려움이 있음 • 가족(동거 및 비동거 가족 포함) 갈등으로 어려움이 있음
	가족 돌봄	• 보호가 필요한 영유아, 아동, 노인, 장애인 등을 돌보는 데 어려움이 있음
건강	신체적 건강	• 본인이나 동거 가족이 신체적 건강문제로 어려움을 겪고 있는 경우
	정신적 건강	• 본인이나 동거 가족이 중독, 우울, 조현증(정신분열) 등의 정신질환으로 어려움이 있는 경우 • 증상관리가 어려운 경우, 약물 복용이 어려운 경우 • 본인이나 동거 가족이 지난 6개월간 자살을 시도하거나 구체적인 방법을 생각한 경우

리관리 실천가이드』의 '위기도 조사지 작성가이드'(보건복지부, 한국사회보장정보원, 2021: 202-214)를 참고하기 바란다.

　이러한 위기도 조사의 진행을 클라이언트와의 대화를 통해 보다 더 클라이언트 중심으로 진행할 수도 있다. 이것은 변화의 주체가 클라이언트임을 명확히 하고 상황에 대한 인식과 관련 자원을 파악해 나가는 데 효과적인 방법이다. 김윤주 등 (2020)에서 제시한 것처럼, 먼저 이 영역에 대한 클라이언트 질문지를 만들어 클라이언트가 직접 체크하도록 하고(서면이나 대답 모두 가능), 그 대답을 바탕으로 사례관리자가 대화를 이어 나가며 클라이언트의 위기 상황을 구체적으로 파악하는 방법을 소개한다.

〈표 3-5〉 클라이언트 체크용 질문지

구분	내용	매우 그렇다.	그렇다.	그렇지 않다.	전혀 그렇지 않다.
1	나(또는 우리 가족)은 안전하게 지내고 있다.				
2	나(또는 우리 가족)은 건강하게 지내고 있다.				
3	우리 가족(부모, 형제자매, 친인척 등)은 서로 잘 지내고 있다.				

출처: 김윤주, 문미정, 원윤아(2020), p. 15.

　사례관리자는 클라이언트의 영역별 응답을 토대로, 〈표 3-6〉에 제시한 추가 질문을 통해 상황을 더 구체적으로 파악할 수 있다.

〈표 3-6〉 구체적인 위기 탐색을 위한 추가 질문

질문 1) (응답 척도) 라고 하셨는데 그렇게 지내는 게 어떤가요? 괜찮으신지 힘드신지 등등이요.		
괜찮다고 하는 경우	힘들다고 하는 경우	그저 그렇다고 하는 경우
세부 질문 2~3개		

예시) -어떻게 지내고 계신지 말씀해 주세요. -그동안 도움이 된 것은 무엇인가요? -앞으로도 지금까지 해 오신 대로 하면 되나요?(예/아니요) 대답에 따라, 그러면 어떻게 하면 좋을까요? 등으로 추가 질문	예시) 지금까지는 어떻게 지내오셨는데요? 앞으로 안전하게 지내려면 지금과는 어떤 점이 달라져야 할까요?	예시) 그럼 지금처럼 지내면 되나요? 지금과 조금이라도 달라졌으면 하는 것이 있을까요? 지금처럼 지내면 된다, 달라졌으면 한다의 응답에 따라 후속 질문

질문 2) 각 문항별로 이런 방식으로 계속 질문. 특히 그렇지 않다로 응답한 경우에는 구체적으로 위기 상황 탐색

출처: 김윤주 외(2020), p. 16의 표를 토대로 일부 수정.

사례관리자는 이를 종합적으로 정리하면서 전반적인 클라이언트의 위기 상황과 대처 역량을 가늠할 수 있다. 즉, 현재 별다른 문제가 없어 지금과 같이 지내면 되는 것은 어떤 것이고, 클라이언트 중심으로 변화를 시도해 나가야 하는 것은 무엇이며, 긴급하게 지원이나 개입이 필요한 것은 무엇인지를 도식화하고 우선순위를 정하며 향후 클라이언트와 함께 목표를 수립하고 서비스 계획을 합의해 가는 데 활용할 수 있을 것이다.

(2) 우울과 자살위험 사정

전반적인 위기 영역 중에서도 가장 긴박한 위기개입을 필요로 하는 상황은 클라이언트가 심각한 우울과 자살위험의 징후를 보일 때이다. 사례관리자가 정신건강 영역의 전문가가 아니더라도, 이와 같은 클라이언트를 만나게 될 때, 즉 클라이언트 또는 가족에게 우울과 자살위험 등의 징후가 보일 때는 이를 발견하여 전문기관으로 연계할 수 있는 능력을 갖추고 있어야 한다. 구체적으로, 어떤 요인들이 클라이언트의 우울과 자살위험에 영향을 주고 있는지, 이러한 증상이 얼마나 지속되었는지, 이와 관련하여 과거 어떤 치료기관과 협력했으며 그 경험은 어떠했는지를 파악할 필요가 있다. 자살위험의 구체적인 징후들은 외모와 성격의 변화, 달라진 행동과

암시, 불안정한 정서, 극도로 무기력함과 우울한 정서 등을 포함하며 구체적인 내용은 〈표 3-7〉을 참고하기 바란다.

〈표 3-7〉 자살위험 징후

성격 변화	눈에 띌 정도로 현저하게 슬프고, 비사교적이고, 화를 잘 내고, 냉담하던 청소년이 심각한 정도의 우울감을 호소한 후 성격이 갑자기 변해서 증상들의 상당 부분이 개선됨
우울	극도의 불행과 무기력을 나타냄
죽음에 관한 이야기	죽음에 관해 유달리 몰두함. 즉, 죽음 후에 무슨 일이 일어나는지 질문, 생명보험 증권 구매, 결심을 적어 두거나 변화시킨 것에 관해 이야기함
자살에 대한 직접적 또는 간접적인 암시들	자신이나 자신의 삶이 무가치하다고 말하거나 아무도 관심을 가지지 않는다고 이야기함. 예를 들면, "부모님이(혹은 다른 ○○)에게는 내가 없는 것이 더 나아요." 또는 "나는 얼마 못 살 거예요."와 같은 이야기를 함
분위기나 행동의 이유 없는 변화	대개 삶에 관한 감각이 극도로 부정적임. 통상적인 활동이나 취미 생활에 참여하지 않거나 그것을 즐기지 못함. 한때 즐거움을 주던 컴퓨터 게임이나 농구, 반려견 돌보기 같은 취미 생활에 더 이상 흥미가 없음
수면, 식사 습관의 변화	잠을 더 많이 자거나 잠이 없어지며 식사를 더 많이 하거나 적게 하는 것 등의 변화가 있음
용모의 변화	머리카락이나 옷차림 등에 신경을 안 쓰거나 꾀죄죄함. 체중이 급격히 불거나 감소함. 얼굴 표정이 무감각해 보이고 변화가 없어 보임. 눈빛이 분명하게 움직이지 않고 생기가 없어 어두움
후퇴와 단절	주변 사람들과 의사소통을 거의 하지 않음. 가족과 친구를 피함
절망감	곧 있을 사태들에 흥미가 없음. 현재의 상황이나 미래에 관해 희망이 없음
약물 증가	약이나 알코올을 지나치게 복용함
화, 공격적 행동	성격이 급해지거나 쉽게 화를 냄
불안	안절부절못함. 안달함. 전전긍긍함
소유물 정리	특별히 좋아하거나 귀하게 여기던 것들을 남에게 주어 버림

사례관리자는 정신건강전문기관과의 협력 이전에, 개인의 정서와 상황을 언어, 행동, 상황적 맥락에 따라 보다 구체적으로 파악하기 위해 우울 증상 정서 관련 질

문지를 사용할 수 있으며 구체적인 내용과 결과 해석은 다음에 제시한 내용을 참고하기 바란다. 클라이언트 의뢰나 사례관리자의 행동 지침에 도움을 받기 위해 보건복지부가 운영하는 전국 공통 자살예방 및 정신건강 상담 전화(1577-0199)를 활용할 수 있다.

〈표 3-8〉 우울 증상 정서 관련 질문지

지난 2주일 동안 당신은 다음의 문제들로 인해서 얼마나 자주 방해를 받았습니까?		전혀 방해받지 않았다.	며칠 동안 방해 받았다.	7일 이상 방해 받았다.	거의 매일 방해 받았다.
1	일 또는 여가활동을 하는 데 흥미나 즐거움을 느끼지 못함	0 ☐	1 ☐	2 ☐	3 ☐
2	기분이 가라앉거나 우울하거나 희망이 없음	0 ☐	1 ☐	2 ☐	3 ☐
3	잠이 들거나 계속 잠을 자는 것이 어려움. 또는 잠을 너무 많이 잠	0 ☐	1 ☐	2 ☐	3 ☐
4	피곤하다고 느끼거나 기운이 거의 없음	0 ☐	1 ☐	2 ☐	3 ☐
5	입맛이 없거나 과식을 함	0 ☐	1 ☐	2 ☐	3 ☐
6	자신을 부정적으로 봄. 혹은 자신이 실패자라고 느끼거나 자신 또는 가족을 실망시킴	0 ☐	1 ☐	2 ☐	3 ☐
7	신문을 읽거나 텔레비전 보는 것과 같은 일에 집중하는 것이 어려움	0 ☐	1 ☐	2 ☐	3 ☐
8	다른 사람들이 주목할 정도로 너무 느리게 움직이거나 말을 함 또는 반대로 평상시보다 많이 움직여서, 너무 안절부절못하거나 들떠 있음	0 ☐	1 ☐	2 ☐	3 ☐
9	자신이 죽는 것이 더 낫다고 생각하거나 어떤 식으로든 자신을 해칠 것이라고 생각함	0 ☐	1 ☐	2 ☐	3 ☐
합계					점

[정서검사 결과 확인]

□ 정상(총점 0~4점)	적응상의 지장을 초래할 만한 우울 관련 증상을 거의 보고하지 않음
□ 경미한 수준(총점 5~9점)	경미한 수준의 우울감이 있으나 일상생활에 지장을 줄 정도는 아님
□ 중간 수준(총점 10~14점)	중간 수준의 우울감을 비교적 자주 경험하는 것으로 보고함. 직업적·사회적 적응에 일부 영향을 미칠 수 있어 주의 깊은 관찰과 관심이 필요함
□ 약간 심한 수준(총점 15~19점)	약간 심한 수준의 우울감을 자주 경험하는 것으로 보고함. 직업적·사회적 적응에 일부 영향을 미칠 경우. 정신건강 전문가의 도움을 받을 필요가 있음
□ 심한 수준(총점 20~27점)	광범위한 우울 증상을 매우 자주. 심한 수준에서 경험하는 것으로 보고함. 일상생활의 다양한 영역에서 어려움이 초래될 경우. 추가적인 평가나 정신건강 전문가의 도움이 필요함

(3) 아동학대 사정

아동학대란 아동을 대상으로 한 신체학대, 정서학대, 성학대 및 방임을 포함하는 개념으로, 「아동복지법」에서는 '아동학대'를 보호자를 포함한 성인이 아동의 건강 또는 복지를 해치거나 정상적 발달을 저해할 수 있는 신체적·정신적·성적 폭력이나 가혹 행위를 하는 것과 아동의 보호자가 아동을 유기하거나 방임하는 것으로 규정하고 있다. 그런데 아동의 건강한 성장에 치명적 위협이 될 수 있는 아동학대 사건의 80% 이상은 가정 내에서 이루어지는 것으로 보고되어(김경희 외, 2019), 아동학대의 조기 발견과 개입을 위해서는 주변의 관심과 도움이 반드시 필요하다. 특히 사회복지전담공무원과 사회복지시설 종사자는 아동학대 신고 의무자로서 아동학대를 알게 되거나 의심이 가는 경우, 수사기관 및 시·군·구 긴급전화를 통해 신고해야 한다. 이를 위해 아동학대 발견을 위한 여러 징후를 잘 알고 있어야 한다.

〈표 3-9〉 아동학대 유형과 징후

학대의 유형과 개념	아동이 나타내는 신체적·행동적 징후
신체학대 성인이 아동에게 신체적 손상을 입히거나 이를 허용하는 모든 행위로서 때리기, 흔들기, 화상 입히기, 질식시키기, 36개월 이하 영아에게 가하는 체벌 행위, 노동 착취 등이 포함됨	• 설명하기 어려운 상처 • 발생 및 회복에 시간 차가 있는 상처, 골절 　(계속해서 학대가 일어나고 있을 가능성이 있음) • 신체적 상흔으로 자주 병원을 가는 경우 • 사용된 도구의 모양이 그대로 나타나는 상처 • 담뱃불 자국, 뜨거운 물에 잠겨 생긴 화상 자국 • 겨드랑이, 팔뚝, 허벅지 안쪽 등 다치기 어려운 부위의 상처 • 다른 아동이 울 때 공포를 보임 • 공격 또는 위축된 극단적 행동 • 부모에 대한 지나친 두려움 • 집으로 돌아가는 것에 대한 지나친 두려움
정서학대 성인이 아동에게 하는 언어적·정서적 위협, 감금, 기타 가학적인 행위가 포함됨. 부모가 자녀에게 모욕을 주고 소리를 지르고, 비난하며, 심하게 무시하고 모욕하는 것도 포함됨	• 수면 부족으로 인한 후유증 • 실수에 대한 과잉 반응 • 위험에 대한 지속적인 경계 • 특정 물건을 계속 빨고 있거나 물어뜯음 • 언어장애, 비행, 기행(퇴행, 반사회적 행동 등) • 스트레스로 인한 원형탈모 등 • 갑작스러운 폭력 성향과 행동 문제 • 히스테리, 강박, 공포 등 정신건강 문제 반응 • 극단 행동, 과잉 행동, 발달지연, 자살 시도
성학대 성인의 성적 만족을 위해 아동의 신체에 접촉하는 행위나 아동과의 모든 성적 행동	• 걷거나 앉는 데 어려움 • 회음부의 통증과 가려움 • 찢기거나 손실된 처녀막 • 질에 생긴 상처나 긁힌 자국 또는 홍진 • 항문 주변의 멍이나 찰과상 • 입천장의 손상, 성병 감염 및 임신 • 나이에 맞지 않는 성적 행동, 해박하고 조숙한 성 지식 • 타인, 동물, 장난감을 대상으로 하는 성적인 상호 관계 • 위축, 환상, 퇴행 행동, 혼자 남아 있기를 거부 • 특정 유형의 사람들 또는 성에 대한 두려움

방임	
아동의 보호자가 고의적이거나 반복적으로 양육과 보호를 소홀히 해 아동의 정상적 발달을 저해하는 모든 행위로 의료적·교육적 방임 등도 포함됨	• 발달지연, 성장장애 • 기아, 영양실조, 적절하지 못한 영양섭취 • 계절에 맞지 않는 옷, 청결하지 못한 외모 • 지속적 피로·불안정감 호소, 수업 중 조는 태도 • 학교에 일찍 등교하고 집에 늦게 귀가 • 예방접종 등 의학적 치료 불이행, 건강상태 불량 • 음식을 구걸하거나 훔침 • 비행 또는 도둑질 • 아동에게 머릿니, 빈대, 회충 등이 있음 • 특정한 사유 없이 무단결석

출처: 아동권리보장원 홈페이지 https://www.ncrc.or.kr

또한 보호자의 행동이 학대인지 아닌지를 판단하기 위해서 〈표 3-10〉에 제시한 아동학대 체크리스트를 활용하는 것도 도움이 된다. 한 개의 문항이라도 체크가 된다면, 아동학대 가능성을 염두에 두어야 한다.

〈표 3-10〉 **아동학대 체크리스트**

번호	체크 항목	체크란	
1	사고로 보기에는 미심쩍은 멍이나 상처가 발생한다.	예☐	아니요☐
2	상처 및 상흔에 대한 아동 혹은 보호자의 설명이 불확실하다.	예☐	아니요☐
3	보호자가 아동이 매를 자고 자라야 한다는 생각을 갖고 있거나 체벌을 사용한다.	예☐	아니요☐
4	아동이 보호자에게 언어적·정서적 위협을 당한다.	예☐	아니요☐
5	아동이 보호자에게 감금, 억제, 기타 가학적인 행위를 당한다.	예☐	아니요☐
6	기아, 영양실조, 적절하지 못한 영양섭취를 보인다.	예☐	아니요☐
7	계절에 맞지 않는 옷, 청결하지 못한 외모를 보인다.	예☐	아니요☐
8	불결한 환경이나 위험한 상태로부터 아동을 보호하지 않고 방치한다.	예☐	아니요☐
9	성학대로 의심되는 성질환이 있거나 임신 등의 신체적 흔적이 있다.	예☐	아니요☐
10	나이에 맞지 않는 성적 행동 및 해박하고 조숙한 성지식을 보인다.	예☐	아니요☐
11	자주 결석하거나 결석에 대한 사유가 불분명하다.	예☐	아니요☐
12	아동에게 필요한 의료적 처치 혹은 예방접종을 실시하지 않는다.	예☐	아니요☐

13	보호자에 대한 거부감과 두려움을 보이고, 집(보호기관)으로 돌아가는 것에 대해 두려워한다.	예□	아니요□
14	아동이 매우 공격적이거나 위축된 모습 등의 극단적인 행동을 한다.	예□	아니요□

출처: 아동권리보장원 홈페이지 https://www.ncrc.or.kr

아동학대가 의심되면, 신고접수를 통해 아동학대전담공무원과 경찰이 개입하게 되고, 조사를 통해 아동학대로 판단될 경우에 아동보호전문기관에서 사례관리를 담당하게 된다. 이때 신고자가 아동학대 의심 상황에 대해 가능한 많은 정보를 알려주는 것이 조사 진행에 도움이 되며 주된 정보의 내용은 다음과 같다.

- 피해(의심) 아동의 현재 상황
  −피해(의심) 아동의 안전 여부, 응급조치 · 즉각 분리 필요 여부, 심신 상태, 가정의 상황
- 피해(의심) 아동의 인적 사항
  −성명, 성별, 추정 연령, 주소, 전화번호 등 연락처
- 아동학대 행위(의심)자 관련 사항
  −성명, 성별, 추정 연령, 주소, 전화번호 등 연락처, 아동과의 관계, 아동과의 동거 여부, 특성 및 성향
- 아동학대 의심 상황
- 기타

사례관리자가 이후에도 아동과 가족을 계속 만나게 되는 상황이라면 신고 후에도 신고 전과 같은 태도로 아동과 가족을 대하면서, 아동의 상황과 신체적 · 심리적 변화를 잘 관찰하고 지원하는 역할을 지속해야 한다.

정리하면, 아동학대 위기 사정에서 일반적인 사례관리자의 역할은 학대의 발견과 의뢰, 아동 안전과 가족 회복을 위한 협력으로 볼 수 있다. 학대가 의심되는 상황에서 아동학대 신고 전화인 112 및 지방자치단체 긴급전화, 혹은 아이지킴 콜112를 통해 의심 사례를 신고하고, 이후에도 아동과 가족의 회복, 아동의 안전 확보와 학대 재발 방지를 위해 지방자치단체 또는 아동보호전문기관과 적극적으로 협력하는 것이 필요하다.

3) 도움이 되는 질문들

(1) 주요 위기도 조사

주요 위기도 조사 질문은 앞서 제시한 〈표 3-6〉의 구체적인 위기 탐색을 위한 질문 등을 참고하면 된다. 그리고 클라이언트가 자신의 위기에 대해 어떻게 생각하는지, 어떻게 대처해 왔고 대처해 나갈 것인지를 질문하면서 위기뿐 아니라 위기에 대처할 수 있는 역량을 함께 파악해야 한다. 사례관리자는 클라이언트에게 달라지기를 원한다면 어떻게 해야 하는지, 무엇부터 해야 하는지를 구체적으로 질문하면서 클라이언트의 변화목표와 연결할 수 있다.

〈위기 대처 역량 파악을 위한 질문 예시〉

"(이러한 위기 상황에서) 도움이 된 것은 무엇입니까?

"어떻게 이렇게 해 오실 수 있었습니까?"

"앞으로 달라지기를 원한다면, 어떻게 해야 할까요? 무엇부터 시작할 수 있을까요"

"○○님이 할 수 있는 부분은 (아주 작은 것이라도) 무엇입니까?"

"저희(사례관리자)에게 기대하는 점은 어떤 것일까요?"

---

(2) 우울과 자살위험

클라이언트에게 자살 징후가 관찰될 때 사례관리자는 자살 관련 문제를 좀 더 파악해야 하는지, 혹은 클라이언트가 더 자극되지 않도록 질문을 멈추고 다른 주제로 전환해야 하는지 고민을 겪게 될 수 있다. 그런데 자살 징후가 뚜렷해 보일 때에는 사례관리자가 자살위험 상황에 대해 직접 질문하는 것이 상황 파악과 조기 개입에 도움이 된다. 자살위험 징후가 보일 때는 다음의 질문을 통해 상황을 파악한 후, 가족에게 위기 상황을 알리거나 지역의 정신건강복지센터, 자살예방센터 등 전문기관으로 의뢰하여 위기개입이 진행될 수 있도록 해야 한다. 보건복지센터 자살예방상담전화(1393), 정신건강복지센터 정신건강상담전화(1577-1099), 생명의 전화(1588-9191)를 통해 도움을 요청할 수 있다.

〈자살위험 징후가 보일 때의 질문 예시〉

[자살 생각이 있는지 여부와 빈도 확인]

○○님의 상황에 대해 많이 걱정이 되는데요. 관련해서 몇 가지 여쭤 보겠습니다.

"지난 몇 주 동안 스스로 목숨을 끊는 것에 대해 생각해 본 적이 있습니까?"

"그런 생각이 얼마나 자주 들었습니까?"(하루에 한 번 또는 두 번, 하루에 여러 번, 일주일에 여러 번 등)

"이러한 생각을 언제 마지막으로 했나요?"

[구체적인 자살 계획에 대한 평가]

"그럼 자살할 계획을 갖고 계신가요?"

"계획이 있다면, 그 계획에 대해 설명해 주시겠습니까?"

※ 클라이언트가 매우 상세한 계획을 가지고 있다면, 만약 그 계획이 실현 가능한 경우(예: 약물을 사용할 계획이고, 약물에 쉽게 접근할 수 있는 직업을 가진 경우) 굉장히 우려되는 상황이므로, 위험한 상황에 대해 협조 가능한 가족이 있다면 알리고 정신건강전문기관과 조속히 연계해야 함

[자해 또는 자살 시도 이력(방법, 날짜, 의도)이 있는지 확인]

"과거에 어떠한 방식으로든 자해 또는 자살을 시도한 적이 있습니까?"

"언제였을까요? 어떻게, 어떤 이유로 자해 또는 자살을 시도하였습니까?"

"이전에 정신건강의학과 치료를 받은 적이 있습니까? (있다면) 그 경험은 어땠습니까?"

※ 과거의 자살 행동은 향후 자살을 시도하는 데 있어 가장 큰 위험 요소이므로 파악이 필요함. 과거의 자살 행동이 파악되면 더 긴급한 상황으로 인식해야 하며, 정신건강전문기관으로 연계해야 함

(3) 아동학대

아동학대가 의심되는 경우, 신고를 통해 공적 체계 안에서 정식 조사가 진행되도록 하는 것이 바람직하다. 학대 사실을 알게 된 사례관리자가 직접 학대와 관련된 아주 구체적인 질문을 하는 것보다는 112로 신고하거나 지방자치단체와 아동보호전문기관과 의논하여 연계하는 것을 추천한다.

사례관리자가 아동의 몸에 있는 상처 등을 보고 "부모님이 때린 거지?"와 같은 추

정 질문을 하는 것은 아동에 대한 유도 질문이 될 수 있고, 아동이 실제 있었던 일보다 과장하거나 축소해서 말하는 등 진술 오염이 되어 오히려 조사에 방해가 될 수 있다. 특히, CCTV 등 증거가 없는 상황에서 아동 진술은 법정 판단을 가르는 요소가 되므로 신빙성이 중요한데, 아동의 경우 진술을 하면 할수록 진술이 확대재생산되어 일관성이 떨어질 수 있으므로 해당 전문가가 아닌 사례관리자가 지나치게 자세한 면담을 진행하거나 반복 질문을 하는 것은 오히려 도움이 되지 않을 수 있다.

또한 아동의 보호자는 부모이므로 대부분의 사례관리자는 관찰된 모든 아동의 문제를 부모와 자연스럽게 상의하려는 생각을 가질 수 있다. 그러나 2016년 12월 인천에서 열두 살 소녀가 3년간의 학대를 이기지 못해 집 배관을 타고 탈출한 사건에서 보듯이 심각한 학대가 가정 안에서 일어나는 경우도 많다. 그러므로 의심스러운 부분이 보일 때 무조건 가정으로 돌려보내거나 부모와 상의하는 것 이외에, 먼저 지방자치단체와 아동보호전문기관에 문의해 보거나 경찰에 신고하는 것이 아동을 구출하는 방법이 될 수도 있다는 것을 고려해야 한다.

4) 연습문제

위기 상황에 대해 역할극을 실시해 보고 경험을 나누어 보자.

① 역할극 실시
두 명이 짝을 이루어, 한 명은 클라이언트, 한 명은 사례관리자의 역할을 맡아 역할극을 수행해 보자. 약 10분 정도의 시간 동안 클라이언트 역할을 맡은 사람은 자살 징후를 암시하는 여러 가지 표현을 하고, 사례관리자 역할을 맡은 다른 한 명은 위에 제시한 여러 가지 질문을 활용하여 자살의 징후를 적극적으로 탐색해 보자.
② 경험 나누기
  -역할극 수행 후 서로 느낀 점에 대해 나누시오.
  -사례관리자가 위기 사정 과정에서 보완해야 할 점에 대해 클라이언트 입장에서 의견을 제시해 보자.
  -이후 역할을 바꾸어 다시 수행하거나 짧게 다시 연습할 수 있다.

5. 사정에 유용한 도구들

1) 가계도

　가계도는 사회복지실천에서 가장 기본적이고 필수적으로 활용되는 사정도구로
서 가족의 구조, 관계, 세대를 두고 반복되는 특성 등을 파악하는 데 유용한 도구이
다(엄명용, 노충래, 김용석, 2020). 가계도는 기본적으로 3세대에 걸친 가족구조와 출
생, 사망, 결혼, 이혼, 질병, 그리고 가족구성원 간의 관계를 그림으로 나타내는 것
으로 원가족 및 현재 가족구성원을 중심으로 한 가족 형태와 가족관계, 세대를 거쳐

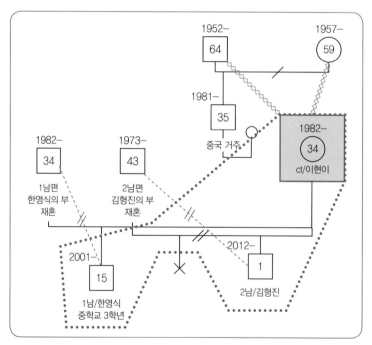

[그림 3-1] **가계도 예시**[5]

출처: 최지선 외(2018), p. 70.

---

5) 앞에서 제시된 '욕구사정 실습해 보기'에 사용된 복합적 욕구를 가진 한부모가족 사례의 가계도이다(최지
　선 외, 2018: 70).

내려오는 가족의 특성, 질병력 등을 분석하는 데 도움을 준다.

사례관리에서 가계도는 사정 단계에서 수집한 정보를 바탕으로 클라이언트의 가족력을 분석하고 도면화하여 보여 주는 도구로 널리 사용되고 있다. 가계도는 가족구성과 가족관계 그리고 가족의 중요한 정보를 담고 있어서 가족 내 역동을 이해하거나 가족이 여러 세대에 걸쳐 발전시켜 온 가족역할, 유형, 관계 등을 살펴보기 위한 도구로 활용된다. 가계도는 가족의 구조나 출생, 사망 등과 같은 일반적인 정보뿐만 아니라 좀 더 복잡한 정보, 즉 가족관계 등을 상세히 나타낼 수 있으며 또 쉽게 이해할 수 있도록 하는 일종의 도식화라고 할 수 있다(윤현숙 외, 2001).

사례관리자는 클라이언트의 가족에 관해 수집한 정보를 바탕으로 가족 내 중요한 정보와 가족구조, 형제순위, 가족관계, 질병력 등이 포함될 수 있도록 가계도를 작성할 수 있어야 한다.

2) 생태도

생태도는 하트먼(Hartman, 1978)에 의해 개발된 것으로서 개인 및 가족의 사회적 맥락과 개인 및 가족을 둘러싼 사회체계들과의 상호작용 상태를 하나의 그림으로 나타낼 수 있도록 고안된 도구이다(엄명용, 노충래, 김용석, 2020). 생태도는 클라이언트와 현재 함께 동거하고 있는 가족구성원을 중심으로 가족체계가 주변의 공식적 및 비공식적 자원체계들과 맺고 있는 관계를 파악하며, 클라이언트와 가족이 주변의 어떤 사회체계들과 교류하고 있는지에 대한 정보를 분석하여 제시하는 데 활용될 수 있다. 즉, 생태도는 가족과 환경체계들과의 관계를 이해하기 위한 도구로서 가족과 체계들 간의 자원 교환, 에너지의 흐름, 스트레스와 관련된 자료, 중재되어야 할 갈등, 메워야 할 간극, 활성화되어야 할 자원 등을 시각적으로 나타내는 역할을 한다(윤현숙 외, 2001).

사례관리자는 생태도 작성 시 가족이 이용할 수 있는 주요 자원들은 무엇인지, 전혀 없거나 있지만 부족한 자원들이나 지지는 무엇인지, 가족성원들이 외부 체계와 서로 다르게 연결되었는지, 한두 성원이 환경으로부터 특히 단절되어 있는지, 한 성원이 특히 긴장적 관계에 연결되어 있지 않은지, 가족이 함께 혹은 개별적으로 다른 체계들과 상호작용하는지 등에 대한 정보가 담길 수 있도록 생태도를 그릴 수 있어야 한다.

가계도와 생태도는 각각 그림을 그리는 방식, 그림을 통해 전달하는 정보의 내용이 다른 도구이지만 사례관리의 사정도구로 현장에서는 가계도와 생태도를 함께 하나의 그림 안에 그려서 제시하는 경우도 있다. 가계도와 생태도를 하나의 그림으로 그릴 경우에는 현재 가족구성원을 중심으로 가족관계를 분석한 선을 가족 내부 체계 안에 그려 주고, 가족 외부 체계에는 가족과 교류하고 있는 주변의 자원체계를 그려 주는 방식으로 주요 정보를 제시하게 된다.

또한 생태도의 경우 개입 전과 개입 후의 생태도를 함께 그려 주는 방식이 현장에서 활용도가 높다. 이 경우 사례관리의 사정 단계에서 개입 전의 생태도를 그려 주고, 사례관리 종결 시점에 사례관리를 통해 연계된 다양한 자원체계들이 추가된 개입 후의 생태도를 함께 그려 주어 사례관리 개입 전과 개입 후의 변화된 상태를 한눈에 확인할 수 있도록 생태도를 그려 주는 방식이 빈번하게 사용된다. 사례관리자는 클라이언트와 가족체계를 중심으로 주변의 다양한 환경체계와의 관계를 분석하여 생태도를 정확하게 그릴 수 있는 능력을 갖추고 있어야 한다.

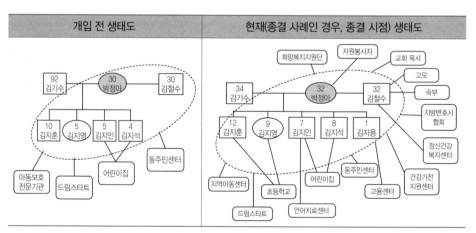

[그림 3-2] 생태도 예시[6)]

출처: 최지선 외(2018), p. 39.

---

6) 앞에서 제시된 '사례를 통한 욕구사정 예시'에 사용된 사례의 개입 전과 개입 후의 생태도이다(최지선 외, 2018: 39).

3) 다양한 척도의 활용

사례관리자는 사정 시 신뢰도와 타당도가 검증된 다양한 척도들을 사용할 수 있다. 사정 시 활용할 수 있는 척도들은 클라이언트와 가족원의 신체적 · 심리적 · 가족적 · 사회적 기능 상태나 특성, 그리고 우울증, 알코올 중독 등과 같은 질병 상태 등을 객관화된 지표들을 사용하여 측정하고자 할 때 활용 가능한 유용한 도구들이다. 예를 들면, 사례관리자는 클라이언트가 자신의 현재 삶에 얼마나 만족하고 있는 가를 알아보기 위해서 삶의 만족 척도를, 클라이언트의 가족관계의 질을 파악하기 위해서 가족관계 척도를, 클라이언트가 주변 사람들로부터 받는다고 인식하고 있는 지지 정도를 파악하기 위해 사회적 지지 척도를, 그리고 클라이언트의 심리적 및 정신적 건강상태를 측정할 수 있는 방법으로 우울 척도 등을 사용할 수 있다.[7]

사례관리자는 각 사례의 특성에 따라 클라이언트의 현재 상태나 기능을 평가하는 데 필요하다고 판단되는 척도들을 사용하여 클라이언트와 가족을 사정하는 데 도움을 받을 수 있다. 이러한 척도들을 사정에 활용할 때 기대할 수 있는 또 다른 이점은 개입이 이루어진 후 클라이언트의 상태가 얼마나 변화했는지를 평가해 보는 지표로서 동일한 척도를 사용하여 점수 변화를 비교해 보는 방식으로 개입 후 사례관리의 성과평가에 척도를 활용할 수 있다는 것이다. 이는 성과평가 시 클라이언트의 변화에 대한 객관적 자료로서도 중요한 정보를 제공할 수 있는데, 이를 위해서는 사정 단계에서부터 클라이언트와 가족을 사정하는 데 필요한 척도를 결정하여 사정에 활용해야 한다.

---

7) 사정 시 활용할 수 있는 척도로 다음과 같은 척도들을 참고 가능하다.
  −가족관계 척도: 양옥경, 김연수(2007). 축약형 가족관계척도 구성과 타당도 연구. 한국가족관계학회지, 12(2), 103-129.
  −우울 척도: 전겸구, 최상진, 양병창(2001). 통합적 한국판 CES-D 개발. 한국심리학회지: 건강, 6(1), 59-76.
  −삶의 만족 척도: Diener, E. D., Emmons, R. A., Larsen, R. J., & Griffin, S. (1985). The satisfaction with life scale. *Journal of Personality Assessment, 49*(1), 71-75.
  −사회적 지지 척도: Zimmet, G. D., Dahlem, N. W., Zimmet, S. G., & Farley, G. K. (1988). The multidimensional scale of perceived social support. *Journal of Personality Assessment, 52*, 30-41.

제4장

목표 설정

1. 사정에서 목표로 전환하기

사정 단계에서는 자료를 수집하고 분석하여 개입 단계에서 어떤 변화를 가져오게 할지에 대한 목표를 설정하게 된다. 여기에서는 사정의 내용을 반영해야 하는 목표 설정에 관한 과업을 다룬다.

1) 주요 과업

이 단계에서 사례관리자는 생태체계적 관점의 적용, 강점과 장애물 고려, 그리고 동기 부여 등의 과업을 안게 된다.

(1) 생태체계적 관점 적용

사례관리 사정 단계에서는 생태체계적 관점을 적용하여 다양한 자료원을 통하여 정보를 수집한다. 다양한 욕구의 차원, 복잡하고 장기적인 욕구의 성격 등을 아우르는 자료수집의 과정을 거쳐 문제에 대한 이해가 형성된다. 욕구는 현재 상황을 클라이언트의 문제로 보기보다는 개인과 환경 상호 간에 자원의 흐름의 문제로 보기 때문에 클라이언트를 자신의 삶을 주체적으로 변화시킬 수 있는 주체로 보게 될 때 욕구로 전환시킬 수 있게 된다.

사례관리실천의 주요 관점은 '환경 속의 개인', 생태체계적 관점의 적용이다. 목표 설정에서 클라이언트가 원하는 변화를 위한 목표를 이루려면, 환경 차원에서의 지지나 변화가 무엇이 되어야 하는지도 균형 있게 정리하는 것이 중요하다.

여기에서 클라이언트에게 긍정적인 지지원이 되는 사회적 지지망을 적극적으로 활용하는 것이 필요하다. 혹은 이러한 지지자원이 부족할 경우 적극적으로 개발하고 발전시키는 것도 목표 설정에서 고려되어야 하는 내용이다. 즉, 사회적 지지망의 변화와 과업이 목표에 반영되어야 하는 것이다.

(2) 강점과 장애물을 고려하기

목표 설정 단계는 클라이언트와 사례관리 실천가가 함께 협력하는 과정으로 진행된다. 이 과정은 철저하게 클라이언트 강점 중심 관점이 적용되어야 한다. 어떤 변화를 원하는지에 대하여 사정 과정에서 탐색한 자료를 기반으로 어떻게 구체적으로 실행할 것인가를 명료화하는 과정이다. 이 과정에서 클라이언트는 목표에 대한 부담감을 가질 수 있다. 정서적인 측면에서 기존에 경험했던 실패나 좌절감에 압도되거나, 앞으로 행해야 할 노력에 대한 부담감을 경험할 수도 있다. 또한 예상되는 실패에 대한 불안도 동기를 약화시키는 요인이 될 수 있다. 사례관리 실천가는 클라이언트에게 자신의 강점을 인정하고 존중하도록 격려하면서 원하는 변화를 위한 목표를 설정할 수 있도록 생각하고 결정하는 데 조력가의 역할을 수행해야 한다.

여기에서 사례관리자가 전문가로서의 판단이나 임상적 경험으로 바람직하거나 필요한 목표를 먼저 설정하는 것은 가장 금해야 하는 태도이다. 실제로 클라이언트가 주도적으로 목표를 생각하고 설정하게 되면 자신을 긍정적인 시각으로 보는 경험을 할 뿐 아니라 환경 또한 변화 가능하거나 변화되어야 할 자원으로 보는 긍정적인 시각을 가질 수 있다. 여기에서 지나치게 낙관적인 관점에만 치우치지 않아야 한다. 목표 설정에서 장애물 사정에 대한 충분한 고려가 반영되어야 한다.

장애물에 대한 고려에서 사례관리자가 유념해야 할 영역은 다음과 같다.

먼저, 클라이언트가 장애물에 대하여 어떻게 이해하고 있는가이다. 전문가 입장에서 판단하는 것은 장애물에 대한 이해를 제한할 수 있다. 다음으로는 장애물에 대하여 구체적으로 접근하고자 해야 한다는 것이다. 지식이나 정보 수준으로 이해하는 것에 그치지 말아야 한다는 것이다. 마지막으로, 장애물과 클라이언트와의 관계나 변화에 대한 책임에서 주도적인 입장을 취하지 않는 것이다.

클라이언트가 원하는 변화를 목표로 전환시키는 데 영향을 주는 요인이기 때문에 장애물과 관련된 상황을 이해하는 것은 사례관리자와 클라이언트 간의 합의에 중요한 역할을 한다. 그러나 이러한 과정은 때로는 시간과 노력이 필요할 수 있어 사례관리자는 현실적인 기대와 과정을 진행하는 데 충분한 숙련성을 갖추어야 한다.

(3) 목표 설정은 동기 부여로

목표를 설정하는 데 고려되어야 할 점은 동기를 향상시킬 수 있는 방향으로 진행되어야 한다는 점이다. 사례관리자는 목표 설정에서 클라이언트의 동기를 파악하고 향상시키도록 노력해야 한다.

예로, 홀로 지역사회에서 생활을 잘 영위하던 클라이언트가 중증 질환을 경험하면서 더 이상의 이전의 삶을 영위할 수 없을 때 낙심과 좌절을 경험할 수 있다. 이 경우, 외부의 도움이 절대적으로 필요하며, 치료나 지역사회 거주 여건을 형성하는 것이 중요한데, 이를 요청하는 경험이 부재하거나, 도움 요청 기술을 가지고 있지 않은 경우가 여기에 해당된다고 하겠다. 새로운 것을 시도하는 것은 누구에게나 두려운 것이며, 잘 해낼 수 있을까 하는 두려움과 우려가 있을 수 있다는 것을 사례관리자는 충분히 공감하고 수용해 주는 것이 필요하다. 이러한 과정을 통해 자신이 경험하는 감정에 대하여 자연스럽게 긍정적으로 볼 수 있게 되는 것이다. 자신에 대한 긍정적인 수용이 있을 때 새로운 변화에 대한 개방적인 시각을 가질 수 있다.

따라서 목표를 설정할 때 클라이언트가 수행할 수 있는 실현 가능성이 가장 중요하게 고려되어야 한다. 클라이언트가 원하는 변화라고 해서 모두 성취될 수 있는 것은 아니다.

클라이언트가 수행할 수 있는 가능성과 잠재력을 파악해야 한다. 이러한 가능성은 머무르는 정체된 차원의 성격이 아니라 확장되고 성장하는 성격을 지닌다는 것이다.

사례관리자는 이러한 관점을 훈련하고 파악할 수 있도록 클라이언트를 격려하는 것이다.

사례관리실천에서의 목표는 클라이언트가 원하는 변화는 모두 가능하다는 이상을 펼치는 것이 아니라 클라이언트가 현재 당면하고 있는 장애물이나 한계를 인정하되 잠재력을 확장시킬 수 있는 변화를 지향한다고 할 수 있겠다. 사례관리 실천가가 지녀야 할 이러한 전문가 자질은 클라이언트의 잠재력을 파악하고, 클라이언트가 당면하고 있는 내적 장애물과 외적 환경적 장애물에 대한 파악과 영향을 파악할 수 있어야 한다.

목표를 설정하는 과정은 클라이언트가 자신에 대하여 깊이 이해하는 과정이자 자신의 삶을 원하는 방향으로 변화시키고자 하는 의지와 동기를 향상시키는 과정이 되어야 한다.

2. 욕구를 합의된 목표로 전환하기

사례관리자와 클라이언트는 욕구사정에서 파악된 내용을 기반으로 목표를 설정하는 단계로 움직인다.

사례관리자와 클라이언트는 함께 협력하여 욕구를 합의된 목표로 전환시키게 된다. 이때 사례관리자는 클라이언트가 목표에 대하여 희망적인 조망과 자신감을 가질 수 있도록 현실적으로 성취 가능한 목표로 다가가는 것을 지원해야 한다. 이 과정은 클라이언트의 사례관리자의 협동 작업으로 이어지나, 클라이언트의 주도권을 존중하고 이를 충분히 경험하는 과정으로 이어질 수 있도록 해야 한다. 사례관리자는 클라이언트의 욕구를 있는 그대로 인정하고, 의도적으로 클라이언트의 가치를 존중하는 메시지를 표현하고 전달하는 것이 필요하다. 이러한 과정을 거쳐 클라이언트 스스로가 자신이 원하는 삶을 살아내는 것에 대한 책임과 노력에서 주체적인 입장에 서게 된다. 여기에서 조심해야 할 점은 목표는 성취 가능한 수준으로 설정해야 한다는 것이다. 클라이언트로 하여금 그들의 수용력을 넘어서 실망, 좌절, 자신감의 약화라는 잔인하고 파괴적인 경험을 하게 한다. 사례관리자와 클라이언트가 양극단에 있을 경우 동기의 일치조화가 빈약하게 되어 미약한 성과를 이루게 된다.

이 단계에서 진행되어야 하는 내용들을 살펴보고자 한다.

(1) 클라이언트와 함께 준비하기

목표 설정 과정은 클라이언트와 함께 준비하는 과정이다. 사례관리자는 클라이언트의 욕구를 함께 파악하며, 이를 목표로 전환시키는 과정으로 갈 수 있는 준비가 되었는지를 파악한다. 사례관리자가 클라이언트를 대신해서 목표를 결정해야 하는 당사자는 아니다. 그러나 사례관리자는 클라이언트에게 충분한 대안의 목록을 제시하여 현재 상황에서 경험할 수 있는 문제에 대한 비관적이거나 부정적인 조망에 갇히지 않도록 도움을 제공해야 한다. 목표 설정 단계에서 클라이언트가 어려움을 경험하거나, 주저하는 경우에 사례관리자는 변화에 대한 동기를 이끌어 내는 동력을 제공할 수 있다. 다음의 내용은 클라이언트의 준비 단계에서 점검하는 데 활용할 수 있는 질문의 예를 제시한 것이다.

- 클라이언트의 입장에서 목표에 대한 이해를 충분히 하였는가?
- 클라이언트에게 어떤 이익을 가져올 수 있는가?
- 목표는 실행하기에 가능한가?
- 목표는 클라이언트의 강점에 기반하였는가?
- 목표에 대한 클라이언트의 반응은 어떠할 것인지 고려하였는가?

(2) 욕구에서 목표로 전환하는 과정 설명하기

욕구에서 목표로 전환하는 목적을 설명한다. 이는 클라이언트의 참여와 이해를 높일 수 있게 한다. 이는 클라이언트의 권리 보장이라는 측면에서도 반드시 다루어져야 하는 중요 과정이다. 설명 시에는 클라이언트 눈높이에 맞는 용어 사용과 문화적 배경을 고려해야 한다.

클라이언트와 함께 협력하는 과정에서 사례관리자의 관점을 점검하는 데 유용한 질문들은 다음과 같다.

- 클라이언트가 원하는 변화/목표를 나는 어떻게 바라보고 있는가?
- 나는 클라이언트와 함께 일한다는 정체성을 가지고 있는가?
- 클라이언트와 나는 서로의 가치를 존중하고, 공유하고, 일치하기 위해 노력하는가?
- 나는 클라이언트에게 필요한 지지를 제공하고 있는가?
- 우리는 파트너인가?
- 내가 일하는 기관의 정책과 서비스 관점은 클라이언트를 어떻게 바라보고 있는가?
- 클라이언트는 서비스 제공받는 것에만 관심을 두는가?
- 클라이언트는 스스로를 사례관리 서비스 과정에 주체자라고 보는가?
- 클라이언트는 스스로가 사례관리 서비스 과정에 기여한다고 보는가?
- 나는 클라이언트를 서비스 과정에 기여하는 주체자라고 보는가?

(3) 욕구를 목표로 표현하기

클라이언트가 목표를 구체적으로 언어나 문서를 통하여 표현하게 되면 목표가 가지는 의미와 구체성을 명확하게 할 수 있다. 이를 기반으로 클라이언트의 승인을 획득하는 과정은 클라이언트의 주도성과 성취에 대한 관심도를 높일 수 있다.

SMART는 욕구를 목표로 표현하는 데 유용한 전략이다(엄명용, 김성천, 윤혜미, 2020).

- 구체성(Specific)
- 측정 가능성(Measurable)
- 성취 가능성(Achievable)

- 현실성(Realistic)
- 시기 적절성(Timely)

다음은 SMART 전략을 활용하는지 점검할 수 있는 질문의 예시이다.

- 목표는 구체적인 내용을 담고 있는가?
- 목표는 변화를 측정할 수 있는 지표나 행동으로 구성되어 있는가?
- 목표는 성취할 수 있는 것인가?
- 목표에서 추구하는 결과는 현실적인가?
- 목표는 어느 기간 안에 성취될 수 있는 것인가?

(4) 목표의 범위를 명확하게 결정하기

클라이언트의 욕구는 다양하고 복합적일 수 있다. 사례관리 목표로 설정할 때는 목표의 범위를 명확하게 해야 한다.

- 우선적으로 원하는 목표는 무엇인가요?
- 지금 시도하고 싶은 목표는 무엇인가요?
- 합의된 욕구 중에서 우선적으로 변화하고 싶은 순위는 무엇인가요?
- 당신은 원하는 목표를 성취하려면 무엇이 도움이 되나요?
- 당신이 원하는 목표가 이루어지는 데 얼마나 기간이 걸린다고 예상하나요?

(5) 실현 가능성, 이익과 위험 살펴보기

목표를 설정하기 전에 그 실현 가능성을 확인하고 관련된 이익과 위험을 점검해야 한다.

다음에 실현 가능성, 이익과 위험을 살펴보는 데 유용한 질문의 예를 소개하였다.

- 목표를 이루게 될 가능성이 얼마라고 생각하나요?

- 당신의 원하는 목표가 이루어진다면 어떤 좋은 점이 있을까요?
- 목표가 누구에게 가장 이득이 된다고 보나요?
- 목표가 누구에게 가장 어려움을 가져온다고 보나요?
- 목표를 이루는 데 어려움이 무엇이라고 생각하나요?
- 당신이 원하는 목표를 성취하는 데 방해가 되는 것은 무엇인가요?

(6) 목표가 달성되었을 때의 결과를 예상해 보기

목표와 관련하여 어떤 이익과 위험이 예상되는가를 이야기한 후 다음 단계로 이러한 예상되는 점들을 알 수 있는 결과를 예상해 본다. 클라이언트가 원하는 목표를 달성하기 위해 어떤 노력할 것인지도 이야기해 본다. 이 과정에서 결정하는 데 어려움을 보이고 주저함이 있는 경우, 시간을 충분히 주고 결정하도록 하는 것이 바람직하다.

클라이언트의 입장에서 볼 때 자신이 경험하는 감정과 현재 어려움과 연관하여 해결하고자 하는 상황에 대한 관심을 사례관리자와 의논하는 과정은 이 상황에 대한 이해와 반응을 분명하게 하고 감정을 해소하는 데 도움이 된다. 사례관리자는 이 과정에서 클라이언트와 파트너로 함께 한다는 메시지를 전달하고 안정적인 존재로 경험되는 것이 중요하다.

다음의 질문을 활용하게 되면 클라이언트가 목표를 설정하는 과정에서 희망적인 변화를 기대할 수 있게 된다(Green & Lee, 2012).

- 클라이언트가 목표를 달성했거나 목표에 대한 주목할 만한 어떤 진전을 보이기 시작했을 때 그것은 어떤 모습일까요?
- 클라이언트가 목표를 달성했을 때 어떻게 다르게 행동하고 있을까요?
- 다른 사람들은 어떻게 클라이언트가 목표를 달성했다는 것을 알 수 있을까요?
- 클라이언트가 목표에 대한 진전이 있다는 것을 나타내는 것으로 클라이언트가 이제까지와 다르게 행동하는 것을 다른 사람들은 무엇을 보고 알 수 있을까요?

(7) 우선순위 결정

목표에서 우선순위는 클라이언트의 의사를 반영하여 진행되어야 한다. 이 단계에서 사례관리자와 클라이언트 간의 협력과 파트너십이 중요한데, 협력과 노력이 진행될 때 클라이언트가 목표로 향해 나아가는 과정으로 이어지기 때문이다.

클라이언트의 변화를 위하여 설정할 수 있는 다양한 목표가 있을 수 있다. 그러나 이 모든 목표를 성취할 수 있는 것은 비현실적일 뿐 아니라 실제로 노력하는 것은 불가능하다. 여기에서 우선순위를 결정하는 과업이 주어진다. 어떤 목표가 다른 것에 비해 더 중요하다는 것을 결정하는 과정이기도 하다. 여기에서 클라이언트에게 선택의 우선권을 주게 되면 이 과정 자체가 클라이언트의 책임과 참여를 최대한 보장하는 역할을 하게 된다.

목표에서 우선순위를 정할 때 참고할 수 있는 개방형 질문들을 제시해 보았다.

- 당신이 가장 원하는 목표는 무엇인가요?
- 당신이 원하는 목표를 시도하면 어떤 효과가 있을까요?
- 당신이 원하는 목표를 위해 무엇을 하고 싶은가요?
- 당신이 위의 행동을 하면 주변(가족, 지인, 기관 그리고 지역사회 등)에서 무슨 일이 일어날까요?

3. 단기 목표와 장기 목표

사례관리에서의 목표를 설정하는 과정은 클라이언트가 자신의 삶에서 긍정적으로 전망하는 부분을 발견하고 이를 실현할 수 있는 현실적인 부분에 초점을 두고 도전하도록 하는 의도적이고 적극적인 과정이다.

사례관리자와 클라이언트가 목표를 설정하는 과정은 앞으로 기대되는 변화를 가져오기 위한 클라이언트, 사례관리자, 기관 및 환경의 목표를 아우르는 것이다.

목표는 일반적으로 단기 목표와 장기 목표로 나누어 설정하게 된다. 단기 목표는 일반적으로 3개월 이내 달성 가능한 목표로 설정하게 된다(한국사례관리학회 편, 2020). 장기적 목표는 사례관리라는 서비스 제공 과정이 종결되는 시점에서 어떤 변화가 이루어질 것인지에 대한 상태나 수준의 내용을 반영하는 것이라 하겠다. 클라이언트의 상황에 따라 다양한 요인의 영향을 받을 수 있겠지만 단기간 관점으로 볼때 6개월 이상 혹은 그 이상 수년이 소요될 수 있다.

여기에서 강조되어야 할 점은 단기 목표와 장기 목표는 연동되어야 하는 내용으로 구성되어야 한다는 점이다. 단기 목표가 성취되면 장기 목표에 영향을 미치게 되고 궁극적으로 이 과정을 통하여 장기 목표가 이루어지는 선상으로 이해해야 한다. 사례관리서비스에서의 단기 목표는 분절적이기보다는 축적되고 증폭되는 효과의 성격을 가져야 한다는 것이다. 즉, 단기 목표의 달성은 장기 목표의 성취로 이어지는 과정이 되어야 한다는 것이다.

목표 설정 시 고려되어야 하는 주요 내용은 다음과 같다.

- 클라이언트와 사례관리자는 목표에 대하여 명확하게 합의해야 한다.
- 목표는 사례관리 진행과 성과의 방향을 제시한다.
- 사례관리 진행에서의 개입 방법의 선택과 향상을 용이하게 한다.
- 클라이언트와 사례관리사가 함께 점검할 수 있어야 한다.
- 성과를 측정하는 데 기준으로써 역할을 할 수 있어야 한다.

목표를 선택하고 결정하는 지침들을 다음과 같이 정리하였다.

- 목표 선택은 클라이언트가 자발적으로 찾아낸 바람직한 결과와 관련 있는 것으로 진행되어야 한다.
- 클라이언트가 비자발적인 목표를 선택할 때 클라이언트에게 동기 부여에 도움이 되는 것이 포함될 수 있도록 고려해야 한다.
- 목표는 명확하게 표현하고, 측정 가능한 것으로 규정되어야 한다.
- 목표는 실행 가능해야 한다.

- 사례관리자는 목표를 달성하는 데 필요한 지식과 기술이 있어야 한다.
- 목표는 발전을 강조하는 긍정적인 형식으로 작성해야 한다.
- 사례관리자가 스스로 의심이 되는 목표는 피해야 한다.
- 목표는 기관의 정책과 기능에 부합해야 한다.

1) 단기 목표

단기 목표는 비교적 단기간 안에 성취할 수 있는 구체적인 내용들로 구성된다. 단기 목표 설정에서 점검되어야 할 내용은 다음과 같다. SMART 전략과 그 외 추가되어야 할 내용을 중심으로 구성해 보았다.

- S 목표는 구체적인가?
- M 목표는 측정 가능한 것인가?
- A 목표는 성취할 수 있는 것인가?
- R 목표는 현실적인가?
- T 목표는 기간 내 실행할 수 있는 목표인가?
- 클라이언트가 원하는 목표인가?
- 클라이언트는 목표에 대하여 어떤 감정을 가지고 있는가?
- 클라이언트에게 무슨 이득이 되는가?
- 클라이언트 주변(가족, 지역사회 등등)에게 무슨 이득이 되는가?
- 장기 목표에 기여하는가?

2) 장기 목표

장기 목표는 사례관리실천에서 추구하는 궁극적인 변화의 상태에 도달하는 것이며, 그것은 클라이언트가 원하는 자기주도의 삶이다. 여기에서 클라이언트 삶 전반에 관한 조망을 확장시키는 입장에서 접근하는 것이 필요하다. 장기 목표를 설정할 때 클라이언트의 준비도를 충분히 고려해야 하는데, 클라이언트 중심주의(client centred approach)를 적용해서 설명할 수 있다. 클라이언트가 스스로 자신의 목표와 관련된 이야기를 하는 것이다. 사례관리 실천가는 클라이언트가 주도적인 역할을 할 수 있도록 한 발 뒤(one step behind)에서 따라가는 입장을 취한다. 여기에서 클라이언트가 필요한 것에 대한 생각을 확장시키는 역할을 더할 수 있다. 이러한 과정이 클라이언트에게 긍정적인 영향을 미치게 된다. 클라이언트가 원하는 삶으로 가기 위한 변화가 목표가 되어야 하고, 이를 수행하는 과정에서 클라이언트는 긍정적인 정서와 자신에 대한 태도를 형성하게 된다. 주변 환경과 자원에 대한 인식이나 기대도 문제 중심의 시각에서 변화가 가능한 관점에서 바라보게 될 수 있다.

다음에 장기 목표 설정에서 활용할 수 있는 질문을 제시해 보았다. 제시된 질문은 구체적인 시기를 적용하여 '6개월', '1년', '장래' 등의 시점을 적용해서 변용해서 수행할 수 있다.

- 장래(6개월, 1년, 혹은 그 이후)에 당신이 변하고 싶은 당신의 모습을 그려 봅시다.
  - 당신이 원하는 변화는 무엇인가요?
  - 당신이 원하는 변화가 일어난다면 무엇이 좋을까요?
  - 당신은 그 변화가 일어날 것이라 생각하나요?
  - 그 변화가 일어나기 위해서 무엇이 변화되어야 할까요?
  - 당신이 원하는 변화가 일어나면 스스로 어떻게 알 수 있을까요?
  - 당신이 원하는 변화가 일어나면 주변에서 어떻게 알 수 있을까요?
  - 당신이 원하는 변화가 일어나면 그 밖에 어떤 일이 일어날까요?

제3장에서 소개한 '아동학대가 의심되는 복합적 욕구 사례'의 합의된 욕구를 기반으로 단기 목표와 장기 목표로 설정하는 예를 〈표 4-1〉에 제시해 보았다.

〈표 4-1〉 욕구를 합의된 목표(단기 목표와 장기 목표)로 전환하기의 예시

영역	욕구	단기 목표	장기 목표
안전	• 자녀를 잘 돌볼 수 있는 부모 역량 증진 • 자녀를 잘 돌볼 수 있는 양육환경 조성 • 주변인들의 편견 해소	• 부모 역할 능력 증진 • 양육자의 자녀 방임에 대한 이해와 인식 향상 • 자녀 돌봄 지원 기관 이용	• 다자녀 가정의 안전한 양육 환경 조성
건강	• 남편의 음주문제 치료 • 남편의 심신 건강 회복 • 가정과 사회에서의 편견으로 인한 스트레스 요인의 완화	• 남편의 음주 문제 치료에 대한 동기 향상 • 남편의 정신건강 치료 지속 • 사회적 편견에 대한 스트레스 대처 기술 향상	• 남편의 음주 문제로부터의 회복 • 지역사회 정신건강 증진 인프라 강화
가족 관계	• 혼인 신고 • 부부관계 증진 • 자녀 문제 함께 해결 • 가족 내에서 존중받고 싶음	• 부부의 법적 지위 획득 • 부부간 긍정적인 의사소통 기술 습득 • 자녀 갈등에서의 긍정적인 대처 기술 증진	• 부부관계 증진 • 부모와 자녀 관계 증진
경제	• 경제적 어려움 해소 • 재정관리 역량 강화 • 일할 수 있는 여건 조성	• 공과금 및 체납 요금 해결 • 금전관리 역량 • 지속 가능한 근로활동 찾기	• 안정적인 가정 재정 유지 • 경제활동 역량 증진

앞서 단기 목표 설정에서 SMART 전략을 소개하였다. 〈표 4-1〉에 제시한 단기 목표에 대한 SMART 전략에 대한 점검은 구체성, 측정 가능성, 성취 가능성, 현실성, 실행성 등을 고려하여 내용을 구체화시키는 과정으로 이어져야 할 것이다.

4. 목표 설정에서의 주요 고려 사항

1) 클라이언트 참여

클라이언트의 참여는 우수 실천(best practices)에서 가장 중요하게 꼽히는 요소이다. 클라이언트 참여를 자칫 개인적인 차원에서의 동기나 의지에 초점을 맞출 수 있

는데, 이는 사례관리실천에 참여하게 되는 클라이언트의 특성을 섬세하게 고려하지 못하는 것이라 할 수 있다. 클라이언트 참여는 단순히 개인적인 차원에서의 의지라기보다는 기관의 문화, 전문가의 태도, 그리고 원하는 것을 선택할 수 있는 여지가 있는가에 따라 좌우되는 경우가 종종 발생하기 때문이다. 클라이언트의 참여는 전문가와의 파트너십에 철저하게 기반해야 한다. 여기에 강조되는 점은 클라이언트 상황에 대한 민감성을 가지고 사정 단계를 수행하고 전문가와 클라이언트 관계 형성에서도 클라이언트의 입장을 충분히 고려하는 것을 강조한다. 클라이언트가 가지고 있는 강점을 활용하고 문제해결을 하는 과정에서 역량 강화를 성취하는 것을 강조한다는 점에서 클라이언트 중심의 가치와 철학을 강조한다(Clark et al., 2020). 이는 목표를 설정하는 데에 동일하게 적용되는 배경이라 하겠다.

사례관리자가 지향하는 가치에서 클라이언트의 권리는 매우 중요한 비중을 차지한다. 사례관리 서비스 개입에 참여하게 되는 클라이언트는 문제 해결과 변화에서 외부의 지원이 필요한 경우이다. 이를 위해 도움을 제공하는 사례관리자와 함께 작업해야 하는 입장에 서게 되는 것이다. 여기에서 클라이언트가 주된 역할을 담당해야 하며, 이를 수행할 수 있도록 사례관리자는 지원해야 하는 입장이다. 사정 단계에 이어 목표 설정에서도 이 가치는 실행되어야 한다. 목표 설정은 클라이언트가 원하는 변화와 연동되어야 한다. 사례관리 실천가는 클라이언트에게 필요하다고 판단되는 변화에 대하여 설득하고, 제안하는 역할을 맡는 것이 아니라, 클라이언트가 원하는 변화를 위해 어떤 목표를 설정하고, 이를 결정할 수 있도록 지원하는 것이다.

여기에서 사례관리실천에 참여하게 되는 클라이언트에게 선택의 권리도 함께 주어지는가? 이러한 질문은 사례관리자가 끊임없이 성찰해야 할 과제이다. 일반적으로 서비스 이용자가 자신의 원하는 서비스를 비용을 지불하고 구매하는 경우 선택권을 가진다고 보는 것이 일반적인 이해이다. 사례관리 서비스에서의 클라이언트 권리는 인권 관점에서 접근해야 하는 것으로, 선택의 개념이 아니라 필수 요소의 개념으로 보아야 한다.

사례관리실천에서는 클라이언트 권리는 클라이언트의 참여로 실현되게 된다. 이런 의미에서 클라이언트의 참여는 중요하고, 이에 따르는 클라이언트가 선택할 수 있는 선택권과 이에 요구되는 자원과 인력의 투입의 문제가 충분히 준비되고 고려되어야 한다.

2) 클라이언트의 자기 결정

클라이언트의 자기 결정은 사례관리실천에서 핵심 가치이다. 서비스를 받을 권리도 거절할 권리도 모두 여기에 해당된다. 그렇다면 서비스를 원하지 않는 비자발적인 클라이언트 어떻게 도울 것인가에 대한 의제가 주어진다. 또한 위기 상황에 처하여 자기 결정의 행사에 어려움을 가지는 경우는 어떻게 도와야 할 것인가가 논의되어야 한다.

사례관리실천은 변화를 지향한다. 비자발적인 클라이언트의 경우, 서비스 참여에 대한 입장이나 서비스 과정에서 지향하는 변화에 대한 부정적인 입장을 가지고 있을 수 있다. 이 경우, 먼저 변화는 필요한 것으로 설정하고 강요하는 것이 아니라, 변화에 대하여 생각할 수 있는 목표 설정 과정에서 이루어져야 한다는 것이다.

이러한 과정은 어떤 클라이언트에게 생소한 경험일 수 있다. 자신의 결정이나 의견이 존중받지 못했던 경험이나 자신의 결정에 따른 실패나 좌절의 경험이 있는 경우이다. 이러한 경우에 클라이언트는 오히려 사례관리 실천가에게 자신이 무엇을 해야 하는지 정해 주기를 기대할 수 있다. 실제로 적극적으로 요청하기도 한다. '가르치려 들기(patronizing issue)'(Adler, 2001)가 여기에 해당된다. 여기에는 클라이언트의 의견이나 생각보다 사례관리자의 생각이나 의견이 중요하다는 관점이 반영된다. 이러한 요청은 종종 충고를 원하는 형식으로 표현되기도 하며, 클라이언트가 사례관리 실천가의 의견을 존중한다는 메시지를 담아서 표현되기도 한다. 이러한 형식이라 할지라고 클라이언트에게 사례관리사자 무엇을 정해 주는 형태로 전달이 된다면 클라이언트의 의존성을 높일 수 있으며, 목표를 실행하는 동기를 약화시키기도 한다.

미래에 대한 책임, 삶의 주체로 살아야 하는 권리와 책임은 클라이언트에게 동기를 향상시킬 수도 있지만, 회피하려는 입장을 선택하는 입장을 취할 수 있다. 여기에 사례관리 실천가는 클라이언트는 어떤 입장에 서 있는지를 파악하고 이에 적절한 방식으로 권유를 하거나, 필요한 도움이 무엇인지 파악하는 것이 필요하다.

목표 설정에서 중요하게 고려되어야 하는 또 다른 도전으로 위기에 처한 클라이언트를 어떻게 지원할 것인가이다.

위기 상황에서는 자신의 정서나 욕구에 대한 탐색이나 파악이 어려울 수 있다는 점이다. 무엇보다 위기 상황에 대한 즉각적인 개입이 제공되어야 한다는 점이다. 위기개입에서의 목표 설정은 즉각적이고 '위로부터 아래로(top-down)' 방식으로 제시되게 된다. 위기 상황에서 사례관리 실천가가 여전히 유념해야 할 핵심은 클라이언트가 일방적으로 서비스를 제공받는 대상이라고만 보아서는 안 된다는 것이다. 클라이언트의 역량을 고려하면서, 목표에 대한 선택권을 부여하는 참여를 권장하는 노력이 필요하다는 것이다. 이러한 과정을 통해 클라이언트와 지역사회가 위기에 대응하는 자원으로 변화되고 잠재력을 향상시킬 수 있게 된다.

3) 실행 가능성과 시기 적절성

목표 설정에서 장애물을 충분히 고려해 보는 것은 목표의 실행 가능성이나 현실성 등을 파악하는 실질적인 과정으로써 깊은 의미가 있다.

이 과정에서 클라이언트는 자신의 기존의 사고나 문제해결 패턴이 아닌 다른 대안에 대하여 개방적이게 되며, 새로운 사고나 계획을 탐색하게 된다.

이 과정에서 사례관리 실천가는 클라이언트를 있는 그대로 수용하면서 대안적인 변화를 도전할 수 있도록 지원하는 역할을 담당해야 한다. 예를 들면, 클라이언트가 원하는 삶의 모습이나 도전하고 싶은 계획 등을 정리해 보고, 이를 위해서는 어떤 노력과 행동이 필요한지를 정리해 본다.

이 과정은 클라이언트에게 자신이 원하는 삶의 모습이나 계획을 긍정적으로 바라보고 수용하는 과정이 된다.

실행 가능성과 더불어 목표 설정에서 추구하는 결과는 어느 시기에 실현될 수 있는가를 점검해야 한다. 목표가 실현되면 예상하는 결과를 낳게 된다. 이 과정은 시간을 요구하는 것으로 적절한 기간이 소요되어야 하는 것을 의미한다. 사례관리 목표는 단기 목표와 장기 목표를 구성하여 일정을 기획하게 된다. 도출하고자 하는 목표의 결과가 적절한 시기 내에 실현될 수 있도록 구체적인 목표 일정을 세우는 것이 좋다. 만일 3개월 안의 단기 목표를 설정했다면 이 과정이 잘 진행될 수 있도록 중간 단계 점검에서는 어느 정도의 변화를 예상할 수 있을 것인가를 예상해 보는 것도 유용한 접근이다.

4) 문화적 민감성

목표 설정은 클라이언트와 함께 하는 작업으로 클라이언트의 주도성을 존중하고 높여야 하는 과정이다. 여기에는 클라이언트와 문화적 배경에 대한 민감도가 고려되어야 하며, 클라이언트의 가치관을 반영하는 노력이 제공되어야 한다.

구체적인 예로는 클라이언트의 눈높이에 맞는 단어의 사용, 문장 표현, 비언어적 표현 등이 충분히 고려되어 진행하는 의사소통을 들 수 있겠다.

정해진 과정에 따라 움직이고 수행해야 되는 전문적인 과정이 되어서는 성공하기 어렵다. 오히려 보다 창의적인 과정이 되어야 하는 만큼 클라이언트가 속해 있는 문화적 배경에 대한 존중과 개별화 가치를 충분히 녹여내야 한다. 사례관리자는 종종 빈곤 문제에 놓인 클라이언트를 만나게 된다. 빈곤에 대한 깊은 이해가 중요한데, 여기에는 사회구조적 측면에서부터 클라이언트 일상에서의 정서와 고통까지 폭넓게 다루어야 한다. 서비스 과정에서도 클라이언트 중심으로 관계 형성하기, 빈곤 상황을 민감하게 반영할 수 있는 사정 과정, 클라이언트 문화와 연계하기, 클라이언트의 강점과 역량 강화 등의 기술이 중요하다고 강조하고 있다(Clark et al., 2020; Foss, Generali, & Kre, 2011). 예를 들어, 생활이 어려운 빈곤 노인의 경우, 식사는 어떻게 해결하는지, 세탁은 어떻게 해결하는지 등의 일상생활의 기본적인 의식주 문제를 잘 파악하고, 섬세하게 파악하고 개입의 목표를 설정하는 것이 중요하다. 빈곤에 처한 이들이 당면할 수 있는 문제의 영역을 잘 알아야 할 뿐 아니라, 그들이 어떤 기분과 정서를 경험하고 있는지를 충분히 고려하여 목표 설정 단계를 수행해야 할 것이다. 클라이언트의 일상의 삶에 집중하고 개인적인 차원의 정서나 어려움에 주목하는 것 못지않게 클라이언트의 삶에 거시적 차원에서의 사회구조적 차별이 어떻게 작동하는가에 대한 이해와 분석도 중요하겠다. 이러한 과정은 빈곤에 대한 깊은 민감성이 반영된 개입 과정으로, 즉 이들에 대한 문화적 민감성을 요구하는 것이다. 여기에서의 문화적 민감성은 클라이언트의 가치를 존중하고 그들의 삶의 방식과 욕구에 대한 존중을 가능하게 한다는 점에서 목표 설정에서 충분히 반영되어야 할 역량이라 하겠다.

5) 목표 설정, 개입, 평가는 연속적 과정

사례관리실천에서 클라이언트의 문제를 해결하고 원하는 삶의 변화를 가져오기 위해 무엇을 해야 하는가를 정하는 것이 목표 설정 과정이다. 목표는 클라이언트가 원하는 변화와 사례관리가 추구하는 목적을 충족시키는 것이며 향후 사례관리의 방향을 결정하는 성격을 가지게 된다. 목표가 갖추어야 할 특성을 정리하자면, 클라이언트와 함께 결정해야 하는 것으로, 성취 가능한 구체적인 내용을 담아야 한다. 사례관리실천에서의 목표는 구체적이고 측정 가능한 변화를 지향하는 것으로, 성과를 점검할 수 있는 평가의 기준으로 사용된다.

6) 비자발적인 클라이언트와 목표 설정하기

사례관리실천에서 비자발적인 클라이언트와 일하기는 도전적인 영역으로 널리 알려져 있다. 비자발적인 클라이언트의 대표적인 양상을 정리하자면 다음과 같다 (한국사례관리학회 편, 2016).

- 사례관리 서비스를 제공받는 데 관심이 없다.
- 변화하고자 하는 동기가 없다.

- 스스로 문제가 있다는 인식이나 생각이 없다.
- 사례관리자의 전문적 권위를 인정하지 않는다.

비자발적인 클라이언트의 유형은 다양한 문제와 연관되어 있다. 학대나 폭력, 불법 약물 복용과 같이 범법의 성격을 가지고 있는 문제에서부터 정신질환과 같은 질환의 특성으로 인한 서비스에 대한 거부나 낮은 이해 등 원인과 영향을 미치는 요인들이 다양하다.

- 아동학대나 노인학대 등 가해자
- 불법 약물 사용자
- 배우자 구타 가해자
- 정신질환으로 자신과 타인에게 해를 끼칠 위험에 놓인 클라이언트
- 스스로 원치 않으나 가족이나 배우자의 의뢰로 오게 된 클라이언트
- 그 외에 법적 의무 조항에 의해 서비스를 받게 된 클라이언트

비자발적 클라이언트에 대한 이해는 전통적인 시각을 반영하는 것으로 이에 대한 새로운 관점을 부여할 필요가 있다는 논의가 제기되고 있다. 비자발적 클라이언트라는 개념 자체가 사회복지실천 현장에서 클라이언트와 관계 형성(client engagement)을 주요 가치로 중시하는 관점과 모순적이라는 것이다. 스미스(Smith, 2020)는 비자발적 클라이언트와의 관계 형성에서 무엇보다 윤리적 실천이 중요함을 강조하였다. 비자발적 클라이언트는 클라이언트의 속성이라기보다 서비스 정책과 전문가 중심적인 실천의 맥락에서 구축되었다고 보아야 한다는 것이다. 그런 의미에서 모든 클라이언트는 존중받는 윤리적 실천의 대상이 되어야 한다는 것이다.

리우 등(Liu et al., 2020)은 비자발적인 클라이언트의 저항을 이해하는 유연한 관점이 중요하다고 지적하고 비자발적인 클라이언트와 협력할 수 있는 주요 전략을 다음과 같이 제시하였다.

- 클라이언트를 존중한다는 것을 보여 주기
- 클라이언트에게 공감을 전달하기
- 클라이언트가 원하는 욕구에 집중하기
- 클라이언트 동료의 영향을 활용하기
- 원하지 않는 서비스를 거부하는 클라이언트를 인정하기
- 동기강화상담 기법을 사용하여 변화를 이끌어 내기
- 클라이언트가 자기결정권을 수행할 수 있도록 보폭을 맞추어 가기

비자발적인 클라이언트와 목표 설정 과정을 수행할 때 사례관리자는 앞에 소개한 전략을 유용하게 활용할 수 있다.

- 일방적인 의사소통이 아닌 상호 이해를 기반으로 하는 의사소통을 진행한다.
- 목표 설정에서 클라이언트의 언어로 이해하고 있음을 전달하고 공감을 표시한다.
- 목표는 클라이언트가 원하는 것과 연동되어야 함을 숙지한다.
- 클라이언트가 목표 설정에서 어려움을 느낄 때 관계질문 등을 활용하여 주변 동료의 시각이나 관점에서 바라보는 기회를 갖도록 돕는다. 혹은 함께 협력할 수 있는 여건인 경우에는 동료의 역할도 고려한다.
- 비자발적 클라이언트가 현재 서비스를 원하는 않는 상황을 인정한다. 서비스 거부와 변화에 대한 거부는 분리하여 생각한다.
- 목표 설정에서 동기강화상담 기법을 활용하여 변화 중심으로 목표의 내용을 구성해 본다.
- 클라이언트가 목표 설정에서 스스로 결정할 수 있도록 클라이언트의 보폭에 속도를 맞춘다.

5. 사례 연습

본 연습에서는 앞서 욕구사정 연습하기에서 활용한 '복합적 욕구를 가진 한부모 가구 사례'를 활용하고자 한다. 욕구사정 연습에서 합의된 욕구를 도출해 내는 과정을 연습해 보았다면 이어서 각 영역별로 합의된 욕구를 바탕으로 단기 목표와 장기 목표를 설정해 보자.

〈욕구를 합의된 목표(단기 목표와 장기 목표)로 전환시키기 연습〉

욕구 영역	욕구(need)	단기 목표	장기 목표

제2부

자원 개발과 관리

조현순, 심정원, 박영숙, 김은정

사례관리자는 클라이언트와 함께한 욕구사정과 자원 사정 과정의 통찰을 기반으로 클라이언트 욕구에 부응하는 적절하고 적합한 자원과 관계 맺고 상호작용이 촉진되어 클라이언트 중심의 복지 생태계가 안정적으로 유지되도록 돕는다. 이 과정에서 클라이언트의 문제해결 역량만큼 중요한 것은 클라이언트를 둘러싼 환경체계, 즉 자원의 반응 역량이다.

본 단원은 클라이언트의 욕구에 부응하는 자원의 반응 역량을 개발하고 강화, 유지되도록 하는 데 기여하는 사례관리자의 역량 향상을 위해 다양한 이론과 기술, 현장의 실천 지혜를 학습한다.

[학습목표]

1. 사례관리에서 자원과 자원 개발에 대한 개념을 이해하고 내면화한다.
2. 자원관리를 위한 사례관리자의 과업과 필요 기술을 습득하여 자원관리에 대한 효능감을 높인다.
3. 자신이 속한 조직의 사례관리 내부 조직 반응 역량 강화를 위한 실천 요소들을 이해하고 적용할 수 있다.
4. 외부 체계와 함께 일하기 위해 필요한 네트워크 역량의 실천 요소를 이해하고 적용할 수 있다.
5. 다양한 실습과제를 통하여 실천 지혜를 습득한다.

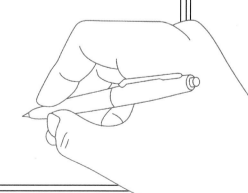

제5장

자원 개발

1. 자원의 개념

일반적으로 '복지자원'이란 클라이언트의 욕구를 충족시키고 잠재된 위험 및 문제에 대응하고 해결하기 위한 모든 수단과 방법을 이른다. 따라서 지역사회 내 유·무형의 서비스(노동력이나 기술)와 물질적 요소를 모두 포함한다(조현순, 2020). 넓은 의미로는 인간이 물질적·정신적 욕망을 만족하고 인류의 사회생활을 유지·향상시키기 위한 원천이라고 정의되며, 협의의 개념으로는 토지·자본·노동 등 생산에 투입되는 물적·인간적인 생산 요소를 의미한다.

그러므로 자원이란 개인이나 가족이 삶을 유지하기 위해 자신들의 삶에 다가오는 다양한 도전과제를 해결하며 살아갈 때 자신의 삶의 터전에서 관계를 맺고 상호작용을 하게 되는 모든 환경 요소들을 자원이라고 정의할 수 있다. 사례관리에 있어서 자원의 개념 또한 이와 크게 다르지 않다. 클라이언트의 욕구 해결, 즉 사례관리 목표 달성을 위해 필요로 하는 모든 수단을 총체적으로 이르는 말이라고 정의할 수 있다.

2. 자원 개발의 개념

1) 자원 개발의 정의

자원 개발이란 클라이언트에게 자원이 될 가능성이 있는 조직과 개인을 대상으로 자원망으로서의 반응 역량을 강화하는 제반 활동이다.

반응 역량이란 클라이언트와 문제에 대한 이해의 공유, 자원 간의 협력적 팀 구성에 동의, 대상자와의 상호작용 수행, 팀원을 위한 조정과 점검 활동에 참여하는 것을 의미한다.

개별 자원의 한계를 감안하더라도 사례관리에서는 자원 간의 일관성을 유지하며 최대한의 조율을 통해 합리적이고 효율적인 서비스를 제공하려는 자원의 역량이 필요하다. 이러한 자원의 역량을 조현순은 '자원의 반응 역량'이란 개념으로 설명하고 있다. 자원의 반응 역량은 다음 두 가지 속성을 포함한다.

첫째, 집단적 협력 역량이다. 집단적 협력 역량이란 자원들이 사례관리 방식으로 일하기로 동의하고, 각각의 자원들이 클라이언트에게 필요한 역할을 할당하여 서비스를 제공하되, 클라이언트 입장에서의 일관성과 효율성이 유지되도록 사례관리자를 매개로 하여 정보를 공유하고 조정 활동에 능동적으로 참여하는 역량이다.

둘째, 개별화된 클라이언트의 욕구에 부응하는 전문적 서비스 역량이다. 자원들은 클라이언트에게 유용한 자원으로 기능하기 위한 지식, 기술, 태도 등 서비스 전문성이 필요하다. 이와 더불어 자원들은 클라이언트의 상황과 욕구를 개별화하여 이해하고 개별 자원의 전문성을 기반으로 하되, 클라이언트에게 맞는 적절한 서비스와 제공방식으로 상호작용하는 전문성도 요구된다. 사례관리자를 통해 자원의 반응 역량이 강화되면 클라이언트 상황과 욕구에 대해 자원들의 합리적이고 객관적인 이해가 공유되어 클라이언트에 대한 편견이 배제되고 서비스 제공자 간의 일관성을 유지할 수 있다. 또한 클라이언트의 목표가 공유되며, 돕고자 하는 동기가 높아진다.

자원 가능성이 있는 조직과 개인

⬇

자원망으로서의 반응 역량 강화

① 대상과 문제에 대한 이해 공유
② 자원 간의 협력적 팀 구성에 동의
③ 대상자와의 상호작용 수행
④ 팀원을 위한 사례관리자의 조정과 점검 활동 참여

[그림 5-1] 자원 개발과 자원의 반응 역량

클라이언트 입장에서는 지역사회 내에서 수용 받는 경험을 하게 되고 안전감을 느끼게 되며, 경직된 규정을 넘어서는 다양한 대안을 통해 자원 접근이 수월해지고, 중복이나 누락 등 서비스에 대한 혼란이 줄어들게 된다. 클라이언트의 욕구에 부응하는 체계적이고 일관성 있는 지원을 편리하게 이용하게 된다.

Tip 쉽게 배워 보는 자원의 '반응 역량' 개념

　제가 어릴 때는 청소년들이 가서 놀 만한 곳이 없었어요. 교회에 가면 이성 친구들도 만날 수 있고 재미난 시간을 보낼 수 있어 당시 청소년들에겐 유일하게 여가활동 많이 하던 데가 교회였는데요. 동네 교회에 가면 예배 끝나면 애들끼리 놀라고 여러 개의 탁구대가 있었어요. 제가 그때 탁구를 함께 치던 두 종류의 교회 오빠들이 있었어요. 한 종류의 오빠는 탁구 잘 치고 정말 멋진 오빠예요. 그리고 또 한 종류의 오빠는 탁구도 못 치고 정말 못생겼어요. 물론 두 사람이 잘생기고 못생기고는 지극히 저의 주관적 판단이겠죠? 그렇다면 그 판단 기준은 어디서 왔는가 생각해 봤어요.

　저는 어릴 때부터 운동신경이 없어 스포츠를 좋아하지도 잘하지도 못했어요. 탁구도 뭐 간신히 똑딱똑딱 공을 맞출 정도의 실력이었지요. 그런데 한 교회 오빠가 저하고 탁구를 하게 되었어요. 이 오빠는 제 실력을 아는 거예요. 그래서 이 오빠는요, 굉장히 잘 치는 오빠인데도 불구하고 제 실력에 맞추려고 서브도 약하게 천천히 제가 받을 수 있는 곳으로 공을 보내줘요. 그러면 저는 공이 여기에 오는구나 하고 준비하고, 다 보이니까 라켓을 맞추어 대어 공을 딱 넘기죠. 그럼 또 이 오빠는 또 제가 넘긴 공을 다시 살살 제가 잘 받을 수 있는 곳으로 넘겨주는 거예요.

109

이렇게 하면 탁구공이 탁구대에서 안 떨어져요. 똑딱똑딱 소리가 경쾌하게 나면서 주거니 받거니 탁구를 칠 수 있죠. 아주 재미있어요. 그런 날은 집에 와서 거울을 보면서 이렇게 중얼거려요. "나에게 천부적인 소질이 있었구나. 탁구를 내가 더 열심히 해 봐야겠다. 혹시 알아 국가대표가 될지?" 막 이런 자신감이 생기고 아주 신나요. 그때 그 오빠를 생각하면요. 그 오빠 뒤에서 막 빛이 나면서 너무 멋지게 보이는 거죠.

다음 주에 교회에 또 갔어요. 그런데 이날은 또 다른 오빠와 탁구를 하게 되었는데요. 이 오빠는 완전 폼생폼사예요. 물론 탁구는 잘 치는 오빠죠. 그런데 마치 자기가 무슨 국가대표나 된 듯 자기의 온갖 실력을 다 발휘하는 거예요. 막 이렇게 공을 스카이로 점프를 시킨 다음에 강스매싱 저는 너무나 세고 순식간에 공이 날아오니까 공이 안 보이더라고요. 그래서 내가 어디 오나 찾을 때면 이미 공은 바닥을 구르고 있는 거예요. 너무 빨랐어요. 공을 쫓아 뛰어가서 조그마한 공을 주워 갖고 오잖아요. 그리고 또다시 제가 조심스레 서브를 하죠. 이 오빠는 제가 공이 그 오빠 쪽에 닿았는지 볼 새도 없이 쏜살같이 또 강스매싱으로 제 공을 날려 버리죠. 저는 또 공을 못 받아 내겠지요? 저희같이 실력 없는 애들은 못 맞춰요. 그러니까 하루 종일 저는 공만 주우러 다니죠.

그런 날은 집에 오면 너무 속상해요. "내가 친구들 있는데 어쩜 그렇게 탁구를 못 쳤을까? 친구들이 얼마나 나를 한심하다고 했을까? 난 정말 운동신경이 없는 애야. 다시는 탁구 하지 말아야지!" 그때 그 오빠를 생각하면 너무 못생긴 거죠. 네. 저는 정말 절망스러워요. 교회도 가기 싫어요. 그리고 탁구를 다시 하고 싶은 의욕을 잃게 되었죠.

사실 제 실력은 그전 주나 이번 주나 다르지 않았을 거예요. 그리고 두 사람의 탁구 실력은 다 막상막하예요. 둘이 탁구 치면 항상 주거니 받거니 하거든요. 그러면 사실 탁구 실력의 차이는 아닌 것 같아요. 전문성은 다 있는 거죠. 다만, 제 탁구 실력에 응대해 주는 두 오빠의 응대 실력에 차이가 있는 거죠. 제 실력 제 상황에 맞춰서 반응해 주는 그 실력이 저를 국가대표 같은 마음이 들게도 하고 다시는 탁구를 하지 못할 만큼 자신감을 잃게도 했어요. 그래서 제가 두 오빠가 탁구 실력은 다 거의 비슷하지만 자신의 전문성을 활용하여 내가 탁구를 즐겁게 잘 배울 수 있고 칠 수 있도록 나에게 맞춰 주는 응대 실력을 '반응 역량'이라 이름 붙이게 되었답니다.

그런데 탁구할 때만 그런 게 아니라 사례관리를 할 때도 마찬가지인 것 같아요. 지역사회 내에는 전문성을 갖춘 자원 가능성이 있는 조직과 개인들이 많이 있죠. 그런데 그 특정한 아무개 씨 누구누구 씨의 자원망으로서 반응해 주는 전문성은 또 다른 차원인 거죠. 그래서 이러한 자원의 반응 역량이 강화되도록 만드는 활동을 우리는 자원 개발이라고 볼 수 있습니다.

자원의 반응 역량의 첫 번째 요소는 클라이언트에 대한 객관적이고 합리적인 이해를 지역사회 자원과 같이 하는 것입니다. 진료를 맡은 의사 선생님이 클라이언트의 상황을 맥락적으로 이해하고 사례관리의 목적을 이해하여 그냥 동일한 환자 중 1인으로 대하는 것이 아니라 특별한 ○○○ 씨로 볼 수 있게 되고 그래서 특별한 환자의 사례관리 목표 달성을 위해 자신이 이렇게 말하고 이렇게 치료하여 이렇게 도와드려야겠다를 알게 되었을 때 우리는 '반응 역량이 생겼다' 이렇게 얘기할 수 있죠. 대상과 문제에 대해서 이해가 공유되면 클라이언트의 이해되지 않던 문제들이 배경과 맥락 속에서 이해됩니다. 사례관리자는 자원과 클라이언트 사이를 오가며 자원의 반응 역량을 만들기 위한 노력을 하게 됩니다.

두 번째 자원 반응 역량의 요소는 자원 간의 팀 협력을 통해 일하는 역량입니다. 사례관리자는 대상과 문제에 대해서 이해하고, 그 이해를 발판으로 여러 개의 자원이 하나의 팀이 되도록 활동해야 하죠. 우리는 독단적으로 혼자 일하는 방식이 아니라 클라이언트에게 필요로 하는 역할은 나누어 수행하는 팀 활동이니까요. 그러므로 클라이언트의 안전망으로 한 팀이 되었다는 것을 서로가 다 알아야 합니다. 예를 들어, 각자 자기 일을 하는 것도 중요하지만 사례회의 시간에 모여서 여기 모인 자원들과 내가 한 팀이구나. 내가 팀원이구나! 그래서 이렇게 같이 일하고 있구나. 우리가 각기 다른 곳에서 일하지만, 서로의 공동 목표는 이것이구나! 그래서 이런 팀 구성에 동의하고 또 대상자하고 어떤 역할을 맡아서 어떻게 상호작용을 수행해야 되는구나! 이런 걸 알고 가는 것하고, 개별적인 실천을 할 때와는 많이 다르죠. 그래서 사례관리자를 통해서 소통하고 서로 조정해 가며 일하는 거구나 하는 인지와 협조가 필요하며, 이런 반응 역량 강화를 위한 활동이 자원 개발입니다.

- 조현순의 사례관리 강의록 중에서 발췌-

2) 자원 개발 단계와 과업

자원 개발의 단계를 조사 단계, 계획 단계, 실행 단계로 나누어 살펴보면 다음과 같다.

(1) 조사 단계

① 경험을 통한 클라이언트의 욕구 목록 정리하기

자원 개발을 위한 조사 단계의 첫 과정은 클라이언트의 욕구를 구체적으로 목록화하는 것이다. 자원 사정은 욕구 조사에 기반하여야 한다. 이를 위해 사례관리의

111

가치와 철학, 즉 생태체계적 관점, 강점 관점, 역량 강화의 관점, 지역사회 기반 실천 원리 등을 내면화하여 실천에 담아야 한다.

예를 들어, 생태체계적 관점을 적용하여 일하는 사례관리자는 문제를 볼 것인지 욕구를 볼 것인지에 관해 생각하여야 한다. 단지 눈에 보이는 어떤 문제를 해결하기 위한 수단을 찾기보다는 문제 상황이 반복적으로 발생하게 되는 근본적인 배경이나 맥락을 이해하려는 노력이 필요하며 그렇게 이해된 '근본적으로 변화해야 하는 또는 해결을 원하는 궁극적인 어떤 것들'을 우리는 욕구라고 정의한다. 그리고 보통 사례관리자들은 문제보다는 욕구에 부응하는 자원을 찾아가려 노력할 것이다.

그래서 클라이언트가 '~~하게 되었을 때 (상황) ~~하기 위해 필요한 (욕구) ~~~~(자원)'처럼 사례관리 과정 중에서 알게 된 클라이언트의 구체적 욕구와 필요 자원들의 기록들을 모아 욕구 목록을 작성해 보는 것이 중요하다.

② 내·외부의 자원 정보를 파악하고 정리하기

클라이언트의 욕구가 파악되면 이에 부응하는 자원을 찾아야 한다. 이 과정에서도 강점 관점을 활용하고 지역 기반 자원 개발 원칙을 적용하는 등 사례관리의 실천 가치와 철학을 담아내야 한다.

클라이언트와 가족, 우리 기관 내부 또는 외부 환경 등에서 얻은 다양한 자원 정보를 통해 클라이언트에게 활용 가능한 자원을 탐색하는 조사 등 다양하고 창의적 방법으로 정보를 구하고 정리하여야 한다.

(2) 계획 단계

① 현재 보유한 자원 검토

기존의 사례관리에 연결하였거나 기관에 확보되어 있는 자원을 우선 평가해 보기를 권한다. 확보된 자원과 연계 경향은 곧 사례관리의 품질과 연결되기 때문에 매우 중요한 과정이라고 할 수 있다. 예를 들어, "주거 이전을 위한 임대료 긴급 지원 자원은 충분하다. 잘 연결하고 있었구나. 그런데 외로움을 달래드릴 정서적 지지 자원이 부족하네.", "우리 기관은 민간 자원 확보와 연결은 잘하고 있었는데 공적 자원 연결이 적었네." 이렇게 정기적인 평가와 분석 과정을 거쳐야 한다. 자원의 수요에 대비한 자원 총량, 욕구 영역과 자원의 속성에 근거하여 본 편향성이나 과부족 등을 파악한다. 또한 자원 개발 과정의 어려움과 대안 마련이 필요한 이슈를 탐색하여야 한다.

② 검토 내용에 근거한 대안의 마련

대안 마련 단계에서는 자원을 동원하는 방법에 대해서 여러 가지 생각을 하고 세부 계획을 수립해 보는 과정이다. 어떤 기관을 연결하면 이 자원이 연결될 수 있을까에 대해 구체적 생각을 하는 과정이다. 보통은 자원 개발과 배분을 하는 법인, 재단, 네트워크 활용하기, 사회적 마케팅 방법 활용하기, 지역 주민이나 클라이언트 조직화하기 등의 방법으로 자원을 동원한다.

바자회를 열 수도 있고, 클라이언트가 살고 있는 동네 교회나 상점 학원 등을 찾아가서 부탁해 볼 수도 있고 공공기관 간의 연결을 통해서 해결을 할 수도 있다. 클라이언트의 생활 습관이 형성되기까지 장기간 방문해서 코치나 교육이 필요하다면 그런 자원을 자원봉사센터를 통해서 구할 수도 있다. 욕구사정과 자원평가가 되고 나면 욕구에 부응하는 적절한 자원도 다양하며 개발 방법도 다양하고 창의적으로 만들어질 수 있다. 이 책에 제시된 자원의 범주와 그에 따른 개발 전략을 활용하는 것도 유용할 것이다.

(3) 자원 개발 실행과 연계

계획에 따른 개발을 진행하고 클라이언트와 자원을 연계하는 과정이다. 연계 과정은 기초 교재에 제시된 의뢰, 중개의 기술을 적절히 수행하여야 한다. 단계별 과업을 표로 정리하면 〈표 5-1〉과 같다.

〈표 5-1〉 자원 개발 단계와 과업

단계	과업
1. 조사 단계	• 사례관리자 경험에서 알게 된 클라이언트의 구체적 욕구 목록 구성 • 지역 주민의 복지 욕구에 대응할 자원 목록 작성 • 사례관리를 위한 보유 자원 파악 및 정리 • 지역사회 내에서 활용되고 있는 자원 등을 조사
2. 계획 단계	• 자원 동원 방법 모색과 대안 확정 • 의견 수렴(자원 동원 방법에 대한 강약점, 예측되는 어려움, 실현 가능성, 예산 등) • 세부 계획 수립
3. 실행 단계	• 계획에 따른 개발을 진행하고 자원 반응 역량 형성 지원 • 필요한 곳에 적절한 자원연계

Tip 쉽게 배워 보는 자원 개발 방법

☙ 동네 자원 찾아가 부탁하기

아침에 일찍 일어나는 일이 힘들어 아이가 학교를 안 가는데 모닝콜 해 줄 자원을 생각해 본 적이 있어요. 신부님께 말씀드렸더니 성당에 다니시는 어머니들한테 신부님이 미사 마지막에 광고해 주셨어요. 이런 아이가 있는데 엄마도 없고 아버지도 아프고 아이가 혼자서 이렇게 마음 붙일 곳이 없다. 그래서 학교를 잘 못 간다. 일어나면 점심 때이다. 이렇게 아이의 사연 설명을 잘 해 주신 거죠. 그래서 어머니 중에서 전화로 아침마다 모닝콜을 해 주는 거예요. "잘 잤니? 잘 일어났니? 재미나게 또 오늘 하루 보내." 이렇게 아침에 전화 통화를 해 주고 그래서 아이가 일어나서 씻고 학교를 갈 수 있게 되었어요.

어떤 경우는 동네에서 옆집에 같은 학교 다니는 아이 형 누나들을 섭외해서 등굣길에 "○○야, 학교 가자" 하며 매일 집에가서 데려가는 자원도 제가 만들어 봤거든요.

이처럼 계획 단계에 이런 창의적인 방법들 그리고 꼭 공식 서비스가 아니더라도 지역 주민이나 이웃이나 가족이나 친구나 분들을 좀 섭외해서 연결해 보는 방법이 좋을 것 같아요.

☙ 매스컴 활용하기

매스컴을 활용하는 거예요. 요즘에는 여러 방송국이 생겨서 방송에 사연을 내서 후원금을 동원해 보는 것도 좋은 방법인 것 같아요.

♣ 다양한 복지재단 활용하기

기업복지재단이나 재단을 활용하는 방법도 있겠죠?

직장에서 산재 사고로 수술 후 퇴원을 하게 된 혼자 사는 남자분이셨어요. 퇴원 후에도 일정 기간의 재활운동이 있어야 다시 일을 할 수 있었는데요. 근육이 빠지면 안 되니까 코끼리 자전거(재활운동기구)를 매일 집에서 해야만 했어요. 근데 기구 값이 굉장히 비싸잖아요. 그러니까 엄두도 못 내죠. 그런데 제가 일할 당시 아○복지재단과 파○○복지재단은 의료기구만 지원해 주는 사업을 공모하고 있었어요. 그래서 편지를 잘 써서 보내 지원받았던 기억이 있어요. 그래서 사례관리자는 각종 재단의 지원사업 종류 지원 시기들을 잘 정리하고 활용하는 것이 중요할 것 같아요.

♣ 복지 정보 제공처와 연결하기

우리가 직접 개발하지 않더라도 그런 일을 해 줄 수 있는 기관들과 연결해 주실 수도 있어요. 제가 장애인 취업 자리를 연결해 보니까 취업을 성공하는 것도, 얻은 자리를 유지하도록 돕는 것도 쉬운 일이 아니더라고요. 장애 정도를 파악하고 그다음에 직업에 적응할 수 있는 직업 적성이라든가 직업 능력이라든가 이런 거를 잘 파악하고 장기적 안목에서 교육하고 훈련해서 그 직종에 구직을 지원해야 하잖아요. 그래서 이런 장애인 고용과 관련한 다양한 안내와 정보를 제공할 수 있는 장애인복지관 직업재활팀을 연결해 드렸죠. 그리고 구직 동호회에 가입을 도와드렸어요. 구직 활동을 하고 있는 당사자들 간의 모임이라 실질적 도움이 되거든요.

−조현순의 강의노트 중에서 발췌−

3. 자원 개발의 주요 접근

사례관리를 위한 자원 개발 방식을 결정함에 있어 강점 관점은 클라이언트에게 강점과 자원이 있음을 전제로 클라이언트의 강점을 부각하여 자원을 재조직하는 데 초점을 둔다. 인간은 누구나 지금까지 자신의 삶을 잘 살아온 것처럼, 성장과 변화를 위한 잠재 능력을 가지고 있으며, 클라이언트는 변화를 이끌어 내는 자원과 역량을 이미 가지고 있다고 본다. 그러므로 클라이언트와 가족의 내적 자원과 지금껏 관계 맺고 상호작용해 온 공식·비공식 자원을 이해하는 것은 클라이언트를 위한 자원 개발의 단서가 되어 준다.

즉, 새로운 자원을 개발하는 것도 중요하지만, 기존에 주민이 가지고 있던 자원을 새롭게 해석하고 활용하거나, 새로운 자원을 개발하고 연결하더라도 현재의 강점을 기반으로 협응되는 새로운 자원을 찾아가야 하기 때문이다. 또한 지역사회에 기반한 사례관리실천 원칙들을 활용하는 것은 자원의 정서성, 관계성, 유지성을 고려할 때 지역 기반 비공식 자원들과의 관계 맺음과 상호작용을 촉진하고 클라이언트의 복지 생태계를 활성화하기 위해 매우 유용한 실천 관점을 제공한다. 이에 이 장에서는 강점 관점 및 지역사회 기반 자원 개발을 살펴보고자 한다.

1) 강점 관점 기반 자원[1] 개발

강점 관점에 근거한 자원 개발은 클라이언트가 가지고 있는 강점(경험, 내적 힘 등)을 포함해서 클라이언트의 강점이 기반이 된 서비스와 사람을 개발한다는 광범위한 개념으로 이해되어야 한다. 즉, 사례관리에서 클라이언트는 개별 서비스의 이용자가 아니 아니라 '복합적 욕구를 가지고 있으면서 자기 문제와 환경을 바꿀 수 있는 힘이 있는' 한 명의 사람으로 바라보는 것이 중요하다.

강점 관점 접근의 대표적인 학자 와이크(Weik, 1992: 25)는 강점 관점 접근이 개인과 지역사회의 역량을 바탕으로 '더 큰 자율성'을 일으켜 내는 변화 가능성을 신뢰하고, 기술 주도의 접근보다는 '각 사람은 이미 자신을 변화시킬 자원을 가지고 있다'는 간단한 사실에서 변화와 실천의 시작이 있음을 강조한다.

윤민화는 자원 개념과 개발을 위해 강점 관점 사례관리에서의 자원에 대한 관점과 지역사회 자원 동원과 연계과정에서 다음과 같은 점을 강조하고 있다.

첫째, 사람의 '이야기(narratives)'에서 실천 방향을 모색할 필요가 있다. 그 이야

---

1) 윤민화, 이민영, 노혜련(2014). 강점관점 사례관리에서 지역복지 네트워크 실천과정 연구. 한국지역사회복지학, 50, pp. 203-239의 문헌고찰 중 일부를 요약 · 정리하였다.

기에는 이용자가 경험한 것, 이용자가 생각한 것, 이용자가 어떤 것이든 할 힘(에너지)이 있기 때문이다. 이때 사례관리자는 '강점'을 활용하면서 변화를 이끌어 내는 협력자(collaborator)이자 자문가(consultant)로서 활동하고, 지역사회 조직화에 참여한다.

둘째, 강점 관점 실천은 지역사회와 개인의 자원에서 출발해, 이용자의 욕구에 초점을 맞추고, 수평적인 상호 협력을 통해 이용자가 자원을 주체적으로 연결하고 관리할 수 있게 접근하는 것을 강조한다(Tesoriero, Boyle, & Enright, 2010). 이는 기술 주도의 접근이 아니라, 다음과 같은 '지역사회와 개인은 변화를 일으킬 자원을 이미 가지고 있다는 믿음'에서 출발한다(Weik, 1992: 25).

강점 관점의 자원 개발과 연계는 다음과 같은 실천 원칙을 지켜야 할 것이다.

첫째, 자원의 개발과 연계는 서비스 이용자의 욕구로부터 출발해야 한다.

사회복지사는 서비스 이용자에게 기관이 이미 확보한 자원을 제공하는 것이 아니라 이용자가 원하는 자원이 무엇인지 먼저 물어보고 함께 지역사회 자원을 찾는다(보건복지부, 솔루션센터, 2006). 사례관리자는 이용자의 참여와 의사결정을 존중하고, 이용자가 원하는 결과에 도달하는 데 필요한 공식 · 비공식 자원에 접근할 수 있게 지원하는 역할을 한다(Chapin, 2006). 이는 서비스 이용자가 자기 삶을 가장 잘 알고 있는 주체이므로 자신에게 필요한 자원도 가장 잘 알고 있다고 믿고, 이용자의 자기 삶에 대한 권위(authority)를 존중하는 강점 관점 철학과 이용자의 참여로 결정한 자원과 네트워크의 실천 효과가 가장 크다는 믿음을 토대로 하는 것이다.

둘째, 이용자에게 친숙하고 익숙한 지역사회 내 비공식적 자원을 먼저 고려하는 것이다(Rapp, 2006; Chapin, 2006). 사례관리자는 공식적 자원을 찾고 접촉하기에 앞서 서비스 이용자가 이미 관계를 맺고 있는 자원이나 친구와 이웃, 가족이나 또 다른 서비스 이용자와 같은 비공식 자원을 활용할 수 있게 격려하고 돕는다(노혜련, 유성은, 2007). 이는 비공식적 자원이 이용자가 접근하기에 훨씬 더 쉽고, 낙인감도 덜하기 때문이다(Chapin, 2006).

셋째, 가능한 한 최소한도로 개입하고, 서비스 이용자가 스스로 할 수 있는 모든 것을 하도록 지원한다(노혜련, 유성은, 2007). 사회복지사는 지역사회 문제해결을 위해 동원한 자원과 원활히 의사소통하기 위해 서비스 이용자가 스스로 자원을 발견·확보하고, 그 과정이 장기적으로는 서비스 이용자의 일상이 되도록(daily routines) 지원한다(Chapin, 2006). 클라이언트와 지역사회가 스스로 필요한 자원을 활용하고 관리하는 역량을 키우는 데 있다고 할 것이다.

> **Tip** 강점 관점 실천 지침(Rapp, 1998)
>
> 첫째, 서비스 이용자 자신의 강점과 능력, 자산을 발견하고 활용할 때 가장 성공적일 수 있다고 믿는다.
>
> 둘째, 목표를 형성하고 필요한 자원을 찾아내는 것은 이용자에게 달려 있으므로, 서비스 이용자가 목표를 구체적으로 정할 수 있게 원조하고, 대안을 논의하고, 이용 가능한 자원을 함께 발굴해 낸다.
>
> 셋째, 서비스 이용자와 실천가의 수평적 관계를 우선해서 고려하며, 그 관계를 일관성 있게 증진해 나간다.
>
> 넷째, 지역사회에 존재하는 자원의 잠재성과 활용 가능성을 살피면서 창의적인 접근을 통해 필요한 자원을 개발한다.
>
> 다섯째, 사무실 내 개입을 최소화하고, 서비스 이용자가 있는 장소로 직접 찾아가서 지역사회 실천을 한다.

2) 지역사회 기반 실천 관점 자원[2] 개발

지역복지 실천기술을 활용한 자원 개발의 실천 원칙과 전략은 다음과 같다.

(1) 실천의 원칙

첫째, 개인의 문제를 지역사회 문제로 만들자.

---

[2] 이 내용은 민소영(2017). 사례관리로 지역공동체 만들기. 사례관리연구, 8(1), pp. 45-67 중 '지역사회에 기반한 사례관리 실천 전략'을 정리·요약한 것이다.

> **예** 자살사건이 많은 지역에서 자살을 주민의 개인적 문제라고 생각하지 않고, 이것은 우리 이웃
> 의 고독감, 알코올 문제 등과 연결되어 있다고 생각할 수 있다.
>
> 또한 저소득층 맞벌이 부부나 일하는 한부모가 많은 지역에서 아동·청소년들이 빈 옥상이나 빈
> 집에 모여 비행에 쉽게 빠져들었다. 이 아이들을 위한 별도의 가족 개입 프로그램을 만들기보다
> 는 청소년의 비행 문제를 지역의 문제로 인식하고 근처 종교시설과 연계하여 종교시설 공간에서
> 아이들이 시간을 보낼 수 있도록 하였다. 문제가 발생하는 원인과 그 해결책을 철저히 지역 내에
> 서 찾으려고 노력해야 한다.

둘째, 사례관리 대상으로서 보지 말고 지역사회에 살고 있는 지역 주민으로 바라
보고, 개인과 가족이 살아가는 공간인 지역사회에서 구성원으로서 기여할 수 있는
기회를 만들자.

> **예** 남자 독거 어르신과 탈북민 주민이 많은 영구임대아파트 단지에서 거리 냉장고 사업을 시작하
> 게 되었다. 이유는 남자 독거 어르신들은 반찬 하나 달라는 말도 잘 못 하시고, 탈북민 주민들은
> 아이들을 집에 두고 문을 잠그고 밖에 나가서 일하며 사회와 단절적으로 살아가는 특성이 많기
> 때문이다. 아파트 관리사무소와 연계하여 아파트단지 옆에 있는 공터를 활용하여 텃밭 사업을 하
> 고, 이것을 거리 냉장고에 넣고 나누어 갖도록 하였다. 직접 기관으로 나와서 서비스를 받으려 하
> 지 않는 남자 독거노인과 탈북민의 특성을 활용하여 밑반찬 연계가 아니라, 지역 내에서 접근이
> 용이하면서도 지속 가능한 서비스를 창출하여 제공하였다.

셋째, 지역 주민과 함께 공유하는 가치를 만들자.
공동체의식, 문화적 다양성 존중, 사회정의, 시민참여, 임파워먼트, 협력과 공동
체 강점 강화 등의 가치를 공유할 수 있는 기회를 확대할 필요가 있다.

> **예** 모아 놓은 마을 기금으로 주민 축제에 쓸 것인가, 지역 내 장애인들이 자유롭게 이동할 수 있
> 도록 언덕 낮추기 사업을 할 것인가? 어려운 가정을 지원할 것인가 등의 결정은 주민들의 가치
> 통합의 과정을 통해 정할 주민들의 몫이다.

(2) 실천의 목표

지역기반 자원 개발의 목표는 클라이언트와 관계 맺고 상호작용이 유지되는 지역사회를 만들어 가는 것이다.

사례관리 과정에서 만나는 클라이언트에게 모니터링, 정서적 방문, 일상생활 지원, 여가생활 지원 등이 필요할 때 지역 주민들과 함께 지역 기반 돌봄체계를 구축하여 지역사회 문제해결을 돕는 일상적인 지지체계를 구축할 수 있다. 근거리에 거주하는 주민들 간 상시적 보호체계를 구축할 필요가 있다.

다음의 사례에서 요구르트가 대문 앞에 무심히 전달되는 방식이 아니라 취지에 공감한 봉사단이 독거 노인과 관계를 맺게 되고 요구르트 배달 과정에서 정서적 상호작용이 유지될 수 있었기에 가능했던 사례라고 볼 수 있다.

> 📋 저소득층 동네의 고질적 문제인 자살을 줄여 보고자 동네 주민들로 구성된 봉사단을 만들어, 일주일에 1~2회 독거노인 세대에 방문하여 요구르트를 드리는 사업을 실시하였다. 이 사업을 실시한 이후, 1년이면 일곱에서 열 명까지 있었던 자살통계가 1건으로 감소하였다(함철호, 2017 재인용).

(3) 지역 기반 자원 개발 방법

첫째, 소모임 활동을 지원하기

클라이언트를 문제를 가진 개인으로 바라보는 관점에서 벗어나, 연결되면 서로에게 건강한 자원이 되는 지역 주민으로 바라보는 것이 필요하다. 개인과 가족이 타 지역사회 구성원의 지지 자원이 되도록 연결하는 노력이 필요하다. 다양한 지원을 제공하여 소모임이 스스로 자립할 수 있고 자생적 주민 공동체 조직으로 성장할 수 있도록 필요한 물리적 · 경제적 · 인적 자원을 지원하는 것이 중요하다.

> 📋 주민조직이 모일 수 있는 거점 공간을 제공한다. 다만 지원의 원칙은 주민의 자립성을 해치지 않는 수준의 지원이어야 한다.

둘째, 개인과 가족이 지역에 기여하고 상호작용하는 기회를 만들기

지역 주민이 '도움받는 존재에서 나누는 존재로' 성장할 수 있도록 지원한다.

> 예 혼자 사시고 밖의 출입을 거의 안 하시는 어르신인데 매일매일 안부 확인 차원에서 요구르트를 건넸다. 그러다 어느 날 인력이 부족한 복지기관의 상황을 이야기하였더니 자원봉사자로 활동하게 되었다.

셋째, 지역은 클라이언트의 자원이라는 관점을 주민과 공유하기

지역사회에서 발굴체계로 만들기, 안부확인이나 학대나 자살 등 위험을 모니터링하기 등 종교시설, 상가, 주민모임 등이 활성화되고 자연스레 그 안에 클라이언트도 함께 살아가도록 연결될 수 있어야 한다.

> 예 자살 이슈가 있었던 한 지역에서 주민교육과 주민모임을 통해 지역사회 생명사랑 운동을 전개했고, 주민조직으로 발전하여 전문기관과 지역 주민이 함께하는 네트워크를 통해 정기적으로 지역의 어려운 분들을 돕고 모니터링하는 역할을 담당하고 있다. 지역 주민과 전문기관이 함께 지역사회 문제 예방과 해결의 주체로서 든든한 자원이 되었음을 해당 지역과 타 지역에도 확산되어 사례가 공유하고 있다.

넷째, 수평적 협력관계 만들기

자원을 제공하는 지역 주민과 서비스를 제공받는 지역 주민 간 수평적 관계는 매우 중요하다. 서비스를 받는 지역 주민에게 자원으로 활동해 주는 지역 주민이 무조건 좋은 자원이 되지 않을 수 있다. 건강한 원조관계가 되도록 지역 주민을 조직해야 한다.

> 예 "클라이언트를 도와준다는 마음은 고마운데, 클라이언트에게 반말하거나 야단치는 경우가 있
> 어요. 쌍방향 간에 상호 호혜적 관계가 만들어지지 않는다면, 이러한 지지관계는 건강하지 못해서
> 오히려 클라이언트가 불편해하면서 주민의 도움을 거부하게 돼요. 그러면 도와주려 하였던 지역
> 주민이 도움을 거부하는 것을 자신의 처지를 극복하려는 의지의 부족이라고 생각하여 클라이언
> 트에 대한 부정적 시각을 더 키우는 경우가 있어요."
>
> 이와 같은 사례는 지역 주민이 갖는 취약계층에 대한 편견을 버리도록 노력해야 함을 돌아보게
> 한다.

다섯째, 사례관리와 프로그램 부서가 비전을 공유하며 일관성 있는 지역복지 실
천하기

지역복지관의 경우 다양한 프로그램이 존재하고 프로그램 담당자와 주민들이 개
별적 관계를 유지하며 일한다. 그래서 사례관리도 그 많은 프로그램 중의 한 가지로
생각하기 쉽다. 그러나 지역사회에서 만나는 주민은 누구든 한 가지 프로그램만 필
요한 것이 아니다. 그러므로 프로그램 담당자 간의 소통을 통해 일관성을 가진 지원
이 필요한데 이때 사례관리자를 중심으로 소통하는 것이 중요하다. 지역 기반 실천
에 있어 다음과 같은 개별 클라이언트 단위의 실천과 지역 단위의 실천 모두가 개입
수준은 달라도 동일한 지향과 결과를 위해 연결되고 일관성을 유지하여야 한다.

> 예 지역사회복지관의 3대 기능이 사례관리, 지역사회 조직화, 서비스 제공으로 분리되어 있는데,
> 이 기능이 모두 서로 연결되고 통합적으로 실천되도록 해 보자.
>
> 사례관리팀과 지역사회 조직화 팀 사이의 유기적 연계를 위한 장치를 마련하거나 기관 내부의 다
> 양한 팀에서 실시하는 사업 중 여러 클라이언트를 대상으로 하는 사업 내용을 공유하며, 협업할
> 수 있는 내용이 있는지 발굴할 필요가 있다. 최근에는 사례관리실천과 지역사회 조직화 기능을
> 연결시키는 구체적 노력이 복지관을 통해 일어나고 있다.

4. 학자별 자원의 범주와 자원 개발

1) 밸류와 밍크의 자원 범주에 따른 자원 개발

밸류와 밍크(Ballew & Mink, 1996)는 자원의 소재에 따라 내적 자원과 외적 자원으로 크게 구분하고, 자원 제공 주체의 성격에 따라 공식 자원과 비공식 자원으로 구분하여 설명하고 있다.

〈표 5-2〉 **밸류와 밍크(Ballew & Mink, 1996) 자원의 범주**

내적 자원		외적 자원	
개인	가족	공식	비공식
		공공	민간

(1) 내적 자원

① 개념

흔히 욕구 해결을 위한 개인 및 가족의 강점이라고 할 수 있다.

② 종류

가족에서의 내적 자원은 가족 간의 충성심, 정서적 지원을 강화하고 제공하기 위한 능력, 명료하게 의사소통하기 위한 능력, 가족구조의 유연성, 가족의 신념체계 등을 비롯하여 개인이 갖는 지능, 신체적 강점, 건강상태, 긍정적인 성향(정직, 자상, 낙관적, 인내, 친절 등), 영성 등을 포함한다.

③ 개발 전략

내적 자원은 욕구 해결에 활용할 수 있다고 판단되는 개인 또는 가족의 특성을 말한다. 흔히 개인의 강점과도 혼용되어 사용되고 있다. 강점은 흔히 장점과 혼동되어 사용되는 경우가 많은데 장점은 보편적으로 바람직하다고 생각되는 특징, 즉 성실함, 부지런함, 적극적임 등과 같은 사회적으로 긍정적 특성을 이

르는 말이다. 그러나 비록 장점이더라도 그의 장점이 욕구 해결 과정에 재료로
활용되지 않는다면 그것을 내적 자원이라 하지 않는다. 비록 사회적으로 긍정
적이지 않은 개인의 특성이더라도 자신의 욕구 해결 수단이나 방법으로 활용
할 수 있는 개인적 특성이 있다면 우리는 내적 자원으로 사정하고 욕구 해결에
자원으로 개발하여 활용한다. 사례관리자는 클라이언트의 강점을 발견해 낼
수 있는 시각과 클라이언트로 하여금 자신의 강점을 자원화하여 욕구 해결에
활용할 수 있도록 지원하는 역량이 필요하다.

(2) 외적 자원

① 개념

개인 또는 가족이 합리적인 질적 생활을 유지하도록 도와주는 재화와 서비스
를 제공하는 사람 및 조직을 의미한다.

② 종류: 공식 자원 및 비공식 자원이 포함된다.

- 공식 자원: 기관이나 전문가에 의해 제공되는 자원으로써 기금이나 서비스 이
용요금을 통해 재원이 충당되며, 기관, 조직, 전문가 정책과 규정에 의해 원조
를 제공하는 것으로 법과 행정적 규칙에 의해 통제받을 수 있다. 자원 접근성
을 규제하는 규칙들은 명문화되어 있다. 공식 자원에는 공적 자원과 민간 자원
의 두 가지 유형이 있다. 공적 자원은 공적 급여와 같이 세금에 의해 운영되고
법으로 통제되며, 민간 자원은 자선적 기부에 의해 혹은 서비스 이용료에 의해
운영되는 사회복지시설이나 기관 등이 이에 속한다.
- 비공식 자원: 친척, 친구, 이웃, 자원봉사자 등을 포함하는 광범위한 개념이다.
종교 단체, 고용 관련 단체, 여가활동 단체, 사회 단체뿐만 아니라 개인적 모임,
동료 집단 등 클라이언트 가까이에서 평소에 상호작용을 하고 있는 자원이 이
에 속한다. 특히, 클라이언트 자조 집단은 당사자로서 클라이언트의 욕구에 대
해 잘 파악하고 서로에게 자원이 되어 줄 수 있으므로 유용한 비공식 자원이라
할 수 있다.

③ 개발 전략

• 공식 자원: 클라이언트 욕구에 대해 맞춤 서비스를 신속하게 제공하고 욕구가 해결될 때까지 지속적으로 서비스를 제공하기 위해서는 단일 기관을 통해서만 자원을 개발하는 것은 한계가 있다. 따라서 서비스 제공기관들 간에 네트워크를 통해 클라이언트가 필요한 서비스를 다양한 기관을 통해 제공받을 수 있어야 한다. 서비스 제공자 네트워크는 사회복지 서비스 기관(직능협 협의체, 개별 기관)뿐 아니라 지역사회 유관 기관(유치원, 체육관, 문화센터, 학원 등)을 포함해 포괄적으로 구성해야 한다. 서비스의 중복 방지, 서비스 연계와 협력, 공동 정책 개발 및 건의, 자원 개발, 사례관리에 있어 클라이언트의 자원망으로 역할을 분담받고 수행한다. 공식 자원은 특성상 한시적이고, 자원 접근에 필요한 자격을 갖추어야 하며, 클라이언트가 살아온 생활방식에 새로운 자원을 활용하기 위한 기술과 역량이 키워지기까지는 또 다른 어려움과 희생이 수반될 수 있다.

• 비공식 자원: 대상자와 함께 찾아낸 비공식 자원들은 비교적 영구적으로 대상자 주변에 있을 가능성이 높으며, 대상자에게 익숙하고 대상자의 생활방식을 먼저 경험했거나 이해하고 있으며 그들만의 스타일로 터득한 해결 방식을 전수해 줄 수 있다는 장점이 있다. 또한, 비공식 지지망을 개발할 경우 심리적 위안과 지지체계로서의 역할은 공통적으로 수행하게 된다. 그러므로 클라이언트의 주변의 친인척, 동네 주민, 동네 유지, 또는 이미 사례관리 서비스를 이용해 본 이들의 자조 모임 등을 조직화하여 사례관리 자원망으로 활용할 필요가 있다. 인적 자원으로는 가족, 친구, 이웃 등을 비롯하여 일반 자원봉사자와 전문지식을 나누는 자원봉사 등 다양한 공식·비공식적 인적 자원이 포함된다. 물적 자원으로는 현금, 현물 등의 형태가 있으며, 가능한 특정 클라이언트에게 직접적으로 지원되는 전략이 효과 있다. 비공식 자원을 개발할 때 유의 사항은 다음과 같다.

비공식 자원 개발 시 유의 사항

- 지속 활용 가능한 자원 개발과 자원의 지속성이 가능하도록 관리해야 한다.
- 클라이언트의 강점과 기존 자원을 중심으로 개발한다.
- 클라이언트가 살고 있는 지역사회 중심으로 개발한다.
- 사례관리 종결 이후에도 클라이언트의 비공식 자원망으로 연계될 수 있도록 한다.
- 클라이언트와의 상호작용을 활발히 촉진시킨다.
- 현물 또는 매칭 펀드(예 학원비를 기관 또는 클라이언트와 학원이 분담하여 제공) 형태로 참여할 경우 현물급여에 상응하는 현금으로 계산하여 세제 혜택을 받도록 안내하고, 지속적인 현물 또는 매칭 펀드 참여를 위해 기간관 MOU를 맺는 것도 효과적이다.

2) 머과이어의 자원 범주에 따른 자원 개발

(1) 자원의 범주

머과이어(Maguire)는 자원을 지지체계의 유형에 따라 사회적 자원, 정보 자원, 물리적 자원으로 구분하고 있다.

- 사회적 자원: 진실한 관심을 가진 전문적 네트워크(사회복지사, 간호사, 의사, 변호사)와 비공식적 지지체계(형제, 자매, 남편, 이웃, 동료, 교회 신자 등)를 포함한다.
- 정보 자원: 의료적 정보 등 전문적 정보, 건강 정보, 취업 정보 등 구체적 정보 등을 제공할 자원을 말한다.
- 물리적 자원: 생존의 욕구 충족을 위한 자원, 즉 주거, 음식, 세탁, 쇼핑 등 경제적 자원과 고용기회 주택 등 물리적인 자원과 기회를 제공하는 자원을 포함한다.

(2) 개발 전략
① 사회적 자원의 개발

사회적 자원은 진실한 관심을 가진 전문적 네트워크(사회복지사, 간호사, 의사, 변호사)와 비공식적 지지체계(형제, 자매, 남편, 이웃, 동료 등)를 포함한다. 클라이언트의 사회적 자원을 사정하고 개발하기 위해 다음과 같은 과정을 고려해야 한다.

- 환기: 사회적 관계 속에서 자기 개념과 타인에 대한 긍정, 부정적 정서를 경험하고 이것이 패턴화되어 살아가는 경우가 많다. 그러므로 사례관리자는 자유로운 분위기와 신뢰관계를 구축하여 클라이언트가 가지고 있는 자신과 타인에 대한 자신의 감정을 풀도록 지지한다.
- 사정: 관계가 안정화되면 어릴 적 충격, 낮은 자존감, 심리사회적 이유 등 현재 지지체계가 부족한 이유를 탐색하여 본다.
- 명확화: 네트워크 지도, 생태도, 가계도를 사용하여 자신의 지지망을 평가하여 보고 상호작용의 문제점 등을 명확화한다.
- 계획: 클라이언트와 사례관리자가 함께 사정한 내용을 바탕으로 사회적 자원을 개발할 전략을 세운다.
- 재구성: 직접실천과 간접실천의 방법을 동원하여 중재, 옹호 활동을 통한 사회적 관계 개선, 모델링, 코칭, 대안 탐색과 제시 등 교육훈련 방법을 동원한 사회기술 향상, 휴식, 쇼핑 등을 통해 자원을 재구성한다.
- 이외에도 상담, 치료 등의 기술을 활용하여 심리 내적 장애물을 해소하는 방법도 활용할 수 있다.

② 정보 자원의 개발

정보 자원은 의료 정보 등 전문적 정보, 건강 정보 ,취업 정보 등 클라이언트의 욕구 영역에 대한 구체적 정보를 제공할 수 있는 자원을 말한다. 사례관리 대상자의 욕구가 다양하듯 필요한 정보도 다양하게 제공되어야 한다. 예를 들어, 당뇨, 고혈압을 앓고 있는 노인 등 특수한 집단에게는 질병과 건강을 관리하기 위한 건강, 의학 상식은 필수로 제공되어야 하며 이에 대한 정보적 지지망이 필요하다. 즉, 의료 정보, 정신건강, 자살, 아동 학대, 노인 학대, 가족 폭력 등 정신건강과 위기 상황에 대한 판단 및 대응법에 관련된 정보, 영양 관리, 비만 관리 등 보건과 영양에 관한 정보, 자녀 양육, 집 정리, 경제 관리 등 일상생활 기능 지원을 위한 정보, 법률적 정보, 노사 관계에 관한 정보 등 제공하는 자원은 클라이언트를 다양한 기회에 접근하게 하거나 동기화하는 데 매우 중요하다.

이를 위하여 사례관리자는 다양한 분야 전문가와 긴밀한 연계망을 확보하여야 하며 지역 자원에 대한 다양한 정보를 정리하고, 수시로 업데이트해야 한다. 정보 자원을 개발하기 위해서는 중개 활동, 교육 활동, 온라인 매체 활용 등의 방법을 활용할 수 있다.

③ 물리적 자원의 개발

물리적 자원은 도구적 자원이라고도 하며 주거, 음식, 세탁, 쇼핑 등 생존의 욕구 충족을 위한 자원뿐 아니라 경제적 자원과 고용기회, 주택 등이 이에 속한다. 물리적 자원을 개발하고 연계하는 사례관리자는 다음과 같은 부분을 고려해야 한다.

- 기본적 욕구가 충족되어야 상위 욕구 성취가 가능하다.
- 자원 접근을 위한 정보나 지식의 부족으로 권리를 못 누리는 클라이언트를 위한 협조 활동과 정보 제공은 물론 자원과의 협상과 옹호 활동이 요구된다.
- 일회성 자원보다는 자원의 연속성을 확보하기 위한 방향으로 자원을 연계한다.

3) 조현순의 자원 사정 결과에 따른 자원 개발

조현순(2010)은 자원 개발 계획을 수립하기 위해 클라이언트와의 면접 내용을 기반으로 자원을 사정해야 하며 이를 다음과 같은 기준으로 분석하여 자원 개발 방식을 결정해 볼 것을 권하고 있다.

사례관리자가 개별 클라이언트와 수행할 때 자원 개발 과정은 욕구와 자원 사정이 기반이 되어야 하며 다음의 과정을 거쳐야 한다. 특히, 클라이언트와의 관계 형성과 접촉의 정도에 따라 정확한 사정과 개발계획이 수립될 수 있어, 클라이언트의 참여의 중요성이 강조된다.

- 욕구를 명료화하기, 공감하기, 인정하기
- 해당 욕구에 대하여 이전에는 해결을 위해 어떤 시도를 하였는지 알아보기

- 그 결과는 어떠하였는지 알아보기
- 사용했던 자원의 활용상의 어려움을 나누고 대안을 마련하기
- 욕구를 해결하기 위해 새롭게 개발되어야 할 자원을 탐색하고 검토하기

(1) 이전의 사용 결과가 나빴던 자원

클라이언트가 사용해 보았으나 문제해결에 도움이 안 되었거나 더욱 나쁜 상황을 만들었던 자원, 해결 방식, 인식, 함께한 사람, 도구 등을 찾아본다. 이는 클라이언트의 현재 문제 상황을 가져오게 된 맥락을 이해하고 클라이언트의 욕구는 인정하되 현재 사용하는 자원으로 인한 부작용을 최소화할 수 있는 대체 자원을 찾을 수 있게 하는 데 유용하다. 이 방식은 클라이언트로 하여금 현재 상황이나 문제에 대한 평가나 비난보다는 자신의 욕구가 우선 타인에게 공감과 인정을 받는 경험을 하게 하고 클라이언트의 노력을 수용하되 해당 자원을 사용함으로써, 클라이언트의 기대와 다르게 나타난 결과에 초점을 맞추고, 대체할 만한 새로운 해결 방법을 찾아가는 동기를 만들 수 있다는 데 의의가 있다. 사례관리자는 클라이언트의 문제해결 방식을 비난하지 않고, 욕구 해결에 대한 동기화 방법으로 그간에 사용해 온 자원이 나쁜 자원임을 인지하고 활용을 하지 않거나 다른 자원으로 대체할 수 있도록 치료, 상담, 대체 자원의 탐색 등의 지원을 한다. 이때 클라이언트의 욕구는 인정, 존중되어야 한다.

(2) 자원의 존재를 인지하고 있으나 현재는 활용이 중지된 자원

이전의 부정적 관계 경험 등 타의 또는 자의에 의해 자원의 출처를 알고 있거나 과거에 활용했던 경험이 있는데도 현재는 사용하지 못하고 있는 자원을 의미한다. 이러한 자원들은 자원 접근과 활용의 장애물이 무엇이었는지 탐색을 통해 인지될 수 있다.

타의 또는 자의에 의해 사용하지 못하고 있는 자원이므로 자원 접근성을 높이기 위한 장애 요인을 파악하여 이에 대한 대안을 모색한다. 이때 사례관리자는 클라이언트의 내적 장애물을 해소하기 위해 상담자, 지지자, 역할을 수행하기도 하고, 외부의 장애 요인을 해소하기 위해 클라이언트와 자원과의 관계를 중재하거나 옹호

자 역할을 수행할 수 있다.

(3) 자원의 정보 취득, 접근 및 활용에 어려움을 가지고 있는 자원

접근방법을 모르거나 자원의 소재를 알지 못하거나 활용 방법을 모르는 등 자원 자체에 대한 지식이나 자원 접근 및 활용 방법에 대한 지식과 기능이 부족하여 사용하지 못하는 자원을 말한다. 이러한 경우에는 접근상의 지식이 부족한 자원에 대하여 정보를 수집, 정리하여 제공함으로써 사례관리자의 정보가 클라이언트에게 이전되도록 돕거나, 주민과 함께 정보를 탐색하고 수집하여 직접 활용할 수 있도록 돕는 교육훈련을 통해 정보 수집 및 활용 역량이 강화되도록 돕는다. 이때 중개, 의뢰, 코치, 모델링의 기술을 활용한다.

(4) 욕구 해결을 위해 필요로 하나 존재하지 않아 개발이 필요한 자원

필요성을 인지하더라도 주변에 존재하지 않는 자원을 말한다. 클라이언트의 강점을 개발하는 것은 물론 비공식 자원망, 지역사회, 정책 등에 옹호 활동을 전개하거나 각종 재단에 공모 지원 활동, 매스컴을 활용한 방법, 캠페인, 주민조직화 등 다양하고 창의적 방법을 활용한다.

이때 자원 개발의 목적은 자원 그 자체를 구하는 데 있기보다는 자원들이 클라이언트의 상황을 이해하고 적절한 서비스를 적합한 방식으로 전달하며 클라이언트와 상호작용을 유지하는 '자원의 반응 역량'을 개발하는 데 초점을 두는 것이 중요하다.

〈표 5-3〉 조현순의 자원 사정에 결과에 따른 자원 개발의 전략

자원의 범주	자원의 개발 전략
결과가 나빴던 자원	나쁜 자원임을 인지하고 활용을 하지 않거나 다른 자원으로 대체할 수 있도록 치료, 상담, 대체 자원의 탐색 등의 지원을 함. 이때 자원 사용의 욕구는 인정되어야 함.
알고도 못 쓰는 자원	타의 또는 자의에 의해 사용하지 못하고 있는 자원. 자원 접근과 활용을 가로막는 부정적 경험, 정서, 경직된 기준의 적용 등 원인을 파악하여 해결 방법을 찾아봄. 클라이언트 관계를 중재하거나 옹호함.

몰라서 못 쓰는 자원	자원에 대한 지식이 부족한 자원. 정보를 수집, 정리하여 제공하거나 교육훈련으로 활용 역량을 강화함.
없어서 못 쓰는 자원	클라이언트의 강점을 활용하거나 비공식 자원망, 지역사회, 정책 등에 옹호 활동 등 다양한 방법을 전개하여 개발함.

5. 자원 개발의 실제

1) 주민조직화를 통한 자원 개발 사례

클라이언트와 지역 주민은 이용자 혹은 단순한 서비스 수혜자가 아니라 사례관리의 동반자로서, 주요한 자원으로서 주체적으로 참여할 수 있다. 자조 집단이 대표적인 예로 볼 수 있는데, 유사한 어려움을 가진 이들이 스스로 움직이고 돕는 '자생적 네트워크'로서 가용할 수 있는 자원의 범위와 폭이 확장되는 강점이 있다. 사례관리자 입장에서는 자원 부족을 해소하는 대안이 되며, 이 같은 네트워크의 자생성은 지역사회가 스스로가 보호망으로서의 역할을 감당하는 건강한 마을로의 역량이 강화된다는 의미가 있어 매우 중요하다.

클라이언트 또한 지역의 주민으로서 한시적으로 사례관리의 서비스를 받고 있지만, 사례관리라는 디딤돌을 통해 주민 주도, 강점 관점으로 살아가는 지역사회의 일원이다. 또한, 사례관리자는 스스로 문제를 해결하기에는 역부족이라는 절망에 있는 주민들을 만나 힘을 주고, 희망을 주어야 하는 전문가이다. 사례관리자는 비슷한 상황에 있는 주민 간 관계를 연결하여 서로가 자원이 되는 관계망을 강화해 가야 한다. 그것이 주민에게 쉼과 위안을 줄 뿐만 아니라 강점을 발휘할 수 있는 기회가 될 수 있다. 그런 맥락에서 클라이언트 조직화는 사례관리 측면에서 자원 개발의 과정으로도 볼 수 있다. 주민과의 만남을 통해 서로의 어려움을 나누고 힘을 줄 수 있는 비슷한 상황에 있는 주민들과 쉼과 위안, 힘을 주고받을 수 있는 강점 발휘의 기회가 되며, 클라이언트에게 지속 가능한 자원이며, 클라이언트 당사자의 주민조직화의 과정은 자원 개발의 과정으로 볼 수 있다. 사례관리의 자원 개발로 볼 수 있는 다음 사례를 소개한다.

[주민조직화 사례 1-클라이언트 자조모임 조직하기]

1. 사례 주민모임[3]'**'(심정원, 송명선, 2019)

S복지관의 사례로 주민 주도 강점 관점의 마을지향사업의 일환으로 시작되어 사례 주민의 주도성을 만들어 가기 위해 시작되고 진행되고 있는 주민모임이다.

〈세부 목표〉 ① 사례 주민의 사회적 관계망을 확장한다.

　　　　　　　② 여러 활동을 기획하고 함께 실행함으로써 성취감을 경험한다.

〈진행 방식〉 주민들과의 만남 가운데 신뢰를 쌓은 후, 어떻게 서로 어울려 살 수 있을지에 대한 고민을 나누며 사례 주민 간의 만남을 권유하여 가벼운 만남을 진행하면서 긍정적 경험이 쌓이면, 주민들의 의견을 모아 모임의 이름과 모임의 존재 이유(사명, 목적), 진행 원칙, 만남의 빈도와 활동계획 등을 정하며 모인다. 주민들의 주도성과 자치력을 기반으로 구성원들의 의견을 통해 모든 것들을 정하고, 주민의 주도력을 발휘할 수 있는 과정이 되도록 사례관리팀 단위에서 유의하며 진행하되 다양한 자원을 연결하여 돕고 지원한다.

〈진행 원칙〉 ① 참여하는 사례 주민이 기여할 수 있도록 하기

　　　　　　　② 모임 일정, 내용 등 다함께 모인 자리에서 결정하기

〈만남 일정〉 분기별 1회, 생계비가 나오는 후 돌아오는 토요일, 오후 5시

이후 월 2회 차모임과 정기모임으로 변경되기도 하였으며 상황에 따라 의논하며 진행

---

3) S복지관에서는 클라이언트라는 용어 대신 사례관리 협력 주민이란 용어를 사용하였다. 주민조직화 차원에서 볼 때 현재 사례관리의 클라이언트는 사례관리 서비스에 협력하고 있는 주민으로 사례(관리 협력) 주민으로 볼 수 있다.

2. 사례 주민모임 '□□□(아저씨들의 △△△△모임)'(심정원, 송명선, 2019)
S복지관의 사례로 사례지원팀이 타 부서인 지역조직팀의 '사회적 고립 예방사업'과 연계한 주민 만남 기반 인터뷰에 연결된 1인 가구 중년 남성들의 자기관리에 대한 고민이 공통점으로 나타나면서 시작된 주민모임이며, 시작한 지 1~2년에 걸쳐 진행되다 사례 종결과 모임의 지속적 성장을 위해 사례지원팀 주민모임에서 지역조직팀 주민모임으로 지원 부서를 변경하여 진행되고 있다. 진행 방식은 위 사례 주민모임 '**'의 사례와 같다.
〈세부 목표〉 ① 모임을 통해 중장년 남성의 사회적 지지감 향상
            ② 식사모임을 통한 건강관리 능력 향상
〈만남 일정〉 월 2회, 1, 3주 목요일 저녁
〈활동 내용〉 차나 밥모임으로 메뉴를 직접 계획하여 장보기부터 준비, 활동, 마무리까지 주민모임 구성원들이 함께하고 일상을 나누고 함께 느끼는 문제와 감정들을 나누며 지지의 기회가 되어 모임 이후 실생활에서도 서로 관심을 가지고 지속적 유대와 격려의 기회가 되게 한다.

3. 함의
문제를 해결하는 과정에서 조력자의 존재는 큰 힘이 된다. 때로는 일상생활을 공유하고 있는 이웃관계망이 문제해결에 더 큰 도움이 되기도 한다. 참여 주민은 본인의 문제에 머무르지 않고, 본인과 비슷하면서도 또 다른 이슈를 가지고 어려움을 겪고 있는 이웃과의 만남을 통해 나의 문제가 나만의 문제가 아니라 사회적 환경과 관계되어 있음을 알게 된다. 또 다른 주민들도 이로 인해 힘들어하고 있다는 사실을 발견하게 되고, 함께 이를 극복해 나갈 힘을 찾고 서로를 응원하며 문제해결의 주체자로 무언가 할 수 있는 역량을 찾아 개발하는 계기가 된다. 이렇게 지역사회에서 유사한 문제나 서비스에 참여하는 주민들 간의 관계 맺기와 지속적 만남은 긍정적 경험을 통해 서로의 존재 자체가 서로의 자원이 되기도 하고, 또 다른 다양한 자원을 만들어 가는 계기와 연결과정으로 발전한다. 지역사회와 공동체에 긍정적 영향력을 발휘하는 계기가 되고, 힘이 되고 또 다른 자원이 된다. 그러므로 사례관리로 만난 주민의 어려움을 해결하는 과정에서 이웃 주민과의 만남을 통해 서로를 이해하고 힘을 주고받는 관계로 발전시키는 실천은 매우 중요하다.

[주민조직화 사례 2-기관 차원의 주민조직화를 위한 비전과 미션 만들기]

S복지관의 사례로 사례관리팀뿐 아니라, 기관의 모든 부서가 주민주도성과 참여성을 담기 위한 사명문과 비전을 가지고 일하고 있다. 다음은 2014년 S복지관의 기능별 사명문 및 비전문, 그리고, 기관의 비전과 목표이다.

1. S복지관의 미션과 비전, 목표
• S복지관 미션
  −스스로, 더불어, 성장하는 지역사회 변화의 중심체
• S복지관 비전 2017
  −주민이 삶의 주체가 되고 중심이 되는 희망마을
  −서로 돕고 연대하는 희망마을
  −소통하며 성장하는 희망마을
• 2017년을 향한 7대 목표
  −주민 주도성 및 참여를 강화한 강점 관점 지역 기반 사례관리 30가정
  −생애주기와 이슈를 고려한 전문 프로그램 개발 및 실천 10개
  −주민조직 및 주민모임 30개
  −주민 교육을 통한 주민 리더 30명 세우기
  −다양한 단위의 연대 확장
  −공유 공간, 재능, 기금 등의 나눔 확대
  −사회복지 전문성 향상과 실천 역량 강화에 기여

2. S복지관 기능별팀 사명문 및 비전문
• 사례관리팀 사명문
  −주민들의 자기 삶의 객체가 아닌 주체로, 절망이 아닌 희망을 갖고 사는 마을을 만들기 위해 강점 관점 지역 기반 사례관리를 실천한다.
• 서비스팀 사명문
  −주민 스스로 주인의식을 갖고 욕구를 표현하며, 주민들이 서로 돕고 성장하는 소통과 희망의 S마을을 위해 장(場)을 만든다.

- 지역조직팀 비전
  - 주민 간 관계와 소통이 살아나고, 주민이 중심이 되어 함께 어울리고, 다양한 주민 조직이 만들어져 연대하는 S마을

3. 함의

한 기관에서 실시되는 사례관리의 방향은 그 기관의 존재 이유인 미션과 중장기 계획의 비전, 그리고, 사업목표에 따른 각 팀의 업무 분장과 추구하는 역할과 연결되어 있다. 지역사회 변화와 주민 욕구에 기반한 중장기 계획 수립을 통해 강점 관점 지역 기반 사례관리 실천환경이 조성된다. 사례관리실천 기관 자체가 가장 큰 자원이며 협력 파트너이다. 주민이 삶의 문제를 극복하고 지역사회에서 지속 가능한 삶을 살아갈 수 있도록 사례관리 실시 기관에서는 사례관리실천의 기반이 되는 업무환경을 구축하고, 구성원들이 상호 이해와 협력을 통해 협력관계로 나아갈 수 있도록 방향을 제시하고 실천하고, 격려하며 정기적으로 점검하는 것이 필요하다.

[주민조직화 사례 3-기관 차원에서 주민모임 지원하고 함께하기[4]]

S복지관은 직원 간의 합의된 비전과 목표 아래 기관 차원에서 주민모임을 지원하고 함께 하였다. 시기별, 주민조직 단계별 주민모임 조직 현황을 보면, 다음과 같다. 이와 같은 기관의 지향과 실천은 사례관리에 참여하는 주민에게도 힘이 되며, 사전 발굴이나 사후관리 및 지속 가능한 삶의 힘을 유지하고 키워 가는 데에도 도움이 된다.

---

4) 조지혜, 남수연(2018). 주민조직화 실천과정 및 성과에 대한 사례연구—성산종합사회복지관(성산마을) 사례를 중심으로. 서울시복지재단 지역복지현장연구보고서, pp. 49-160 중 일부를 요약, 정리하였다.

1. S복지관의 주민조직 현황

〈표 5-4〉 2017년 S복지관의 주민조직

조직 시기	주민조직 이름[5]	주민조직 이슈	활동 내용
2003	주민조직 A	임대아파트 단지 쓰레기 문제	−월 2회 마을청소 활동 −주민 초대 다과 모임, 이웃 만들기 등
	주민조직 B	임대아파트 단지 삭막한 환경	−월 2회 텃밭 가꾸기 활동 −텃밭 수확물 지역사회에 나누기
2004	주민조직 C	한부모여성의 내적 치유와 사회적 편견	−월 1회 반찬 봉사활동 −한부모여성 관련 정책참여 활동
2010	주민조직 D	한부모여성의 내적 치유와 사회적 편견	−집단 프로그램 및 동아리 활동 −나들이 및 가족캠프 −한부모여성 관련 정책참여 활동
2012	주민조직 E	임대아파트 단지 잇따른 자살	−지역 주민 대상 생명사랑 양성교육 −월 1회 생명사랑 캠페인 진행
2013	주민조직 F	이웃 간 소통 부재	−품과 물품 교환 −주민 어울림 활동(장터, 만찬, 월례회의 등)
2014	주민조직 G	막막한 청년의 삶	−비전 워크숍 및 청년 간 교류활동 −복지관 내 청년 아지트 공간 꾸미기
	주민조직 H	노인 여가시간의 무료함	−주 1회 라인댄스 활동 −지역사회 연계 공연 활동
	주민조직 I	주민 주도의 나눔가게 운영	−복지관 나눔가게 공간 운영 −지역 주민 교류활동(재능 강좌, 바자회 등)
2015	주민조직 J	마을 소식 전달 통로 부족	−사진 및 영상 미디어교육 −책자 발간 및 출판기념회
	주민조직 K	마을전체가 화합하는 장 부족	−마을축제 주민 설명회 및 분과활동 −1004마을축제 기금 모금 −마을축제 진행 및 평가
2017	주민조직 L	서로 나누고 돌보는 관계 부족	−나눔이웃 열린 강좌 및 기초/심화교육 −나눔이웃 소모임 활동

---

5) 주민조직마다 고유 이름이 있지만, 교재에서는 편의상 알파벳순으로 표기하였다.

2. S복지관 주민조직의 발달 단계

조직 단계를 2개 조직(주민조직 G, 주민조직 L), 활성화 단계를 6개 조직(주민조직 F, 주민조직 H, 주민조직 D, 주민조직 I, 주민조직 K), 리더 지원 단계를 4개 조직(주민조직 A, 주민조직 C, 주민조직 E, 주민조직 B)으로 구분하여 지원하였다.

〈표 5-5〉 **S마을 2016~2017년 주민조직 발달 단계**

구분	조직명	
	2016	2017
조직 단계	주민조직 J(1개)	주민조직 G, 주민조직 L(2개)
활성화 단계	주민조직 D, 주민조직 F, 주민조직 G, 주민조직 H, 주민조직 I, 주민조직 K(6개)	주민조직 D, 주민조직 F, 주민조직 G, 주민조직 H, 주민조직 I, 주민조직 K(6개)
리더 지원 단계	주민조직 A, 주민조직 B, 주민조직 C, 주민조직 E(4개)	
연대로 나아가는 단계	주민조직 연대모임	
느슨한 조직	주민모임 A, 주민모임 B, 주민모임 C, 주민모임 D, 주민모임 E, 주민모임 F, 주민모임 G (소모임 7개)	주민모임 A, 주민모임 B, 주민모임 C, 주민모임 D, 주민모임 E, 주민모임 H, 주민모임 I, 주민모임 J, 주민모임 K, 주민모임 L (소모임 10개)

3. 함의

사례관리에 참여하고 있는 주민은 일정 기간 동안 삶의 문제해결을 위한 목표를 위해 복지기관과 함께한다. 클라이언트로 도움을 받기도 하지만, 또 다른 지역 주민에게 상황에 따라 도움을 주기도 하고, 여가시간을 통해 지역사회에 기여하고 관심을 가지고 지역 문제해결과 주민들의 삶을 위해 기여할 수 있는 존재이다. 지역의 여러 주민모임과 조직은 사회복지사와 이웃, 지역사회와 관계를 맺고 그 관계를 발전시켜 더 긍정적이고 적극적인 존재로 나아간다. 때로는 어려운 이웃을 발굴하고 알리는 역할로 때로는 이웃과 희로애락을 함께하는 협력자와 파트너로 주민은 다양한 모습으로 변화하며 함께한다.

더불어 지역사회 주체로서 지역사회 문제해결과 옹호자로 성장하는 주민과 주민조직은 사례관리는 물론 사회복지 실천과정에서 가장 주요한 자원이자 든든한 힘이 된다.

사례관리자는 지역 주민조직화를 지원할 때 집단 발달 및 성장 단계를 모니터링하며 조직 단계, 활성화 단계, 유지 단계에 요구되는 적절한 역할을 수행하여야 한다.

2) 사회적 마케팅 방법의 활용 사례

사회적 마케팅은 지역사회를 대상으로 의식, 태도, 가치의 변화를 목적으로 실시하는 제반 활동을 의미하며, 캠페인과 이벤트, 교육, 워크숍, 인터넷 매체 활용, 주민조직 형성 공모 지원 등이 유용하게 사용되고 있다.

① 사각지대 발굴과 사례관리 홍보를 위한 캠페인 사례

아주동 지역사회보장협의체는 복지사각지대 발굴 및 민간자원(기부자) 발굴 홍보 활동을 위해 지난 6일 아주 동민의 날 행사장에 이어 지난 14일 웰빙 걷기대회 행사장에서도 캠페인을 실시했다. 이날 아주동 지역사회보장협의체 위원들은 도움의 손길이 미치지 못한 복지사각지대 발굴과 아주동 후원자를 발굴하기 위해 노력한 결과 네 분의 소중한 기부자를 발굴하는 성과를 이루었다. 박○○ 위원장은 "내리는 봄비 속에서도 고생해 주신 위원분들과 아주동 직원들에게 감사하다."며 "앞으로도 지역에 어려운 이웃들을 위해 최선을 다하겠다."라고 말했다(거제타임라인 webmaster@gjtline.kr, 2019).

② 의료, 건강 영역 자원 개발 사례

광정동 지역사회보장협의체-산본H치과, 저소득 청소년 치아 우식증 치료 업무협약 체결

군포시 광정동 지역사회보장협의체(민간위원장 박병수, 이하 협의체)는 26일 산본H치과와 관내 저소득 청소년의 치아 치료를 지원하기 위한 업무협약(MOU)을 체결했다.

이번 협약은 지난 2월부터 협의체 위원으로 활동하고 있는 산본H치과 한태민 원장을 통해 실시되었으며, 한 원장은 평소 지역사회봉사는 물론 정기적인 후원으로 나눔문화 확산에도 앞장서고 있다. 협약에 따라 산본H치과는 학업과 경제적 여건으로 치아 우식증(충치) 치료 시기를 놓친 지역 학생들의 치아 치료는 물론 예방과 관리 방법까지 알려 주게 된다. 구체적인 치료 방법은 상담과 검진을 통해 이루어지며, 상태에 따라 간단한 치료에서 크라운 치료 등 비용이 많이 드는 치료까지 지원할 계획이다(경기도 뉴스 포털, 2018).

③ 주거환경 개선을 위한 모금과 후원자 개발 사례

"500원의 희망 나눔"

삼성화재 직원이 계약 한 건당 500원을 후원하여 장애 아동이 있는 가정의 주거환경 개선을 위한 기금으로 활용하도록 하였다(경남 칠곡군, 다음 카페, 2011).

"구미시 재능나눔"

이사 비용이 없어 제때 이사를 하지 못하고 있는 저소득가정에게 민간 이삿짐센터를 발굴하여 오던 중 삼진익스프레스(대표 김현목, 고아읍 원호리) 이사 업체가 참여하여 지난 7월 17일 가정형편이 어려운 김○○(상모사곡동, 기초생활수급자가구)에게 무료이사 서비스를 지원했다.

이날 이삿짐 서비스를 실시한 삼진익스프레스 김현목 대표는 "가지고 있는 자원과 재능으로 지역사회 어려운 이웃이 경제적 형편으로 이사에 어려움을 겪고 있어 조금이라도 도움이 되길 바란다"며 앞으로도 구미시 관내 기초생활보장수급자 및 차상위계층 중 독거노인, 장애인가구 등 거동이 불편한 이웃에게 포장에서 정리까지 무료 이사를 지원해 줄 것이라고 말했다(경북구미 TV 뉴스, 2012).

6. 자원 개발 관련 쟁점

1) 자원 부족의 문제

사례관리자들은 제한된 자원 속에서 사례관리를 하는 것이 적절한지에 대한 이의를 제기하곤 한다. 예를 들어, 기초수급자격의 엄격함으로 인해 일상생활 유지에 필요한 경제적 지원이 필요한 대상의 경우 민간 자원을 연계한 일시적 후원금이나 생활 지원이 궁극적 해결 대안이 될 수 없고, 결국 사례관리는 종결 없는 악순환을 반복하게 된다. 이에 따라 사례관리를 통한 민간 자원연계 및 제도적 확대와 유연화 사이에서 논의와 합의가 필요하다.

2) 사례관리자의 부담감

사례관리를 위해서는 자원이 필요한데 이를 개인의 자원 동원 역량으로 해결하려 하는 것에 대한 부담감을 크게 갖는다. 그러나 사례관리는 지역사회 자원기관 간의 긴밀한 연결과 효율적 운영 시스템 안에서 운영되어야만 가능하다. 팀과 팀의 경계, 부서와 부서의 경계, 부처와 부처의 경계를 넘나드는 통합과 조정 기능이 사례관리자를 통해 구현되어야 하기 때문이다.

3) 정보 보호의 문제

클라이언트에게 필요한 자원을 개발하는 과정에서 클라이언트에 대한 정보가 공유되는 것에 대한 논란이 계속되고 있다. 특히, 공공 행정 시스템에서 확보된 정보량이 방대해지고 있고, 민간 사회복지 현장의 정보와의 교류가 추진되고 있어 클라이언트의 정보 공유 범위 및 방식에 대한 문제가 인권과 윤리적 차원에서 신중하고 세심하게 논의되고 점검하는 과정이 필요하다.

제6장

자원관리

1. 자원관리의 개념

1) 자원관리의 정의

일반적으로 사례관리에 있어 자원관리란 클라이언트의 욕구에 능동적으로 대응하고 공공 자원(예산, 프로그램 등)뿐만 아니라 지역사회 민간 자원을 개발하기 위해 지역사회에 산재된 다양한 자원을 파악하고 협력체계를 구성하여 효율적 서비스가 진행되도록 개발, 유지 관리하는 전 과정을 포함한다. 그중에서도 이 장에서는 개발된 자원들이 클라이언트와 원활하고 효과적인 상호작용을 수행하도록 돕고 여러 개의 자원이 팀을 이루어 돕는 사례관리 과정상의 효율적 유지, 관리 방안에 초점을 둔 협의적 관리 개념으로 설명할 것이다.

"사례관리는 개별의 기관이나 서비스가 클라이언트에게 제공되는 방식이 아니라 클라이언트에게 필요한 지역사회의 자원들이 클라이언트를 중심으로 팀을 이루어 돕는 서비스 전달 방식이다. 그러므로 자원 간의 협력적 관계 형성과 효율적 지원을 위해서는 전문적이고 일관성 있는 협력 방식이 공유되고 상시로 작동되어야 한다." 즉, 사례관리에 있어 자원관리란 클라이언트 욕구에 대비한 자원의 보유 현황을 모니터링하기, 효율적 수급계획을 수립하기, 최소의 자원으로 최대 효과를 얻기 위한 효율적 연결하기, 자원 간 협력을 위해 자원과의 소통과 조정체계를 운용하기, 교육, 워크숍 등 자원의 역량 강화와 보상과 지원 등 자원체계로서의 유지를 위해 사례관리자 또는 사례관리기관에 의해서 수행되는 제반 활동이라고 정의하고자 한다.

2) 자원관리의 목표

사례관리자의 자원관리 목적은 클라이언트의 욕구 해결을 위해 클라이언트와 자원 간, 자원과 자원 간에 안정되고 효율적 상호작용이 유지되는 클라이언트 중심의 복지 생태계를 활성화하는 데 있다. 클라이언트가 자신의 삶을 유지하는 데 필요로 하는 환경체계와 관계를 맺고, 그들과의 원활한 상호작용을 통해 클라이언트의 도전과제들이 순조롭게 해결되기 위해서는 클라이언트의 역량 강화와 더불어 자원의 반응 역량이 유지 강화되어야 한다. 이에 자원관리자는 다양한 자원이 클라이언트의 현재 상황과 욕구에 맥락적이고 공감적으로 반응해야 하며, 사례관리자는 이를 근거로 관점과 태도, 자원 배치의 우선순위 결정과 돕는 방법의 선택 등을 조율한다.

2. 자원관리자의 역량

일반적으로 조직의 자원관리자는 조직 목표 달성을 위해 효과적 시간관리, 효율적 예산관리, 다양한 기법을 활용한 물적 자원관리, 교육, 평가와 보상 등 인적 자원관리 업무를 수행하기 위해 다음과 같은 역량이 요구된다.

- 외부 환경 변화에 대한 관심과 변화에 따른 조직 내 업무 지원
- 고객 욕구 파악과 이를 충족하기 위한 습관화된 행동
- 강한 의지와 책임감과 전문가가 되기 위한 노력
- 이해관계자로부터의 자원 요청에 대한 합리적 배분 규칙에 따른 명확한 의사

소통과 명확한 판단력
- 본인 업무와 타 부서 업무에 능통한 능력, 해결 대안 제시 능력 등의 문제 해결력
- 정보 수집과 활용력

독자들은 사례관리자의 자원관리 역량을 이야기하면서 사례관리자가 아닌 별도의 자원관리자가 있다고 전제된 느낌을 받았거나 사례관리를 위한 자원관리가 아닌 일반적 기관의 후원 개발과 관리자에 대한 설명인지에 대한 혼란을 가질 수 있을 것이다.

기초 교육과정에서도 언급했듯이 사례관리에 있어 자원체계는 사례관리 운영체계의 주요 구성 요소이고, 사례관리자의 역할 중 자원체계 개발은 사례관리자의 필수 과업으로 볼 수 있다. 그러므로 자원관리자라는 용어를 별도로 사용하지 않아도될 것이다. 그러나 우리나라 실천 현장의 경우 자원 개발 중 특히 공식 자원 개발과 관련된 업무 담당을 사례관리자(팀)와 분리하여 자원 개발자(팀)로 배치함으로써 사례관리자 1인이 담당해야 하는 사례 수를 늘리고 개별 사례에 더욱 집중하도록 업무 배치를 하는 경우가 많다. 그러나 이러한 의도와는 달리 자원 개발자와 사례관리자는 각자의 업무가 분절되어 진행되고, 사례관리로 통합되지 않는 문제점도 나타나고 있는 실정이다.

이에 사례관리자(팀)와 자원 개발자(팀)가 병존하는 조직이든, 사례관리자가 자원 개발 업무도 함께 수행하는 조직이든 사례관리를 위한 자원 개발과 관리 업무에 대한 정체성을 가질 필요가 있다고 판단하였다. 이에 이 장에서 사례관리를 위한 자원관리의 내용을 이해하고 효율적 협업과 자원관리자 역할이 적절히 이루어지길 바란다.

그렇다면 사례관리에 있어 일반적으로 사회복지기관의 후원 관리자와 구분되거나 강조되어 요청되는 자원관리자의 역량은 어떤 것이 있는지 알아보자.

사례관리의 자원관리의 목적은 자원의 반응 역량을 강화하는 것이며, 자원의 반응 역량을 강화하기 위해서는 자원관리자들은 자원 정보 수집과 정리, 자원의 인식 변화와 동기화 활동, 운영체계 조직, 자원 간의 소통구조 마련과 운영, 자원 간 중재

와 조정 등 다양한 사례관리자의 자원 조직과 관리 역량이 필요하다.

〈표 6-1〉에서 제시된 바와 같이 수많은 연구들이 사례관리자의 실천에 필요한 역량 또는 요인들을 밝히고 있다. 정리해 보면 크게 개인 요인과 조직 요인으로 나눌 수 있고 개인 요인으로는 자기효능감, 직업 정체성, 경험과 교육을 강조하고 있으며, 조직 요인으로는 네트워크 형성 수준과 네트워크 형성과 유지를 위한 지원(교육, 슈퍼비전, 회의 주관, 기관장의 지지 등) 활동이나 행위에 따라 실천 성과에 영향을 미치는 것을 알 수 있다.

〈표 6-1〉 사례관리실천 단계에 미치는 요인에 관한 선행연구

영역	저자(발표 연도)	개인의 특성	기관의 특성
재가봉사센터	차민호 외(2006)	연령, 직책, 정체성, 사례관리 유용성 인식	관장에 대한 인식, 전문성 재교육 및 훈련, 네트워크, 자율성
드림스타트	함정인(2011)	자기효능감, 자격증, 1인당 사례관리 수	기관의 지지, 네트워크 수준, 정기적인 사례회의
조손가족	문영주(2012)	성별, 연령, 직책, 경력, 혼인, 전문성, 직무 스트레스	기관 유형, 네트워크
중증장애인 요양시설	임상헌(2012)	연령, 학력, 직위, 경력, 자기효능감	사례관리 대상자 수, 운영 주체, 시설의 지지, 슈퍼비전, 네트워크, 시스템, 전문성
지역아동센터	김미정 외(2012)	교육 정도, 전문성	기관 역량, 실무자 수, 지역사회 자원연계
공공 전달체계	함철호(2013)	전문성	조직 특성, 자원 요인
교육복지	조미리(2013)	연령, 자기효능감, 전문성 사례관리 교육, 훈련 정도,	연계활동에 대한 학교의 지원 수준, 학교 내 과업의 중요성, 학교 내 업무의 자율성, 지역사회 네트워크 수준, 지역사회 자원 정도
정신보건	민소영 외(2014)	자기효능감	내부 교육 횟수, 기관의 지지 부족, 사례관리 수행기관
사례관리 수행기관	문영주(2015)	네트워킹 행동, 전문성	전담팀 유무, 학습조직 구축

아동복지시설	김명숙 외(2015)	과업의 중요성, 전문성	설립 연도, 지역사회 연계 사례관리 수행
메타분석	염동문 외(2014)	전문성	기관의 지지, 자율성, 네트워크 수준

출처: 이진선(2017). 사례관리실천 단계별 수행수준에 영향을 미치는 요인. 군산대학교 대학원 석사학위논문.

자원관리자가 갖추어야 할 역량을 좀 더 자세히 살펴보면 다음과 같다.

1) 자원관리에 대한 자기효능감

자원관리자는 자원관리에 대한 긍정적 자기효능감 확보를 위해 다양한 사회적 관계망 참여를 통해 복지 정보를 획득하고 실천기술을 습득함으로써 자신감을 향상할 필요가 있다. 또한 자원 개발과 관리 업무상의 애로 사항에 대한 심리적 지지를 통해 부정적 정서를 환기·치유하고, 다양한 관계 형성을 통해 자신감 등이 향상함으로써 자기효능감을 증진할 수 있다. 사례관리자의 자기효능감은 사례관리실천에서 핵심 요인으로 여러 연구에서 보고되고 있는 바(나동석, 이진선, 김혜림 등), 자원관리자의 역량 강화를 위해서는 자원 개발 업무에 대한 긍정적 자기효능감을 높일 수 있는 사례관리자의 셀프 코칭, 슈퍼비전 노력이 중요하다고 볼 수 있다.

2) 사회적 관계망에 대한 참여 역량

샌디퍼와 라우만(Sandefur & Laumann, 1998)은 사회적 관계망 속에서 정보, 사회적 결속감과 영향력을 찾아냈고 이러한 요인을 통하여 상이하게 다른 유형의 목표를 일반화시킬 수 있기 때문에 일에 대한 이득이 된다고 하였다. 사례관리자는 자신의 사회적 관계망 속에 있는 중심적 위치에 따라 구성원들과의 교류를 진행시킬 것이고, 긍정적 관계를 형성하여 업무수행에 필요한 정확한 정보를 파악할 것이며 적절한 획득 시기를 포착할 수 있는 것이다. 또한 이러한 친분 속에서 서비스의 연결과 협력이 이루어진다고 하였다(나동석, 2016 재인용).

또한 사회 자본의 향상을 위해서 정부는 사회복지사들이 네트워크를 구축하고 그 안에서 규범과 신뢰를 가지며 협력할 수 있도록 공식적인 단체나 협의체 등을 적극 지원하며 기관 차원에서는 공식적 모임과 단체, 소모임 등에 가입할 수 있도록 적극적인 지지와 협력이 필요하다. 사례관리자 개인은 기관 내에만 머물러 있지 말고 적극적으로 관계를 맺기 위해 노력하는 것이 필요하다.

3) 정보 수집과 정리 역량

정보관리란 "의사결정을 위하여 필요한 각종 정보의 수집·처리·전달·저장을 합리적으로 행하기 위한 체계적인 시책"으로 정의할 수 있다. 사례관리에 있어서도 지역사회 내 자원 정보를 수집하고 정리하는 정보관리 역량이 필요하다. 즉, 다양하고 정확한 자원 정보를 확보하고 필요한 시점에 바로 사용 가능하도록 모든 정보가 잘 정리할 수 있는 역량이 필요하다는 것이다.

사례관리의 정보관리에 있어 다음 몇 가지를 고려하여야 한다.

첫째, 자원 정보를 수집하는 이유는 클라이언트의 욕구 해결을 위한 지속성 있는 자원을 발견하여 관계 맺고 상호작용하도록 하기 위한 것이며 이 과정을 스스로 해갈 수 있도록 역량을 강화하는 것이다. 이러한 이유로 공적 자원은 물론 공적 자원이 감당하지 못하는 틈새 욕구에 부응하는 자원, 클라이언트의 강점을 강화하기 위한 자원, 비공식 자원, 클라이언트가 생활하는 지역사회 중심의 자원, 삶의 동기와 위로를 주는 지지적 자원과 해당 욕구에 대한 정보를 지속적으로 제공하는 자원 등이 수시로 필요하게 된다. 이에 사례관리는 사례관리실천의 목표를 명확히 인식하고 내면화하여 사례관리 목표에 부합하는 자원 정보를 균형 있게 파악하고 수집하려는 노력을 하여야 한다.

둘째, 신속성과 적시성을 확보하는 것이다. 클라이언트의 문제 발생의 시기를 예측하기 어렵고 사례관리자와 접촉되는 순간은 위기 상황에 놓여 있는 경우가 대부분이다. 그러므로 가능한 한 가장 신속하게 자원 연결을 요청받게 된다. 이런 상황에서 신속성을 유지하기 위한 대책이 필요하다.

　사례관리 경험을 기반으로 욕구 영역별로 구체화된 욕구 목록을 구성하여 유사 사례 발생에 대비할 수 있도록 자원 목록을 구조화하고 정보를 수집하고 협약 체결 등의 과정을 거쳐 즉시성을 높이려는 노력이 필요하며 복지관 조직의 특성상 규정, 지침, 정책 변화 등에 따른 정보의 수시 업데이트가 필요하다.

　셋째, 사례관리는 다양한 자원 간의 정보 공유와 효율적 소통을 위한 공통의 자원 정보 공유 시스템의 개발과 활용이 필요하다. 지역사회 내에서는 복지 자원 지도 만들기, 복지 자원 정보지 제작, 협의체 구조를 이용한 자원 정보 공유 활동(회의, 공동 자원 뱅크 만들기) 등 다양한 구조를 만들고 참여하는 방법을 사용하고 있으며 민간 복지기관의 사회 서비스 정보 시스템과 공공의 사회보장 시스템, 국민 건강 시스템 등 국가 차원의 빅데이터를 활용하는 방법도 활성화되고 있어 시스템의 이해와 현장 실무를 시스템을 활용하여 수행하기 위한 관심과 노력이 필요하다.

Tip 　다양한 자원 정보 출처

♤ **복지로(http://www.bokjiro.go.kr/) 등 정부 및 해당 지역사회 포털 시스템 활용**
다양한 복지 정보를 검색하고 신청할 수 있는 국민 포털 시스템으로서 생애주기별, 주요 욕구별, 가구 상황별로 공적 급여와 민간 사회복지 서비스에 이르는 다양한 정보를 확인할 수 있다. 이외에도 각 지자체 홈페이지나 보건소 홈페이지 등은 정보를 얻고 알리기에도 매우 유용하다.

♤ **법제처 국가법령정보센터(http://www.law.go.kr/)**
국민이 실생활에 필요한 법령이나 판례를 검색하려면 각급 행정기관 홈페이지를 방문해야 했지만 국가법령정보센터가 운영됨에 따라 모든 법령 정보를 한곳에서 확인할 수 있게 만든 사이트로서 모바일 앱 이용도 가능하다. 클라이언트를 위한 다양한 최신 법률을 쉽게 조회하고 각종 제도 변화를 수시로 알 수 있어 편리하다.

♤ **각종 복지재단**
사회복지공동모금회(http://www.chest.or.kr/)를 비롯하여 각종 기업복지재단, 사회복지재단 등 기금을 마련하여 지원하는 자금 출처의 정보 수집이 필요하다. 이들 재단은 각기 설립 목적에 따라 제공되는 기금의 사용 용도가 미리 정해져 있기도 하고 공모 시기가 정해져 있기도 하다. 따라서 지원 방법, 지원 시기, 지원 분야 등을 조사하여 적절한 시기를 놓치지 말아야 한다.

♣ 각종 전자도서관

클라이언트의 욕구와 문제에 대응하기 위해 연구자들의 최신 연구 결과들은 다양한 지원 방법을 찾는 출발점이 된다. 국회전자도서관(http://dl.nanet.go.kr/)은 최신 연구 논문이나 기사, 발표 자료들을 축약하여 검색하기에 용이하다. 예를 들어, 우울증이 심하신 독거 어르신의 사례관리를 위해 유용한 방법을 간단한 키워드만으로도 최신 동향을 파악하고 많은 영감을 받게 될 것이다. 이외에도 대형문고의 인터넷 매장을 즐겨 찾는 것도 자원 정보를 정리하는 데 유용하다.

♣ 지역에서 만든 자원 지도

지역사회협의체나 민관 네트워크를 통해 지역 자원을 조사하고 지도 또는 책자로 구성하여 활용하는 경우가 늘고 있다. 따라서 지역사회 내의 자원 정보가 공유되는 복지 자원 지도를 활용하는 것도 유용하다.

4) 네트워크와 리더십 역량

사례관리자는 여러 자원들과의 소통과 협력을 유지하도록 하기 위해 역할 위임과 소통구조 운영을 위한 행정적 역량이 필요하다.

사례관리자의 지역사회 네트워크 구축능력 및 활용은 클라이언트가 거주하고 있는 지역사회 내에서 이루어진다고 할 수 있다. 사례관리실천의 단계 수행에서 복합적인 클라이언트의 욕구를 충족시켜 주기 위해 제한된 자원을 최대한 활용하고 서비스를 조정하기 위해서는 네트워킹이 무엇보다 중요하다(서혜미, 민소영, 2012).

지역사회 조직화 수준에서 사례관리자는 지역사회의 다양한 자원들과 상호 협력적인 관계를 형성하고 지역사회를 하나의 역동적인 실체로 만들어 사회적으로 긍정적인 효과를 생산할 수 있도록 지역사회 자원을 네트워크로 구축시키는 것이다(이상도, 2009 재인용). 이러한 네트워크를 조성하고 유지 운영관리하는 부분은 다음 장에서 좀 더 구체적으로 다룰 것이다.

5) 의사소통 역량

최경유는 장애인복지관을 중심으로 사회복지사의 직무수행능력이 사례관리자의 역할 수행에 미치는 영향을 살펴보았는데 사회복지사의 직무수행능력 중 클라이언트와 내·외부 체계와의 관계 형성 및 유지 능력은 사례관리자의 직간접 서비스 역할 수행에 영향을 끼치는 것으로 나타났다.

특히, 클라이언트를 대상으로 하는 상담, 교육, 코칭, 협력 활동과 위기개입 등의 직접실천 기술은 물론 내부 체계, 자원체계나 슈퍼비전 체계 등 사례관리 체계 내에서도 관계 맺기와 유지 역량은 매우 중요함을 알 수 있다. 클라이언트 개인과 작업하는 대신에 클라이언트의 집단, 기관의 행정가, 동료, 정치가, 지역사회 주민 그리고 다양한 다른 지역사회 기관의 전문가들과 함께 문제를 해결하기 위한 의사소통을 하게 된다.

이때 기본적 사례관리의 관점과 가치 내면화, 상담기술, 협상기술, 중재기술 모두 자원과 관계 맺고 그 관계를 유지하기에 중요한 의사소통 기술이다.

Tip 지역사회와의 의사소통을 위한 지침

♣ 함께 일할 자원의 사정을 이해하기

사례관리자가 일하고 있는 매크로 환경—기관, 지역사회, 그리고 정치적 주체를 포함하여—은 개인적인 성격(personality), 자질(qualities) 그리고 특이한 버릇(quirk)을 가진다. 따라서 다른 사람들과 일하고, 의사소통하는 방법을 배우기 위해서는 일반적으로 좋은 관계를 성립할 수 있는 방법을 조사하는 것에서부터 시작하는 것이 좋다. 이는 직접실천의 라포 형성 과정과 다르지 않다. 먼저 그들의 사정을 이해하는 것이 중요하다. 기관의 특성, 규정, 사업 한계, 현재 그들이 가지고 있는 업무적 스트레스나 사회적 부담감, 개인의 고용안정 상태, 유명한 사람이나 기관, 유명하지 않은 사람과 기관, 긍정적 평판 혹은 부정적 평판 등 현재의 상황을 이해하려는 자세를 유지하는 것이 중요하다.

♣ 함께 일할 수 있도록 준비하기

예를 들어, 억울하기 이를 데 없고 어떻게 풀어 가야 할지 몰라 자살 시도를 했었고 우울증에

시달리고 있는 클라이언트를 만났다고 가정하자. 갚지 못한 2,000만 원의 부채로 인해 수급비를 받는다 해도 소용이 없다. 매달 원금은 고사하고 이자만 불입해도 생계비가 부족하기 때문이다. 이 빚은 사실혼 관계로 동거하던 전남편이 클라이언트의 명의를 도용해 진 빚이고 실제 자신과는 아무런 관계도 없다.

이런 경우 사례관리자는 파산 신청을 하기 위한 절차에 대하여 법률적 자문을 구하여야 할 것이다. 무료 법률상담소를 찾거나 신용회복위원회를 찾아야 할 것이다. 그러나 이때 법률적 자문을 구하고 협력을 받기 위해서는 파산 신청제도에 대하여 정보가 있어야 하고 파산 신청의 자격 취득을 위해 클라이언트의 입장을 옹호하기 위해 무엇이 필요한지를 사전 준비하여야 할 것이다. 그러므로 전문가와 이야기를 풀어가기 위한 최소한의 전문적 지식이나 용어 등을 공부하는 것이 필요하며, 그들과 대화하기 위해 이해가 편리하도록 클라이언트의 정보도 정리하여 접촉하여야 할 것이다.

예컨대, 정신건강복지센터와 통화하게 되었을 때, "사람이 이상해요. 함께 가정방문 해 주실 수 있어요?"라고 부탁한다면 해당 담당자는 어디부터 어떻게 이야기를 나누어야 할지 몰라 당황하게 될 것이다. 적어도 "(정신건강과 관련된 인지, 정서, 행동의 특성 등을 관찰하거나 주변의 상담 기록을 정리하여 공유하며) 어떻게 대응하면 좋을까 하여 전화 드렸어요. 또는 무엇을 더 알아보면 좋을까요?"로 대화를 시작한다면 보다 효율적 소통이 가능할 것이다.

♣ 공동의 목표를 초점으로 효과적 토론과 자기주장 기술 활용 역량

지역사회 다양한 이해관계자들과 공동의 목표와 역할을 명확하게 인식하기 위해서 회의 등에서 자신의 주장을 명확하게 전달하고 효과적으로 토론하는 것은 중요한 일이다.

이때 우리는 공동 목표와 상호 양립 가능한 목표에 중점을 둔다. 공동의 목표는 의사소통이 원활하다고 해서 쉽게 도출되는 것은 아니다. 오히려 구성원들이 공동의 목표와 임무에 대해 잘 인식하고 있을 때 갈등을 생산적으로 해결할 수 있는 효과적인 의사소통이 이루어지기가 훨씬 더 쉽다. 이때 기본적 의사소통 기술 중 토론기술과 자기주장 기술 역량이 요구된다.

6) 갈등 관리

갈등은 다른 대상(또는 집단)들 간의 충돌을 나타내는 한편, 내면에서 발생하는 욕구나 심리적인 상태 간의 충돌을 나타내기도 한다. 일반적으로 갈등은 두 개의 양립할 수 없는 욕구나 기회, 목표 등에 직면했을 때 발생하며, 사회적 대상의 내부 또는 외부에서 일어나는 부조화 상태를 이른다. 갈등은 개인뿐만 아니라 사회적 집단(단체)에서 발생할 수 있으며, 개인과 집단의 내적인 충돌과 더불어 외적인 충돌을 모두 포함한다. 갈등은 여러 장면에서 발생할 수 있고 유형도 다양하기 때문에 하나로 정의하는 데 한계가 있다.

사례관리 과정에서의 갈등은 기관 간의 비전이나 미션의 상이함, 근거 이론의 차이, 행정체계상의 상이 함 등에 의하여 발생하는 기관이나 조직 간의 갈등을 비롯하여 자원과 클라이언트 사이에서 발생하는 다양한 갈등을 포함한다.

갈등은 조직 내에서 부정적인 영향만을 주는 것이 아니라 창의적인 직무수행이나 민주적인 의사결정 그리고 다양한 시각으로 조직을 바라볼 수 있게 하는 등의 긍정적인 영향을 주기도 한다. 따라서 부정적인 영향을 줄이고, 긍정적인 기능을 발휘할 수 있도록 갈등을 관리하는 것이 필요하다.

Tip 갈등 관리를 위한 지침

① 갈등의 실마리를 찾아라.
② 이슈에 대해서 개인이 아니라 집단의 갈등으로 정의해라.
③ 모든 관점을 주의 깊게 듣고 유사점과 차이점을 인식해라.
④ 활발히 경청 기술을 사용해라.
⑤ 그들을 이해하기 힘들 때 생각과 상태를 명백하게 설명해라.
⑥ 승패의 상황을 피해라.
⑦ 경쟁이 아니라 협동해서 일해라.
⑧ 갈등에 대한 감정적인 면과 객관적인 면을 다루어라.
⑨ 항상 일반적인 근거와 동의 영역에 대해 주의를 두어야 한다.
⑩ 상태(상황)가 아니라 이익에 관심을 두어야 한다.

Tip 윈-윈 갈등 관리법

사람들은 대부분 일상에서 벌어지는 갈등을 피하거나 타협으로 예방하려고 한다. 이러한 접근법은 갈등을 피하는 데는 상당히 효과적이다. 하지만 문제를 근본적으로 해결하지는 못한다. 갈등과 관련된 모든 사람으로부터 의견을 받고자 노력한다면, 문제의 본질적인 해결책을 얻을 수 있다. 서로가 원하는 바를 얻을 수 있기 때문에 성공적인 업무 관계를 유지하는 데 매우 효과적이다. 이를 윈-윈 갈등 관리법이라고 한다.

① 사람과 문제를 분리시켜, '문제' 자체에만 집중해서 대화하라.

② 입장(position) 차이가 아닌, 이해(interest) 추구에 초점을 맞춰, 양쪽에 득이 되는 대안을 찾아라.

③ 서로 이득이 되는 대안을 모색해 '나 대 너'의 대결 구도가 아닌 '우리 대 문제'의 구도를 만들라.

④ 제3자가 보아도 공정한 합의의 객관적인 기준을 마련하라.

7) 협상 역량

협상의 개념은 의사소통 차원, 갈등 해결 차원, 지식과 노력 차원, 의사결정 차원, 교섭 차원에서 살펴볼 수 있다. 의사소통 차원에서 보면 이해당사자들이 자신들의 욕구를 충족시키기 위해 상대방으로부터 최선의 것을 얻어 내기 위해 상대방을 설득하는 커뮤니케이션 과정이며, 갈등 해결 차원에서 보면 갈등 관계에 있는 이해당사자들이 대화를 통해서 갈등을 해결하고자 하는 상호작용 과정이라 할 수 있다.

자원관리자는 클라이언트를 위한 서비스 연계과정에서 제도적 유연성을 요청하거나 자원의 수혜 정도를 높이기 위해 다양한 협상을 할 수 있다. 고갈된 자원의 확보를 위하여 클라이언트의 상황을 맥락적으로 이해하여 자원을 향하여 클라이언트를 옹호하는 경우에도 협상 전략을 활용할 수 있다.

♣ 협상의 원칙

–상대방의 입장에서 생각해 본다.

–상호 이익이 될 수 있는 대안을 찾는다.

–문제의 본질을 파악한다.

–공과 사를 구분한다.

–실리 추구의 해결책을 찾는다.

–지나친 자기주장보다는 서로의 관심사에 집중한다.

−자신이 갖고 싶은 것을 갖기 위해 상대방이 원하는 것을 먼저 준다.

♣ 협상의 과정
① 협상 준비 단계

　협상에 나오게 하기, 협상과 관련된 선례나 상대에 대한 정보 준비, 객관적 자료 준비하기
② 본 협상 단계

　참고 인내하기, 대안을 준비하기, 마감 시간 활용하기, 상대 주장의 이면을 읽기, 장기적 관점으로 대하기, 장소와 시간 활용하기(내가 유리한 장소 선택 중요), 관행에 도전하기, 정보의 흐름 조정하기, 필요시 막후 협상 활용하기, 최종 책임자 마지막 나서기, 부분적 실패 잊어버리기, 약점은 건드리지 않기, 섣불리 말하지 않기, 직접적 감정 표출 주의하기, 서로 만족할 만한 협상하기, 원칙 지키기 등 협상의 원칙들을 준수하며 협상해 간다.
③ 협상 후속 단계

　협상 이후에도 변동 가능성과 다양한 변수가 작용할 수 있다. 그러므로 협상이 종결되더라도 방심하지 말고 구체적 실행을 준비하고 진행하여야 하며 재협상의 가능성도 염두에 두고 실천하여야 한다.

♣ 설득하기
설득을 하기 위해서는 이성적 요인과 감성적 요인을 모두 고려하여야 한다. 설득을 위해서는 상황 바꾸기, 타인 바꾸기보다 나 자신을 바꾸겠다는 마음으로 상대편의 입장에 서서 대화하여야 한다. 이때 다음과 같은 부분에 주의하여야 한다.

- 상대방에게 질문해서 생각을 좁혀 간다.
- 감정적, 이성적, 단순한 저항에 효과적으로 대처하라.

　저항은 또 다른 관심의 표현이다. 이성적 저항이라면 빨리 인정하고 그에 맞는 대처를 해야 하고, 감정적 저항은 맥락을 이해하여 존중하라.
- 비언어적 표현(음성, 진정성, 태도)을 잘 활용하고 상대에게 충분한 시간을 주고 잘 경청한다.
- 대화 시작과 끝 5분을 활용하라.
- 상대방의 가능성을 먼저 이야기하라.
- 상대방의 고정관념을 깨뜨리라.
- 상대가 자신을 합리화하도록 도우라.
- 실물 제시, 권위자 사례, 데이터 제시하는 등 설득 내용의 가치를 인정하게 해라.

153

3. 효율적 자원관리 과정

1) 자원 수요 조사

자원 개발자는 자신의 기관의 사례관리 대상자의 욕구에 부응하는 자원 수요를 수시로 모니터링하여야 한다. 자원 수급에 대한 모니터링은 크게 두 가지 과업을 수행하여야 한다.

(1) 클라이언트의 욕구 리스트 업그레이드

- 클라이언트의 사례관리 욕구 리스트를 구체화하여 업그레이드하였는가?
- 어떤 욕구가 있었는가?
- 새롭게 발견된 욕구가 무엇인가?

(2) 확보된 자원 현황 분석하기

- 우리는 어떤 자원을 보유하고 있는가?
- 어떤 자원이 유용했는가?
- 더 개발하여야 할 자원은 무엇인가?
- 활용했던 자원 중에 어려움이 있었다면 무엇이고 대안은 무엇인가?
- 자원 가능한 자원 정보를 어디로부터 얻는가? 적절한 정보인가?

2) 자원 연결과 모니터링

개별 사례에 자원을 연계하고 종결까지 정기적 모니터링을 실시하는 것은 클라이언트의 목표와 성과 도출에도 도움이 되지만, 해당 자원에 대한 정보를 축적하여가는 과정이기도 하다. 클라이언트로부터의 피드백, 협력하는 기관과의 피드백을통해 기관에 대한 관리자의 역할이 다르게 설계되어야 한다. 전문성 정도, 제공 인력에 대한 특성 파악, 사례관리를 위한 기관의 조직 준비 정도를 파악하고 이에 대한 자원기관별 개별적 자원관리 계획 수립이 되어야 한다.

3) 자원별 반응 역량 평가하기

자원관리자는 정기적으로 적어도 연 1회 이상 기관에 대한 반응 역량을 평가해 보아야 한다. 이는 해당 자원과의 소통을 통해 이루어져야 한다. 예를 들어, K복지관의 자원관리자는 매년 11월에 네트워크 기관에 감사 편지와 함께 내년도 협력을 위한 설문조사를 실시한다고 한다. 이 설문에는 연결 가능한 서비스의 내용과 양, 전문성 정도, 제공 인력에 대한 특성 파악, 사례관리를 위한 기관의 조직 준비 정도를 파악하기 위한 질문이 담겨 있으며, 주 사례관리기관에게 부탁이나 요청 사항도 작성하도록 하여 기관의 사정을 이해하고 기관별 자원관리 계획을 마련한다고 한다.

4) 평가 결과에 따른 관리 계획 세우기

첫째, 자원의 관리 계획에는 가용 자원 총량이 예측되며 보완이 필요한 자원 개발 계획에 반영한다.

둘째, 전문성 향상을 위한 교육, 컨설팅, 슈퍼비전의 기회 제공을 계획하고 시행한다.

셋째, 자원기관의 사례관리 운영체계 정비 및 운영 컨설팅을 계획하고 실행한다.

넷째, 자원체계로서의 유지를 위한 다양한 보상체계를 계획하여 운영한다.

다섯째, 기관장이나 중간관리자급의 접촉 기회 마련과 협상 기회를 마련한다.

여섯째, 기타 해결 요인을 파악하고 해결 대안을 마련한다.

제7장

내부 체계에서 일하기

사례관리는 개인의 역량이기도 하지만 한 기관의 역량이라고 볼 수 있다. 사례관리자뿐만 아니라 직원들이 사례관리의 중요성과 필요성을 함께 인지하고 조직 내부 체계 시스템이 사례관리를 위한 실행체계와 지원체계가 되어 작동되어야 하기 때문이다. 이번 절에서는 우리 조직(기관)이 사례관리를 실천하기 위한 준비 과정에 대하여 학습하기로 한다.

1. 우리 조직 반응 역량 강화하기

1) 우리 조직의 반응 역량 살펴보기

(1) 우리 조직은 직원들이 사례관리의 중요성을 알고 있는가

최근 클라이언트에게 필요한 욕구 해결을 위해 기관 내부와 지역사회의 자원을 조직화하고 연계하는 사례관리 실천방법이 점차 강조되고 있다. 그러나 단위 프로그램이나 서비스를 제공하고 이용자와 소통하던 기존의 방식에 익숙한 기관과 시설의 종사자들이 부서는 물론 기관의 경계를 넘어서는 상호작용을 통한 통합적 서비스 제공방식에 대하여 업무 부담이나 비효율성을 느끼거나 주 사례관리자의 조정자 역할에 대하여 거부감과 회의감을 갖기도 한다.

따라서 사례관리자는 우리 조직의 구성원들이 사례관리 방식으로 일하는 것에 대한 가치 합의를 이루고 효율적 시스템이 운용되도록 하는 데 에너지를 투입하여야 한다. 이는 단순히 사례관리를 위한 체계를 정비하는 것에 그치는 것이 아니라 우리 조직이 복합적인 욕구를 가진 클라이언트와 가족에게 필요한 다양한 서비스와 정보가 신속하게 전달되고 적절한 서비스가 연결되도록 통합적 자원 전달체계로서의 반응 역량을 강화하는 자원 개발 활동이기 때문이기도 하다.

기관이 추구하는 사례관리 업무의 지향성이 전 직원들에게 전달되기 위해서는 신입 직원교육, 직원교육, 월례회의, 슈퍼비전, 업무평가 등 다양한 방법을 통해 직원들에게 전달될 수 있어야 한다. 예를 들어, 노인종합복지관의 경우 사례관리의 필요성과 중요성을 이해하고 합의하기 위해 전 직원교육과 팀장 이상의 회의, 토론, 워크숍을 실시하였다. 이러한 과정에서 기관 구성원들로부터 다소의 불만이 제기되기도 하였으나 외부 사례관리 전문가의 직원교육을 통해 직원들이 사례관리 업무에 대해 생각이 바뀌기 시작하였다. 각 팀에서 서비스 이용자로만 알고 있던 사례의 복합적인 문제에 대해 직원들과 토론을 하면서 사례관리의 필요성과 중요성을 배우고 내재화하는 계기가 되었다. 그 후 한국사례관리학회 학술대회에 두 명 이상의 직원(같은 결재 라인에 있는)이 참석함으로써 사례관리는 혼자 할 수 있는 업무가 아니라는 것을 인식하게 되었다. 이처럼 기관 차원에서는 사례관리가 기관의 공동의 과업임을 구성원들이 인식할 수 있도록 지원하는 체계 마련이 중요하다.

(2) 사례관리 담당 직원은 준비되어 있는가

사례관리는 복잡한 욕구를 가진 클라이언트의 생활상의 문제를 해결하고 욕구를 충족시키기 위해 다양한 지역사회 자원과 연계하는 과정으로 발굴, 초기 면접, 욕구사정, 계획, 실행, 평가 및 종결, 사후관리로 이루어진다. 이 과정을 수행하는 데 요구되는 사례관리자의 과정별 직무와 업무수행에 따른 개인 변수, 즉 정체성, 중요성 인식, 전문성, 자율성, 자원의 반응 역량 등 지식, 가치, 기술의 수행 정도가 적절한지를 담당 직원과 조직이 판단하고 이끌어 주어야 한다.

최지선 등(2015)은 사례관리자의 필수 기술을 사례관리기술, 의사소통 기술, 리더십 기술로 구분하였다. 사례관리기술은 클라이언트 사정, 사례관리 계획, 클라이언트 이관, 계획 이행, 서비스와 클라이언트 진행 모니터링, 클라이언트 성과평가를, 의사소통 기술로는 파트너십 구축과 인터뷰 기술을, 리더십 기술로는 옹호, 협상, 협력, 비판적 사고, 문제해결 능력을 제시하였다.[1]

중앙정부와 지자체에서 실시한 사례관리 교육 내용을 분석한 조현순과 양소남(2013)에 따르면, 직접실천과 간접실천으로 나누어서 교육이 이루어지고 있었다. 직접실천에는 사례관리실천의 주요 과정 이해, 상담기법, 사정 기법과 도구, 계획수립 기법, 사례관리 기록이었으며, 간접실천에는 공적 자원 및 민간 자원 개발과 네트워크 구축, 민관협력 방안, 자원연계 및 조정, 통합사례회의 운영이 포함되었다.[2] 사례관리자는 직접실천을 위한 역량과 간접실천을 위한 실천 지식이 필요하므로 지속적인 전문성 확보를 위한 역량 강화가 필요하다.

> **Tip** 상담 관련 직원 역량 키우기
>
> 사회복지기관에서 사회복지사는 이용자를 직접 대면하는 상황이므로 인테이크 업무 시 클라이언트를 관찰하고 상담할 수 있는 능력이 필요하다. 이때 중요한 것이 '질문하기'며 질문을 통해 클라이언트의 삶과 욕구를 알아 가는 작업을 한다. 질문하기 역량에 필요한 기법상담으로 해결중심 전문상담, 내러티브 카운셀링, 회복적 정의상담 등을 활용하면 도움이 된다.

(3) 조직과 기관장은 준비되어 있는가

사례관리 업무에 대한 기관장의 마인드는 매우 중요하다. 기관장의 생각에 따라 사례관리를 할 수 있는 조직으로 내부 체계가 작동되기 때문이다. 기관장과 중간 관리자들의 준비도는 조직의 반응 역량 강화에 기반이 되며 조직 전체가 체계적이고

---

1) 최지선, 민소영, 엄태영(2015). 희망복지지원단 통합사례관리사의 사례관리역량 자기평가지표개발 연구. 한국사회복지행정학, 17(3)(통권 제48호), 232.

2) 조현순, 양소남(2013). 공공영역에서의 사례관리교육 현황과 발전방안: 2009년~2010년의 사례를 중심으로. 사례관리연구, 4(1), 25-50.

효율적인 사례관리 방식으로 일할 수 있게 한다. 사례관리 담당자가 준비되어 있어도 조직 전체가 함께 작동되어야 하기 때문이다.

[노인복지관 P관장 사례]

2012년 노인종합복지관에 와서 보니 취약노인이 증가하고 있는 상황에서 노인복지관의 평생교육, 취미 여가 중심의 사업을 보고 복지관 기능에 대해 고민이 많았다. 기관장이 사례관리에 대한 중요성을 알고 이러한 체계를 만들어 주는 것이 필요했다.

전 직원회의에서 우리 기관은 앞으로 사례관리를 주요 업무로 전환하겠다는 복지관 기능 전환을 선포했을 때 이에 대하여 직원들의 초기 저항이 많았다. 지금 업무도 많은데 사례관리를 어떻게 할 수 있느냐는 반응을 보였다.

우선 관장의 개인 의견을 주장하기보다는 사회복지 환경 변화와 사례관리의 필요성에 대해 외부 강사를 통해 직원 교육을 실시하였고, 팀장 등 직원상담을 통해 필요성에 대한 의견을 나누는 시간을 자주 가지려고 하였다. 또한 관장이 직접 도시락과 밑반찬을 들고 어르신 댁을 방문하고 경로당을 방문하며 지역 어르신을 만나러 다녔다. 서비스를 통해 만나고 사례관리가 필요한 어르신인지를 발굴하기 위해서였다.

당시 직원들은 사례관리 방식으로 일해 본 경험이 적었고, 이에 프로그램이나 서비스 이용자와 사례관리가 필요한 클라이언트를 구별하지 못하는 상황이었다. 저항하던 직원들도 관장의 지역 방문과 사례관리 대상 어르신의 발견 과정을 통해 사례관리 필요성을 이해하기 시작하였다.

마음이 통하고 사례관리를 알게 되면서 직원들과 함께 지역을 다니기 시작했고 마음속 이야기를 하기 시작했다. 어떤 직원은 지금의 업무도 많은데 사례관리를 하게 되면 시간도 모자라고 실적도 못 채울까 걱정이 된다고 자신의 속마음을 이야기하기도 했다. 그리고 사업을 조정해 주면 해 보고 싶다는 의사를 표현하는 직원도 생겼다.

복지관에서 가까운 동을 주 1회 찾아다니며 살피기 시작을 했다. 동네에 모여 계신 어르신을 만나 이야기를 나누다 보니 마음속 이야기를 하셨다. "복지관에 다니는 사람보다 못 가는 사람이 더 힘들고 아프다 복지관에서 나와 봐야 힘든 사람을 만나지 사무실에 앉아 있으면 누가 힘든지 아나 모르지"라는 말이 직원들에게 울림을 주었고 어떻게 해야 하는가에 고민을 갖게 되었다.

개입이 필요하나 어떤 기관도 개입을 하지 않은 사례도 있었고, 어떤 어르신 댁에 갔을 땐 관내 3개 기관에서 모두 개입하고 있는 사례를 보면서 사례관리의 필요성을 확인하는 시간이 되었다.

변화의 분위기를 실천으로 옮기기 위해 효율적인 업무 조정을 논의하는 시간도 가졌다. 직원들과 토론하면서 제시한 의견은 그동안 관내에 있는 재가복지실무자연합회모임을 사례관리 네트워크로, 실무자뿐만 아니라 기관장 모임도 하면 좋겠다고 했다.

직원들 선에서의 결정보다 기관장이 함께하면 결정도 빠르고 연합행사도 할 수 있어 좋다고 했다. 기관 소재지를 중심으로 권역별로 나눠서 개입을 하면 좋겠다는 방법도 제안했다.

2) 적절한 업무체계 만들기

(1) 사례관리자(팀)의 업무 배타성이 확보되어 있는가

사례관리자는 사례관리 수행을 위한 고유한 과정별 과업과 직무특성을 갖는다. 또한 클라이언트의 개입 과정에서 업무를 수행할 시간이 확보되어야 한다. 그러므로 기관에서는 사례관리자가 클라이언트의 개입 과정에 전념할 수 있도록 사례관리자(팀)의 업무를 지원할 수 있는 내부 체계가 작동되어야 하며, 사례관리자가 혼자 뛰도록 하거나 사례관리 업무와 다른 업무를 중복해서 맡지 않도록 직무를 명확화하는 것이 매우 중요하다.

보통 복지기관에서는 이용자(회원)의 초기 면접(상담)부터 사업(프로그램), 그리고 자원 개발과 관리의 업무까지 함께하고 있는데 이러한 업무들이 조직 내에서 명확한 업무로 분담이 되어 있어야 사례관리자의 사례관리 업무 시간이 확보될 수 있다. 조직 내 다른 팀들은 사례관리팀과 업무를 협력하고 연계하여 클라이언트의 욕구에 맞는 자원으로서 지원, 활용되도록 해야 한다.

사례관리 직원들의 고민

"우리 기관은 제가 사례관리자인데 사례관리 이외에 다른 업무를 맡고 있어요. 저는 사례관리가 주 업무라고 생각하는데 눈에 보이는 업무가 아니니까 실적이 나오는 다른 업무를 먼저 보게 돼서 늘 고민이에요.", "제가 사례관리를 하려면 지역사회로 나오게 되는데 실적이나 두드러지는 일이 안 보이니까 제가 한 일을 인정받기 어려워요."

사례관리교육을 하거나 슈퍼비전 시 자주 나오는 질문이다. 이러할 경우 슈퍼바이저나 기관장께서는 조직 구조상 업무 배타성 확보가 어려운 상황이면 사례관리 담당자의 업무 고유성을 지지하고 슈퍼비전을 통해 사례관리 업무를 지원하면 도움이 된다.

(2) 전 직원이 우리 기관 이용자 중 사례관리 대상을 발견하고 사례관리자에게 연결되는 업무 규약이 있는가

사례관리 업무는 사례관리 담당자 개인의 능력뿐만 아니라 조직 전체의 역량이기도 하다. 그러므로 전 직원이 우리 기관 이용자 중 사례관리가 필요한 대상을 발견할 경우 사례관리자에게 이렇게 연결하고 의뢰하는지에 대하여 업무 지침이나 규약이 있어야 한다. 문서화된 규약이 있어도 직원들의 업무에서 작동이 잘 되기 위해서는 다음과 같은 관련 서류가 필요하며 내부 의뢰와 연결 업무가 내재화되도록 지속적인 체크와 확인이 필요하다. 우리 기관의 서비스 이용자 중 사례관리가 필요한 케이스를 발견할 때 직원은 어떻게 해야 하는가에 대하여 조직 내에서의 명확하게 인지하고 있어야 한다.

- 직원들은 각자의 직무 속에서 어떻게 사례를 발견할 수 있는지
- 어떤 이용자가 사례관리 대상자가 되는지
- 서비스 이용자와 사례관리 대상자를 어떻게 구분하는지
- 기관 내 사례관리 대상자 의뢰하는 채널이 어떤 것인지(정기적인 사례회의, 사례담당자에게 전화, 내부 의뢰서 등)

　-사례관리 지침
　-직무기술서

−사업운영계획서

−업무인수인계서

−업무평가서

−업무일지

−사례의뢰서 등

(3) 팀 간의 업무가 명확한가

우리 조직 내에서 반응 역량을 강화하기 위해서는 사례관리팀 업무, 자원관리팀 업무, 프로그램팀 업무가 명확해야 조직 내의 사례관리 업무가 상호 유기적으로 작동될 수 있으며 직원의 업무도 명확해진다.

① 사례관리팀의 업무

복합적인 문제를 가진 클라이언트는 자원의 존재를 모르거나 자원에 접근하기가 어렵거나 자원이 부족하다. 그러므로 효과적인 사례관리와 사례관리 계획을 실행하기 위해 요구되는 필요한 자원에 클라이언트가 접근할 수 있도록 해야 한다. 클라이언트를 돕기 위하여 내·외적 자원 조직체계를 갖추고 전문인력을 배치하여 클라이언트와 자원 간의 문제해결을 위한 상호작용이 원활하도록 조정과 점검을 하는 통합적인 사례관리가 가능한 부서가 별도로 있어야 한다.

- 사례관리 운영 및 관리 총괄
- 인테이크(Intake)
- 사례 판정
- 사례관리 서비스
- 담당자 대상 주 1회 이상의 사례회의
- 조직구성원의 역량 강화 및 사례관리 협력체계 관리
- 통합사례회의 개최와 기관 외부 통합사례회의 참석
- 1인 20사례 사례관리(통합사례관리사 1인 담당 사례 수 참고)

163

• 업무 관련 협의회 참석 등

> **Tip** 사례관리 업무에 대하여
>
> 사례관리는 누가 하나요? 사례관리팀만이 사례관리를 하는 것일까요?
> —아닙니다.
> 　사례관리는 클라이언트와 사례관리자 그리고 자원망이 함께하는 클라이언트의 문제해결 시스템입니다. 우리 기관으로 말하면 여러 부서가 자원망이 되어 주어야 하지요.
> 　사례관리자는 클라이언트와 자원을 이어 주고 상호작용이 원활하도록 지원하는 역할입니다. 그러므로 우리 기관의 프로그램과 중복으로 업무를 맡지 않도록 고려해야 합니다.

> **Tip** 운영체계와 실천환경에 대한 평가
>
> 팀과 사례회의: 기관 내·외 사례관리 운영체계(사례관리팀, 사례회의 운영)가 조직화되어 클라이언트에게 도움이 되도록 기능적으로 운영되는지 여부와 개선 의견, 사례회의의 내용이 실천과정에 잘 반영되고 있는지 여부를 살펴보는 것이 중요하나.

② 자원관리팀의 업무

복합적 어려움에 처한 클라이언트의 문제를 해결하고 욕구를 충족시키기 위해 다양한 지역사회 자원 네트워크의 개발 및 관리, 전문가 네트워크 개발 및 관리, 대상자 발굴 네트워크 개발 및 관리와 연계를 수행하는 과정으로 필요한 지원을 계획하고 개발하는 팀으로 자원 개발 및 관리를 위해서 다음과 같은 역할을 수행한다.

• 지역 내 복지 자원 발굴 및 연계망을 구축한다.
• 자원 개발팀에서는 지역사회 내 공식·비공식 자원의 뱅크를 운영한다.
• 지역사회 내에서 활용되고 있는 자원 등을 조사한다.
• 지역 주민의 복지 욕구에 대응할 자원 목록을 만든다.
• 사례관리자 또는 복지 서비스 제공자 경험에 근거한 자원 수요 조사를 한다.
• 연간 자원 개발을 계획하고 진행한다.

- 지역 자원으로 동원할 수 있는 방법을 모색한다.
- 지역 내 단체, 자조 집단과 관계한다.
- 계획에 따른 자원 개발을 진행하고 자원 역량 형성을 지원한다.
- 자원을 배분하고 모니터링을 한다 .
- 자원연계가 필요한 곳에 적절한 연계를 실시한다.
- 정기적 자원 수요 조사와 자원 총량을 모니터링한다.
- 통합사례회의에 참석하여 자원에 대한 피드백을 받는다.

> **Tip** 자원관리 전담 업무에 대하여
>
> 별도의 부서가 없을 시 사례관리팀의 업무로 본다.

③ 프로그램 팀의 업무

프로그램 팀은 프로그램을 기획하고 운영하는 데 있어서 사례관리팀에서 의뢰된 클라이언트에 대한 프로그램 실시와 프로그램 이용자 중 사례관리가 필요한 대상자를 발견하여 사례관리팀에 의뢰하는 역할을 수행한다. 또한 통합사례회의 참여를 통해 협업을 수행한다.

복지기관에서 사례관리클라이언트를 위해 우리 기관의 서비스를 우선 연결하여 지원하기 위해서는 기관 내부에 다음과 같은 준비가 필요하다.

첫째, 기관 연간 계획을 가지고 운영 중인 프로그램을 수시로 이용할 수 있도록 프로그램이나 서비스에 참여할 수 있는 기회를 오픈하도록 약속하는 것이다. 그렇지 않을 경우 우리 기관의 프로그램을 이용하지 못하고 다른 기관을 이용해야 하는 경우가 발생한다.

둘째, 연초 프로그램 사업량을 계획할 때 사례관리자로부터 의뢰된 대상자에게 제공할 서비스 총량을 포함하여 계획함으로써 사례관리자는 연계 가능한 내부 자원 확보 후 그에 따른 연계를 하는 방법을 활용한다. 이는 수시로 의뢰하는 것보다 즉시 연결할 수 있어서 사례관리 품질이 향상되는 강점이 있다.

셋째, 사례관리팀이 클라이언트 욕구사정 후 일정 기간(1개월) 내에 대상자를 모집하여 별도로 프로그램을 기획하여 운영할 수 있다. 그러나 이는 인력, 시간, 비용 등이 마련되어야 하는 제한이 있어 운영 가능성에 대한 확신을 갖기 어렵다.

> **Tip** 팀 간 협업하기
>
> - 사례관리 대상에 대한 프로그램 제공과 사례관리자의 점검 활동에 참여하고 조정에 협조한다.
> - 정기적으로 통합적 사정지를 활용하여 사례관리가 필요한 대상인지에 대하여 상담한다.

> **Tip** 기관장의 역할과 고민
>
> 사례관리 업무가 조직 내에서 잘 운영되려면 기관장은 팀 간 조정 업무, 직원 반응 살피기, 직원 간 이해하고 협업하는 환경이 정착되도록 하는 역할이 필요하다.

(4) 슈퍼비전 세계가 운영되고 있는가

슈퍼비전은 사례 개입 전략 및 서비스 기획, 자원관리 등에 대한 내부, 외부 전문가의 지도·지원을 통해 실무자의 사례관리 업무 역량을 높이고 수행인력의 소진을 예방하는 데 중요한 체계이다.

① 내부 슈퍼바이저

일반적으로 사회복지기관의 슈퍼바이저는 중간관리자 이상이 맡는 경향이 있다. 어느 기관이든 중간관리자가 되면 클라이언트에 대한 직접 서비스 제공 역할보다는 기관 내 관리자로서의 역할 비중이 증가하여 슈퍼바이저들이 오히려 실천 현장에 대한 감각이 더 떨어지게 된다. 슈퍼비전의 생명은 '현장 적용 가능성'에 있기 때문 과거의 실천 경험만으로 슈퍼비전을 제공하는 것에는 분명 한계가 있다. 그러므로 슈퍼바이저라 하더라도 가능한 한 직접실천에 참여하여 현장 경험을 하는 것이 중요하다. 이것이 어렵다면 지역사회와 클라이언트를 정기적으로 방문하는 것이 대안이 되며, 클라이언트 중심으로 이루어질 수 있도록 하는 데 큰 도움이 된다. 실천 현장과 동떨어진 슈퍼비전은 의미를 상실할 수밖에 없다.

실천 현장에서의 슈퍼비전은 사회복지기관의 이용자들에게 최대한 효과적이고 질적인 서비스를 제공하는 전문적 실천과 직원 및 기관의 책무성을 실현하도록 보장하는 것이다. 이러한 책무성을 실제로 적용하기 위해서 슈퍼바이저는 긍정적 관계의 상황 속에서 슈퍼바이지와 상호작용함으로써 행정적·교육적 그리고 지지적 기능을 수행해야 한다. 기관 내부에서 슈퍼비전 지침 또는 사례관리 지침을 활용하여 슈퍼비전 관련 사항을 자세하게 기록한 것을 활용한다.

- 슈퍼바이저로 선임하여 역할 할당
- 사례 개입 전략 및 서비스 계획, 자원 활용 등에 대한 지원·지도
- 현장 사례관리 실무, 수행 인력의 소진 예방 등에 관한 슈퍼비전 실시

② 외부 슈퍼바이저

각 분야별 현장 및 학계 전문가로 위촉하여 자원과 서비스에 대한 평가, 운영체계와 실천환경에 대한 평가 등에 관하여 슈퍼비전을 받는다.

Tip 외부 슈퍼바이저 위촉

외부 슈퍼바이저는 일회성으로 위촉하기보다 일정 기간을 위촉하여 기관 사정과 지역 문화 등 사례관리 환경에 대한 이해를 공유하고, 사례관리자와의 신뢰관계를 유지하고, 수시로 피드백이 가능하도록 체계를 마련하는 것이 바람직하다.

3) 자원체계 개발과 반응 역량을 강화하기

(1) 자원체계는 명확한 목적 설정과 포지셔닝이 되어 있는가

사례관리 업무는 집단적 협력을 통한 서비스를 제공해야 하므로 자원들이 사례관리 방식으로 일하기로 동의하고, 자원의 역할을 할당하여 서비스를 제공할 수 있어야 한다. 그러므로 사례관리자를 중심으로 정보를 공유하고 조정 활동에 능동적

167

으로 참여하는 것으로 조직간 명확한 업무 경계와 역할 설정이 중요하다.

사례관리 업무에서 조직이 클라이언트에게 유용한 자원으로 기능하기 위해서 목적 설정과 목적에 맞는 각자의 업무 포지셔닝을 가지고 팀워크를 해야 한다.

① 공식화 정도는 어떠한가?

② 협약서에 명시된 명확한 역할이 있는가?

③ 사례관리 방식으로 함께 일할 의사가 있는가?

④ 클라이언트에게 적절하게 반응할 전문성의 정도는 어떠한가?

⑤ 사례관리자로부터 의뢰된 클라이언트에게 서비스 제공을 위해 당해 연도 사업 계획에 사업량을 포함하였는가?

⑥ 조정과 점검에 대한 이해와 협조 정도는 어떠한가?

⑦ 자원기관 전체 직원들이 사례관리 방식으로 일하는 것에 대하여 이해하였는가?

⑧ 자원기관의 기관장 준비도는 어떠한가?

⑨ 슈퍼비전 체계는 적절한가?

⑩ 우리가 의뢰한 역할에 대한 즉각적 수행 가능성은 어떠한가?

(2) 자원체계로부터 사례의 발견과 연결은 잘 이루어지는가

사례관리는 클라이언트의 지역사회 서비스의 접근성을 지원하는 수단으로 볼 수 있다. 효과적인 사례관리를 위해서는 사례관리자의 임상적 실천 기능뿐만 아니라 기관 차원에서의 내·외부 자원 서비스 조정의 역할이 강조되어야 한다.

사회복지기관은 기관 운영 안내에 따라 서비스를 제공하는 방식이므로 이용자들이 스스로 서비스 욕구를 표출하고, 선택하고, 서비스를 이용하고 있다. 그러나 사례관리는 다양하고 복합적인 문제에 대한 접근방법으로 사회복지사 또는 가까운 사람들에 의해 발견된다. 그러므로 조직 내에서 사례 발견을 위한 접근과 관찰이 잘 이루어져야 하며, 이후 사례관리자(팀)에게 공식적인 연결 시스템으로 작동되어야 한다.

(3) 자원체계의 사례관리 이해 및 공감대 형성은 어느 정도인가

사례관리를 위해서는 기관의 준비도 필요하지만 지역사회의 준비도 필요하다. 사례관리 업무는 한 개인 또는 가족과 관련된 다양하고 복합적인 문제에 개입하고 있는 업무이므로 지역사회에서 사례관리에 대한 이해와 공감대가 중요하다.

따라서 지역사회 내에서 사례관리사업에 대한 중요성을 인지하고 협업을 위한 준비가 되어 있어야 한다. 그러나 사회복지시설 대상과 유형에 따라 관할 행정 부서가 달라 협력체계를 구축하는 활동에 어려움이 있다. 또한 일부 기관은 기관 내부 사업 중심, 서비스 제공 중심으로 운영하고 있어 사례관리 과정에서 서비스의 조정, 클라이언트를 위해 관련된 정보 공유, 중복 서비스의 조정, 지역사회 다른 기관에 클라이언트를 의뢰하는 등의 기관 간 역할과 조정 업무에 대한 명확한 문서 협약이 필요하다.

① 자원체계의 이해 및 공감대 형성을 위한 기관 차원의 지원을 하고 있는가

사례관리 직무 영역에서 사례관리자들은 지역사회 조직 및 개발, 기관 간 조정, 연계망 구축 등의 네트워크의 활용 및 활성화에 관련해 가장 많은 제약을 받고 있다. 지역사회 네트워크의 활용 및 활성화에는 실질적으로 많은 시간과 노력을 요구하는 활동인 데 반해, 지역사회 네트워크의 방법에 대한 교육과 지원이 충분히 이루어지지 않고 있어 그로 인해 수행에 어려움을 느끼고 있다.

지역사회는 사례관리의 시발점이자 귀착점이라고 할 수 있을 것이다. 그러나 실천 현장의 사례관리자들은 지역사회 자원 개발과 조직을 가장 덜 수행하고 또한 가장 어려워하는 것으로 나타났다.[3]

사례관리기관은 자원 네트워크의 사례관리 이해 및 공감대 형성을 위해 워크숍, 교육·비공식적 모임 등 기관 차원의 지원이 필요하다.

---

3) 임효연, 김영숙, 이순민(2010). 사회복지기관의 사례관리 직무실태 분석. 한국지역사회복지학, 34, 53-81.

② 기관(단체)과 시설 간의 상시 연결이 유지되는가

사례관리 업무는 지역사회 내에서 복지기관 간 영역을 조율하고 협조체계를 구축하기 위한 상시체계 작동이 요구된다. 지역사회 내의 사회복지기관들이 서로의 강점을 살려 협조체계를 구축하고 기관 간 업무와 역할에 대한 명확한 규정, 그리고 담당자 네트워크, 중간관리자 네트워크, 기관장 네트워크가 정기적이고 상시 작동되어야 한다. 특히, 정기적인 통합사례회의를 통해 사례관리 계획, 점검과 조정이 원활하여야 한다.

③ 지역사회 내에서 공유할 수 있는 정보 공유체계가 있는가

현재 많은 사회복지기관에서는 기관별, 중앙정부, 지자체별, 단위 사업별로 전산 프로그램을 운용하고 있지만, 타 기관이나 정부 기관과의 연계가 없어 네트워크의 활용성이 떨어지고 있다. 클라이언트에게 체계적이고 연속적인 서비스 제공과 사례관리자들의 네트워크 접근성과 활용성 강화를 위해 공공의 사회보장 시스템과 민간의 사회 서비스 시스템을 활용하여 정보를 공유하고 소통하는 것도 하나의 방법이 될 수 있을 것이다.

(4) 네트워크 형성 및 운영 정도는 어떠한가

사례관리를 위해서는 지역사회복지기관들과 네트워크가 반드시 필요하다. 영등포구에서는 2013년 지역사회복지기관 5곳(영등포종합사회복지관, 신길종합사회복지관, 영등포장애인종합복지관, 영등포재가노인복지센터, 영등포노인종합복지관)과 네트워크 고민을 함께 나눴다. 기존의 영등포재가복지협의회(다른 지역에도 유사하게 운영되고 있는 협의체)가 있으나 재가 서비스 담당자 중심의 네트워크였다. 기관장, 공공기관이 함께 재가 어르신과 사례관리를 하는 체계적이고 구조화된 시스템의 작동이 필요한 시기여서 기관장을 만나 논의했지만 기관장들도 기존의 시스템을 바꾼다는 것에 대한 부담을 가지고 있었다. 그러나 기관장을 만나 지역 어르신을 위해 사회복지기관의 역할과 기능에 대하여 나누면서 함께 해 보자는 의견에 동의하게 되었다.

(5) 우리 기관에 대한 인식과 사례관리 인지도 만들기

① 지역사회와 함께 일하기

사례관리 업무와 관련하여 지역사회 내에서 함께 일하기 위해서는 우리 기관에서 점검이 필요한 부분들이 있고 기관의 헌신과 책임 있는 역할이 요구된다. 기관 차원에서의 헌신과 책임 있는 지역 활동 과정을 통해 지역으로부터 사례관리자 또는 사례관리기관으로서의 자연스러운 역할 부여와 위임이 일어나야 한다. 실무자 개인 수준에서는 기관 간 조정, 연계망 구축 등의 실질적인 수행에 있어 어렵게 인식하고 있고, 네트워크의 활용 및 활성화에 많은 제약을 받고 있다. 그러므로 다음 사항들에 대한 점검이 필요하다.

- 우리 기관이 지역사회와 함께 일할 준비가 되어 있는가?
- 자원을 공유할 준비가 되어 있는가?
- 담당 직원은 기관 내부에서 권한을 갖고 일하고 있는가?
- 결정과 책임의 권한은 부여되어 있는가?
- 사례관리의 이해를 공유하기 위한 활동을 하고 있는가?

② 경계 허물기

이용자에 대한 정보를 검색하고 필요한 자원을 탐색하는 데 기관 간 분절성과 정보의 단절로 인해 이용자의 욕구사정이 연속적으로 이루어지지 않는 경우가 발생한다. 서비스의 제공 과정에 해당하는 것으로 이용자의 서비스 이용을 위해 관련된 정보를 전달하거나, 중복 서비스의 조정, 다른 기관에 이용자를 의뢰하는 등 이용자의 권리와 관련된 업무와 기관 사이의 역할 조정이나 분쟁의 조정 등의 기관 사이의 조정 업무가 필요하다. 이는 이용자에 대한 정보를 검색하고 필요한 자원을 탐색함에 있어서 기관 간 분절성과 정보의 단절로 인해 이용자의 욕구사정이 연속적으로 이루어지지 못하고 있음이 담당자들의 고충으로 작용하고 있다.

이에 우리 기관 부처 경계를 허물고 소통할 수 있는 준비가 필요하다.

2. 내부 조직 반응 역량 강화 사례
-영등포노인종합복지관 사례를 중심으로-

1) 내부 체계 반응 역량 강화하기

사례관리를 위해 조직 내부의 운영체계를 만드는 작업은 쉽지 않다. 사례관리자가 속해 있는 부서뿐만 아니라 전 직원이 사례관리사업을 하기 위한 과정을 통해 직원들의 이해와 합의가 있어야 한다. 그렇게 해야 부서 간 의뢰, 연계구조를 만들고 활용 가능한 자원을 개발하고 공유하는 시스템이 작동하고 유지될 수 있다. 그러기 위해서는 우리 조직의 안에서의 의뢰·연계체계가 어떠한지, 다른 기관들은 어떤 과정을 거쳤는지 살펴보는 것이 중요하다.

(1) 우리 기관 운영 모델 만들기

사례관리 업무는 운영체계를 구조화하고 조직 내부에서의 연계와 의뢰 그리고 지역사회에서 의뢰와 연계가 필요한 업무이므로 기관장, 부서장의 의지가 확보되고 직원들이 사례관리의 중요성을 인식해야 우리 조직의 운영 모델을 만들 수 있다. 기관의 내부 상황에 따라 직원들과 논의하여 운영 모델을 만들어 가는 것이 중요하다.

(2) 전 직원의 이해 만들기

조직의 자원 반응 역량을 만들기 위해서는 사례관리자 혼자만의 업무가 아니라 전 직원이 사례관리사업에 대한 이해와 공조가 이루어져야 하며 전 직원의 이해를 만들기 위해서는 다음 사항들이 전제되어야 한다.

- 그동안의 사업성과 인정하기
- 이해를 공유하기
- 필요성과 중요성 설득하기

• 명확한 역할 규명과 업무 배타성 확보하기

영등포노인종합복지관에서는 사례관리 업무에 대하여 전 직원의 이해 만들기는 어려운 작업이었지만 그동안 사례관리사업의 중요성과 필요성을 직원들에게 지속적으로 전달하였고 사례회의를 통해 성과(어르신의 변화된 모습 등)를 경험하면서 다음과 같이 사례관리의 방향성을 잡게 되었다.

영등포노인종합복지관은 서울시 노인복지관의 평가지표를 활용하여 직원 간의 사례관리 이해와 체계 구축에 대하여 논의하였다. 이외에도 외부 전문가를 초청하여 강의와 슈퍼비전의 기회를 가지고, 직원의 외부 교육 참여를 지원한 것이 도움이 되었다.

사회복지시설의 사례관리의 실행체계와 지원체계 평가지표(2021년 서울평가지표)

■ 사례관리의 실행체계는 적절한가?

〈평가 목적〉

클라이언트의 문제해결을 위한 적절한 사정과 효과적인 서비스를 계획, 제공하는 실행체계가 잘 갖추어져 있는지를 평가함

① 클라이언트의 욕구에 기반한 사정이 이루어지고 있다.

② 사정을 근거로 한 개별화되고 적절한 개입계획이 수립되어 있다.

③ 사례관리 계획에 의한 정기적 평가 및 모니터링이 진행되고 있다.

④ 합의된 종결과 계획에 의거한 사후 지원이 이루어지고 있다.

⑤ 사례관리 과정에 이용자 참여가 이루어지고 있다.

■ 사례관리 지원체계는 적절한가?

〈평가 목적〉

클라이언트의 문제해결을 위한 담당자의 전문성 증진 및 자원 발굴과 이를 연계하는 지원체계가 잘 갖추어져 있는지를 평가함

① 사례관리 인력의 전문성 향상을 위한 교육 및 슈퍼비전이 이루어지고 있다.

② 협력적 사례관리 네트워크 활동에 기여하고 있다(통합사례회의 참석 등).

③ 필요한 사례의 경우 연계나 의뢰가 적절하게 이루어지고 있다.

④ 자원 발굴을 위한 지속적인 노력이 이루어지고 있다(자원 목록 정기적 업데이트 등).

---

(3) 타 부서와의 협력구조 만들고 운영하기

복지기관은 각 부서마다 프로그램을 이용하는 서비스 대상자가 있다. 각 부서의 서비스 이용 중 사례관리가 필요한 대상자를 발견하게 되었을 때 어떻게 할 것인지, 또는 어떻게 해야 되는지에 대하여 기관 내부에서는 고민을 가져야 한다. 즉, 기관 내부에서는 명확한 의뢰구조가 공식적으로 만들어지고 작동되어야 한다. 공식적인 구조가 아닌 직원의 역량과 이해도에 따라 운영된다면 이용자 입장에서는 사례관리 기회를 잃게 되고 조직에서는 사례관리 업무가 작동되지 않게 된다. 그러므로 기관 내부든 외부든 의뢰와 연계 시스템이 작동되도록 다음과 같은 방법으로 구조화하고 상시 점검이 되도록 해야 한다.

- 팀장회의 운영(의뢰, 연계 등)
- 공통으로 사용하는 간편 서식 만들고 활용하기(부서 간 의뢰서)
- 사례회의 운영 시 체크하고 회의록 기록 등

영등포노인종합복지관에서는 [그림 7-1], 〈표 7-1〉과 같은 방법으로 의뢰하는 구조를 만들어 운영하고 있다.

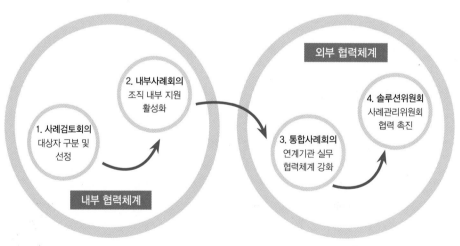

[그림 7-1] **영등포노인종합복지관 내부/외부 의뢰 구조**[4]

〈표 7-1〉 영등포노인종합복지관 내부/외부 의뢰 구조[5]

구분	구분	내용
내부 협력 및 의뢰체계	사례검토회의	복지관의 다양한 사업별로 업무 담당자는 담당 업무를 통해 사례관리가 필요한 대상자에 대한 검토회의를 각 팀별로 실시한다 (팀/과장 주재) * 주 1회
	내부사례회의	사례검토회의를 거쳐 기관 내부의 사례관리 대상 여부를 논의하기 위한 회의로 부장, 관장이 참여하고 사례검토회의에 올린 사회복지사가 사례를 발표하고 논의를 통해 사례로 선정되면 사례관리 담당자 케이스로 선정된다. * 주 1회
외부 협력 및 의뢰체계	통합사례회의	내부사례회의에서 외부 기관(동, 타 기관 등)과의 통합사례회의가 필요한 경우 클라이언트 해당 주소지의 동에 통합사례회의 공문을 발송한다(사례관리 담당자 역할). * 동 통합사례회의 시 복지관 슈퍼바이저가 함께 참석(관장/부장) * 동별 월 1회 이상, 케이스 발생 시 수시
	솔루션위원회	긴급 위기 케이스나 다양한 영역의 사례위원 자문이 필요한 경우 구청복지정책과에 의뢰하며 구청복지정책과가 주관하고 어르신복지과와 관련 부서, 동주민센터, 복지관 등 관련 기관과 전문가가 참석한다. * 케이스 발생 시

(4) 타 부서의 자원 파악을 위한 체계 만들기

사회복지기관에서는 자원과 관련된 업무를 총괄하는 부서가 있지만 다른 부서에서도 확보된 자원이 있다. 이러한 자원이 사례관리의 자원으로 관리될 수 있도록 정기적으로 타 부서의 자원을 파악하는 것이 중요하다. 그런데 이러한 자원 파악이 조직 내부에 시스템으로 작동되지 않으면 자원의 손실 또는 사례관리 자원으로 활용할 수 없게 된다. 그러므로 다음과 같은 방법으로 자원을 체계적으로 관리하도록 해야 한다.

---

4) 영등포형재가어르신통합네트워크 '함께돌봄' 자료집(2015), p. 12, p. 65.
5) 영등포형재가어르신통합네트워크 '함께돌봄' 자료집(2015), p. 12, p. 65.

- 정기적인 복지자원 조사, 점검
- 데이터 활용
- 복지자원 DB 전산망 구축
- 복지자원 현황을 조사 · 분석
- 업데이트 관리

사례관리 추진 방향(영등포노인종합복지관 사례관리지침에서 일부 발췌)

가. 클라이언트를 지역 주민으로 바라보며 지역사회 지지체계 구축
- 클라이언트를 문제를 가진 병리적인 대상이 아니라 지역 주민으로 바라보아야 하며, 궁극적으로는 지역사회에서 자립하여 살아갈 수 있는 지지체계를 구축하는 것이 사례관리의 목표가 되어야 한다. 이를 위해 우리 복지관의 주요 기능한 지역사회 조직, 서비스 제공의 기능과 더 유기적으로 통합한다.

나. 클라이언트를 가구 단위로 보며 포괄적으로 접근
- 클라이언트는 노인, 장애인 등 특정 대상을 목표로 하지 않고 가구 전체를 본다. 따라서 가구 구성원의 다양한 욕구에 대응할 수 있는 포괄적인 접근이 강조되며 다양한 자원 및 기관들과 연계, 협력한다.

다. 비공식 자원의 개발과 활용
- 공공의 복지제도와 자원뿐만 아니라 지역사회의 비공식 자원을 적극적으로 개발하고 활용하여야 한다. 다양한 민간 자원이나 후원처를 개발하고 목록화하며, 전문 자원봉사자, 준 사례관리자, 멘토, 지역 주민 등 인적 자원을 구축한다.

라. 주 사례관리기관으로서 조정기관의 역할
- 공공과 민간의 다양한 사례관리기관이 개입하는 과정에서 이를 조정하고 연계하는 주 사례관리기관으로서의 기능을 수행해야 한다. 이를 위해서 공공과 협력체계를 구축하고, 지역사회 사례관리기관들과 상시적인 네트워크를 형성하며, 통합 사례회의 주관과 참여 등 적극적으로 수행한다.

마. 질적 서비스 제공을 통한 클라이언트의 삶의 질 향상
- 사례관리를 통해 클라이언트의 복합적인 욕구를 지원하고 클라이언트의 사회적인 기능과 삶의 질을 향상시키는 것을 목적으로 한다.

바. 서비스의 지속성
- 현존하는 다양한 욕구뿐 아니라 시간의 흐름에 따라 발생한 새로운 욕구 등에 기반하여 클라이언트가 필요 서비스를 지속적으로 지원받을 수 있도록 한다.

사. 서비스의 개선
- 사례관리의 기능 중 하나인 평가의 기능을 통해 사례관리 서비스를 개선하여 조정과 연계의 기능이 보다 원활하도록 한다.

아. 개별화된 맞춤형 서비스 제공
- 클라이언트의 욕구에 기반하여 개별적인 서비스 목표를 수립하여 개별화된 서비스를 지원하되 클라이언트가 자기관리와 위험관리를 할 수 있도록 역량 강화를 최우선으로 한다.

자. 효과적이고 효율적인 서비스 공급
- 기관과 자원의 공유와 서비스 중복과 누락의 방지 등을 통해 서비스 공급에 있어 효과적이고 효율적인 서비스를 공급한다.

2) 자원체계 개발과 반응 역량 강화하기

자원망 구축과 반응 역량 강화를 위해 일련의 과정이 필요하다. 영등포노인복지관 사례를 통해 그 과정을 살펴보면 다음과 같다.

민간 복지기관들이 지역사회 협력으로 재가복지(돌봄기본사업)를 기관 중심으로 영등포 관내 18개 동을 주 사례기관으로서 지역책임제(주 사례관리기관)로 나누자는 것인데 난관은 구청의 주무부서가 다르므로 어떻게 접근해야 하는가의 고민이었다.

구청을 찾아가 어르신 복지과장에게 같은 지역에 사는 어르신들에게 복지 서비스가 중복되거나 누락되는 사례가 발생하고 있어 사각지대가 만들어지고 있으니 권역별 주 사례기관을 정하는 부분을 설명하였다. 구청에서도 필요성과 문제를 공감하여 2013년부터 재가노인 통합네트워크를 운영하게 되었고 재가노인 통합네트워크 지침과 주 사례기관이 예산 지원을 받게 되었다. 그리고 구청예산지원을 통해 관내 통합전산망을 활용하여 동주민센터와도 자원의 균등한 배분과 사례회의를 하게 되었고 이후 2016년 찾아가는동주민센터, 2020년 맞춤돌봄사업과 관련하여 동일한 권역을 수행기관으로 지정하고 네트워크를 하고 있다.

보건복지부 맞춤돌봄사업이 영등포 권역별 네트워크가 모델이 되었다.

영등포에서는 네트워크를 추진하기 위해 3단계 과정[6]을 거쳤다.

먼저 기관장이 모여 단계별 추진 과정에 대한 합의를 거치고 실무는 기관별 담당 과장들 모임에서 추진했다. 중복과 누락을 조정하기 위해서 4개 기관이 어떻게 18개 동을 나눌 것인가에 대한 조정합의 과정에서 많은 논의를 거쳐 진행되었다.

1단계에서 기관협력, 지역현황 조사, 복지자원 조사를 실시하였는데 각 기관의 위치와 직원 수에 따라 지역 현황이 다르고 복지자원이 다르게 나타나는 것을 보고 협력과 조정을 통해 대상자에게 균등한 서비스로 가야 하는 것을 알게 되었다.

2단계에서 대상자 이관을 놓고 직원들은 권역별로 협의 조정을 진행을 했지만 대상자 입장에서는 어느 기관의 서비스 혜택이 좋은지(자원의 양과 질), 직원과의 정서적 유대감과 친밀도에 따라 다르게 나타났다. 이러한 상황을 당면한 직원들은 클라이언트의 선택권과 관련하여 딜레마가 제기되기도 했다.

3단계에서는 공동위기지원금 마련을 위한 후원 개발계획과 모금 과정을 통해 직원들이 개별 기관의 모금과 달리 네트워크 기관과 공동의 목표를 세우고 펀딩하는 경험을 통해 네트워크를 완성해 가는 경험을 했다.

(1) 영등포 「함께돌봄」 네트워크 단계

네트워크는 공동 업무라는 인식하에 민간 기관과 공공 기관이 구조화된 업무 시스템이 체계적으로 상시 작동이 되어야 하며, 인사발령이 있어도 지속적으로 수행되어야 한다. 네트워크에 참여한 모든 기관은 「영등포함께돌봄네트워크지침」을 준수하고 구로부터 별도 예산을 지원받아 운영하게 되어 다른 모형보다 견고한 체계를 가지고 운영되었다.

2016년 「찾아가는동주민센터」의 민관협력과 관련하여서는 5개 기관에서 맡았던 일부 동이 조정되었고, 클라이언트가 노인뿐만 아니라 다른 세대를 대상으로 권역별 민관통합사례회의를 실시하게 되었다. 2019년 보건복지부에서 커뮤니티케어 관련 노인돌봄사업을 연구하면서 영등포구에서 실시하고 있는 「영등포함께돌봄네트워크」 모델을 벤

---

6) 영등포형재가어르신통합네트워크 '함께돌봄' 설명회 ppt 자료(2015).

치마킹하였다.

2020년 노인맞춤돌봄사업이 전국적으로 시행되면서 영등포는 4곳이 수행기관으로 선정되었고 장애인복지관과 50+센터는 협력기관으로 네트워크하고 있으며 2020년부터는 총괄 운영기관은 기관이 협의하여 정하기로 하였다.

(2) 전문가 네트워크 개발 및 관리

인간의 삶은 다양하고 욕구는 복합적이므로 관련 전문기관과 연계하여 도움이 필요한 클라이언트를 지원하고, 영역별 전문가망을 통해 사례회의 및 업무 관련 협의와 간담회를 실시한다.

〈표 7-2〉 민·관기관별 네트워크

구분	주요 역할	비고
구청	• 컨트롤타워 기능 • 종합계획 수립 • 주 사례기관 간 사업 조정 • 자원 배분, 인력 조정	– 복지정책과 – 어르신복지과
총괄 운영기관	• 재가노인통합센터 총괄 운영 • 저소득 노인 전수조사 및 현장 방문 • 안전 확인 및 지역자원 관리 및 개발 • 중복 및 누락자 조정 및 기준 마련	– 영등포노인종합복지관 – 통합사례기금 민간자원 개발 – 4,000만 원 긴급자금 마련 –네트워크 사례회의 지급 결정
주 사례기관	• 관리 지역 서비스 제공 및 연계 • 주 사례관리 • 솔루션위원회 운영	– 영등포종합사회복지관 – 신길종합사회복지관 – 영등포노인복지센터 – 영등포장애인종합복지관 – 영등포노인종합복지관
협력기관	• 기관 특성에 맞는 서비스 제공 및 연계 • 솔루션위원회 참여	– 경찰서, 소방서, 보건소, 강남성심병원, 정신건강센터, 지역자활센터, 노숙인센터, 영등포사회복지협의회, 청소년복지센터, 지역아동센터, 영등포 50+센터, 영등포노인케어센터, 영등포주거복지센터

특히, 지역사회보장대표협의체위원, 실무분과위원 그리고 관내 협회장을 활용하여 전문가 네트워크를 개발하고 있으며, 클라이언트의 욕구와 관련된 자원을 지속적으로 개발해야 한다. 다양한 전문가의 영역, 장애인 영역의 전문가 네트워크 활동 사례를 살펴보면 〈표 7-3〉과 같다.

〈표 7-3〉 영역별 전문가 네트워크 예

영역	내용	전문가
건강 영역	신체적 및 정신적 건강관리와 유지	의사, 간호사, 약사, 치료사, 의료사회복지사, 정신건강센터 등
일상생활	의식주, 이동, 여가 등 일상생활 유지	영양사, 물리치료사, 여가 강사 등
가족생활	가족 갈등 등 관계 형성, 가족돌봄	가족치료상담사, 사회복지사 등
사회적 관계	친척 및 이웃 간 관계 형성 소속된 집단 및 사회생활, 사회교육	사회복지사 등
경제	기초생활해결 자산관리 등	국민기초생활수급 관련 공무원, 변호사, 세무사, 금융설계인, 후견인 등
교육	기초학습 습득 및 향상, 학교생활 등	교사, 학교사회복지사 등
고용	취업/창업 준비와 유지	직업상담가, 자활기관, 창업전문가, 근로복지공단 등
생활환경	거주지의 안전과 환경	지원주택 전문가, SH, LH, 주거복지센터, 전기공사, 주택 인테리어 등
권익보장	제도와 절차로 인한 불이익, 차별대우, 권리 침해	인권위원회, 아동보호전문기관, 노인보호전문기관, 장애인인권센터 등
안전	안전을 위협하는 문제와 1인 가구의 응급 상황	사회복지사, 맞춤돌봄수행기관, 장애인활동지원, 자살예방센터, 경찰, 소방서 등

(3) 대상자 발굴 네트워크 개발 및 관리

사례관리 대상자를 발굴할 수 있는 네트워크를 개발하는 업무로 기관 내부, 기관 외부의 네트워크를 활용할 수 있으며 지속적인 관리를 통해 네트워크가 잘 운영되도록 지원하는 것이 중요하다.

– 내부 기관 발굴체계로는 직원들이 사업을 통해 발굴하는 시스템이 있는가?

- 기관에서 발굴과 의뢰가 가능한 인적 자원체계가 있는가?

  (자원봉사자, 생활지원사, 장애인활동지원사, 이용 회원(당사자) 조직, 관심 있는 지역 주민 등)

- 기관 외부로부터 의뢰 네트워크 체계가 있는가?

  (학교, 병원, 읍면동 보장협의체, 읍면동 주민센터, 통반장, 지역 내 협력 네트워크 기관 등)

- 지역 주민으로부터의 의뢰가 가능한 방법이 있는가?

  (마을버스, 홍보, 캠페인, 주민간담회 등)

〈표 7-4〉 **영등포 노인복지관 직원을 활용한 발굴체계** 〉[7]

〈영등포노인종합복지관 동 담당제 2022〉

동	문래동	도림동	당산 1동	당산 2동	영등포본동
팀장	김○아	허○란	고○니	이○욱	박○빈
팀원	장○선 김○은 소○연 고○선	최○영 김○혜 장○영	이○정(간호사) 최○영 박○숙	김○희 김○진 천○란(영양사)	유○선 이○솔 이○희(물리치료사)

영등포구는 관내 5개 복지기관이 18개 동을 권역별로 나누어 찾아가는 동주민센터, 돌봄SOS센터, 맞춤돌봄사업을 수행하는 시스템으로 영등포노인종합복지관이 5개 동을 담당하고 있으며, 사회복지사는 담당 동을 중심으로 아웃리치사업을 실시하며 팀장은 책임 동의 동장협의체 위원으로 활동함.

-팀장은 팀원과 책임동에 주 1일 또는 4시간 아웃리치(발굴, 상담, 서비스 연계 등)
-동 보장협의체 후원금/품을 복지관 자원 담당자에게 연계(후원금품 처리)
-동 통합사례회의 참석
-사례관리자가 요청할 경우 각 동별 담당자와 동행 방문
-각 동 담당 팀장은 기관사례회의 참석
-캠페인, 홍보, 주민 만나기 등 활동
* 2018년에 전직원 워크숍을 통해 지역밀착형 복지사업을 기획, 중간관리자 워크숍을 거쳐 직원교육, 토론 등을 통해 업무체계를 확정함.

---

7) 영등포노인종합복지관 CCS 중점동배치표(2022년).

제8장

외부 체계와 일하기

1. 네트워크를 활용한 협력구조 만들기

사례관리는 지역사회를 중심으로 다양한 자원이 연계되고 통합적으로 조정되어 수행되는 활동이다. 따라서 사례관리자는 지역사회 자원에 대한 이해를 바탕으로 자원 간 조정 역량이 요구된다. 이 장에서는 사례관리의 간접적 실천과 관련, 네트워크 이론에 대한 이해를 기반으로 지역사회 네트워크의 구축 및 실행, 유지를 위한 방안에 대해 살펴보고자 한다.

1) 네트워크의 개념

- 네트워크란 '연결망' 또는 '자원망'으로 볼 수 있다. 사회사업사전에 따르면 네트워크는 "상호 간에 자원, 기능, 접촉, 지식을 가지고 있는 사람들 내지는 조직의 비공식적 또는 공식적 연결"로 정의되고 있다. 즉, 네트워크는 개인, 집단, 조직 간의 유형화된 관계이고, 정책문제나 자원을 놓고 형성되는 상호 의존적인 행위자 간 안정적 사회적 관계의 형태이다(Klijin et al., 1995; 강창현, 2003 재인용).
- 네트워크는 주로 조직을 대상으로 많이 언급되는데, 조직들의 결합체로서 조

직 간 네트워크는 법적으로 개별적 특성을 가진 조직들의 수평적 집합이며 조
직 간 교감에 의한 상호작용, 공동행동, 공동산출의 사회적 형태로 규정된다.
네트워크는 공공 부문 및 민간 부문의 행위자들을 포함하고 이들 행위자들 간
의 연결은 의사전달과 정보, 전문성, 신뢰, 다른 권력 자원들의 교환을 위한 통
로로써 기능한다(함철호, 2020).

2) 네트워크의 특징(함철호, 2019)

- 조직 및 구성원 사이의 의미 있는 상호 관계가 존재한다.
- 네트워크 구성원들이 자원을 교환하고 공동의 목적을 달성하기 위해 지속적인
  상호작용을 한다.
- 신뢰에 바탕을 둔 상호작용이 존재한다.
- 네트워크 구성원들 간 합의된 규칙에 의한 통제가 존재한다.
- 구성원들 사이에 상당한 정도의 자율성이 유지된다.

3) 네트워크의 유용성

- 네트워크의 중요성을 클라이언트 측면에서 보면, 클라이언트 체계의 욕구 복
  합성과 그에 대응하는 조직의 단일 목표 지향성에서 찾아볼 수 있다. 즉, 한 개
  기관의 서비스만으로는 복잡한 클라이언트의 욕구를 해결하기 어렵다. 이에
  네트워크가 필요하다.
- 사례관리자 측면에서 보면 사례관리 운영체계 자체가 사례관리를 위한 공식·
  비공식 자원의 네트워크로 구성된다. 사례관리자는 클라이언트 중심의 네트워
  크로 이전되고 유지되도록 중재·의뢰·조정·옹호·점검·자원 개발과 같
  은 간접실천을 하게 된다. 이러한 점에서 사례관리는 네트워크 조직에 의한 협
  업이라고 볼 수 있다.
- 홀(Hall, 1982)은 "사회복지 조직 간 네트워크는 의료보호, 취업 알선, 청소년 보

호 조직, 복지 조직 등의 인적 서비스 전달을 다루고 있다. 그 이유는 조직 상호 간의 조정으로 서비스 전달을 개선하고 비용을 줄일 수 있다는 신념이 있었기 때문이다. 그리고 사회 서비스 조직체의 클라이언트들은 조직 상호 간의 관계에 의해 크게 영향을 받기 때문이다"라고 언급하였다. 즉, 사례관리 과정은 네트워크와 서비스 조정과 보호가 이루어지고, 이를 통해 클라이언트의 긍정적 변화를 촉진시킨다는 점에서 중요성이 크다고 할 수 있다.

- 그렇다면 네트워크는 어떤 점에서 유용한가? 첫째, 네트워크를 통해 클라이언트에 대한 서비스 간의 서로 다른 목적과 목표를 클라이언트 중심으로 일원화하고, 서비스 품질이나 제공 방법, 순서 등 서비스 간의 간극을 줄이고 더 광범위한 서비스 제공을 가능하게 한다. 둘째, 조직 차원에서 독자적으로 서비스를 제공할 때보다 서비스의 개발과 이행에서 더 다양한 방법을 사용하게 하며 포괄적 지원이 가능하게 한다. 셋째, 다양한 자원 동원이 용이하다. 넷째, 서비스 중복을 막고 서비스를 위한 새로운 인프라 구축을 위한 시간과 비용의 절감이 가능하다. 다섯째, 지역 내 서비스의 문제를 함께 해결할 수 있는 기회를 제공한다. 여섯째, 독자적으로는 달성할 수 없던 서비스를 지역 내 모두가 지원한다는 교감을 통해 서비스 효과를 증진할 수 있다(Beatrice, 1990; 함철호, 2019 재인용).

4) 네트워크의 활용

(1) 네트워크 활성화 요인

- 강철희와 정무성(2006)은 네트워크 활성화 요인으로, ① 정치적 지지나 행정당국의 행정적 지지, ② 관련 법률의 마련, ③ 특별한 재정 지원, ④ 각 기관, 정부 조직, 전문가 간 의사소통 및 훈련과 경험, ⑤ 새로운 가능성에 대한 태도와 관련 기관(개인) 간 긍정적 관계 형성을 제시하였다.
- 민소영 등(2019)은 기관의 협력을 장려하는 정책·구조·절차와 같은 기관 수준의 요인보다 전문가들 스스로가 네트워크 협력이 장점이 있는 것으로 인지

하는 것, 협력에 대한 지식이 있는 것, 협력을 장려하는 기관 정책을 인지하는 것, 신뢰와 존중, 의사소통, 타 전문가의 가치와 목적, 관점을 이해하는 것이 중요하다고 언급하였다.

- 워커(Walker, 2006)는 네트워크 활성화 요인으로, ① 기관 간의 지속적인 상호 작용, ② 기관에 대한 신뢰성과 유능성, ③ 지역의 조정자 역할을 강조하였다. 또한 마시와 로즈(Marsh & Rhodes, 1992)는 네트워크 운영의 기준으로 상호 의존, 지속적인 자원 교환, 자율성, 상호 행동을 제시하였다.

(2) 네트워크 활성화를 위한 방안들

- 지역사회 유관 기관 간 협력체계를 구축한다.
- 네트워크 강화를 통한 협력체계 강화 및 모니터링 체계를 공식화한다.
- 지역사회 기관들의 협력과 연계의 중요성을 공유한다.
- 네트워크 협력 업무의 담당자를 지정한다.
- 네트워크 기관의 범위에 대해 이해한다.
- 관련 기관 간의 역할을 규정하고 분담한다.
- 지역사회 협력을 위한 교육 및 훈련을 실시한다.
- 클라이언트와 그 가족에 대한 정보 및 개입 방법에 대해 공유한다.
- 서비스 종결 이후 지역 내 사후관리를 강화함으로써 지역사회 보호와 사례관리의 지속성을 강화할 수 있도록 지속적이고 상시적인 모니터링을 실시한다.

Tip 다양한 주체와 함께 일하기

♣ **공공(공무원)과 함께 일할 때 유의할 점**

- 관료 조직의 속성에 대한 이해가 필요하다. 공공은 관료제 조직으로서 업무가 분업화되어 있고 이에 따른 업무 분장과 보고체계가 존재하므로, 협업 시 '어느 부서의 누구와 협력할 것인지'에 대해 사전에 명확하게 파악하고 수행해야 한다.
- 공공 조직은 모든 과업이 규정과 지침에 근거하여 절차에 따라 수행되므로 실무자의 자율성이 제한되어 있다. 따라서 협업 시 해당 실무자의 권한과 한계에 대한 사전 이해와 상호 합의

가 필요하다. 또한 정기적인 인사이동과 보직 변경으로 인해 실무자가 자주 변경되므로, 이에 대비하기 위해 진행된 자료들에 대한 보관 및 활용이 필요하다.

• 공공 조직의 특성상 문서를 통해 과업이 이루어지므로, 협업 시 문서(공문, 증빙 자료 등)를 통해 진행하고 의사결정 체계를 고려한 충분한 시간적 여유가 확보되어야 한다.

♧ 시민 · 사회단체(활동가)들과 함께 일할 때 유의할 점

• 단체의 고유한 지향과 관점에 대한 이해가 필요하다. 시민 · 사회단체들은 설립 목적과 활동 방식에 고유성이 뚜렷하고 이를 바탕으로 활동을 하므로, 협업 시 기관 간 사례(혹은 이용자)에 대한 관점과 협업 방식에 대한 합의를 충분히 이끌어 낼 수 있어야 한다.

• 시민 · 사회단체들은 대다수 소규모 조직 형태로 운영되어 의사결정 구조가 유연하고 신속하다. 또한 해당 실무자의 자율성이 확보되어 권한이 크므로 이러한 강점을 존중하고 활용하도록 한다. 협업 시 상호 강점에 기반한 분업이 이루어지면 효과적인 사례관리가 운영될 수 있다.

• 다만 소규모 조직의 특성상 기관의 예산 사용에 제한이 있고, 조직 특성과 인력 부족으로 협업 수행에 부가되는 행정처리 절차에 어려움을 갖는 경우가 많으므로, 이에 대한 안내와 도움 제공이 필요하다.

♧ 기업(민간 영리업체 등)과 함께 일할 때 유의할 점

• 상호 호혜적인 협업이 필요하다. 협업을 통해 획득되는 성과나 기대효과를 구체적으로 제시하고 네트워크에 참여함으로써 시너지가 도출될 수 있음을 안내할 필요가 있다.

• 클라이언트의 욕구와 기업(민간 영리업체)의 이미지 제고를 조화롭게 연계하는 방안이 필요하다. 또한 지역사회 내 다양한 생활 자원들과의 접촉을 통해 유형의 자원연계뿐만 아니라 관계 등 무형의 자원연계와 네트워크가 이루어지도록 할 필요가 있다.

2. 네트워크 과정

그렇다면 네트워크의 과정은 어떻게 수행되는가? 네트워크 과정은 준비, 구성, 실행, 관리의 4단계로 살펴볼 수 있으며[1] 각 단계별로 수행되어야 할 목록 및 사례관리자의 과업을 살펴보면 다음과 같다.

(1) 준비 단계

- 자원활용 및 네트워크 방법의 적합성에 대한 탐색 및 검토
- 자원활용 및 네트워크 방법에 대한 적용 준비
- 지역 네트워크 환경에 대한 광범위한 사정

사례관리자의 과업

사례관리자는 서비스 수행에 필요한 자원의 활용과 네트워크 방식을 기획, 검토해야 한다. 또한 기관 내, 기관 간 의사소통을 통해 자원을 탐색하고 찾아낸 뒤 승인과 재가의 과정을 수행해야 한다.

(2) 구성 단계

- 활용할 자원의 내용 및 자원연계, 네트워크 가능성에 대한 검토 · 판단
- 자원의 접촉과 연계를 위한 신뢰 형성
- 공식적 · 비공식적 접촉을 통한 상호 호혜성 확보
- 자원연계 및 네트워크의 공식화

사례관리자의 과업

사례관리자는 지역사회에 활용 가능한 자원과 네트워크에 대한 정보를 수집하고 분석한다. 이를 위해서는 자원 개발과 네트워크에 대한 열의를 가져야 하며, 구성 단계에서 설득과 대화 등 원활한 의사소통 기술을 활용해야 한다.

(3) 실행 단계

- 새로운 자원망 및 네트워크 구축
- 기존 자원망 및 네트워크에의 참여, 수행
- 자원망의 실행: 교환의 대칭성 형성 및 기관 성원의 지위 결정
- 권한의 확인 및 명확화

---

1) 홍현미라 등(2019)의 내용을 참조하여 재구성하였다.

사례관리자의 과업

사례관리자는 구축된 네트워크의 목적을 명확히 함과 동시에 네트워크에 참여한 기관 간 의사결정 및 의사소통 체계를 명확하게 해야 한다. 더불어 네트워크 작동 방식에 대한 합의를 이끌고 책임을 명확하게 제시, 공유해야 한다.

(4) 관리 단계

- 네트워크에서 발생하는 갈등 관리
- 네트워크 참여 기관 간 응집력 향상 및 문제해결 능력 증진
- 지역사회 신뢰 확산 통한 지역의 역량 강화

사례관리자의 과업

네트워크 수행 단계에서 발생할 수 있는 갈등을 중재, 관리하는 역량이 필요하다. 나아가 네트워크의 지속적 작동을 위한 구조를 구축하고, 제도 및 인프라 활용을 통해 네트워크를 지속적으로 유지해야 한다.

사례 8-1 **부산 장애인 통합사례관리 네트워크 구축**

부산은 16개 구·군으로 이루어져 있으며 기장군, 서구, 해운대구를 제외한 지역에 장애인복지관이 1개소 이상 운영되고 있다. 각 기관에서는 장애인과 그 가족을 대상으로 사례관리 서비스를 실시하고 있으며, 사례관리 서비스 실천을 위해서는 지역사회의 여러 자원과의 네트워크 체계와 함께 개인 실무자의 사례관리 서비스 제공의 기능적인 측면에서의 높은 역할을 부여받고 있다. 이에 각 기관의 사례관리 실무자의 역량 강화를 위해 장애인복지관에서 사례관리 업무를 진행하는 실무자들의 역량 강화 및 다양한 정보가 필요하게 되었고, 이를 위해 교육뿐만 아니라 정보를 자유롭게 공유할 수 있는 네트워크 모임이 필요하게 되었다.

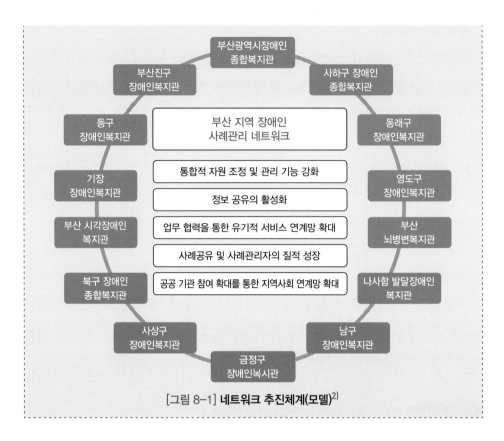

[그림 8-1] 네트워크 추진체계(모델)[2]

사례 8-2   영등포구 재가어르신 통합네트워크 구축

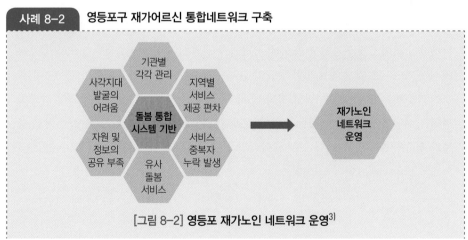

[그림 8-2] 영등포 재가노인 네트워크 운영[3]

---

2) 부산광역시장애인종합복지관 네트워크.
3) 영등포형재가어르신통합네트워크 '함께돌봄' 자료집(2015), p. 44.

[그림 8-3] 단계별 네트워크 업무[4]

〈표 8-1〉 단계별 네트워크 운영

	기관협력	지역 현황 조사	복지 자원 조사
1단계	• 실무회의(통합의 필요성) • 기관장회의(주 사례기관 역할, 지역 분할, 자원 공유) • 분기별 기관장 회의 • 월 1회 실무자 회의	• 재가 서비스 제공기관 파악 • 복지 지도 만들기(지역 확인) • 돌봄 필요 어르신 분포 조사	• 기관의 특성 파악 • 제공 서비스 조사 • 기관의 역량 파악(인력구조, 주력 사업, 대상자 범위 등) • 기관의 지역 포괄성 조사
	주 사례기관 지정	지역 분할	대상자 이관
2단계	• 구청: 컨트롤타워 • 총괄: 영등포노인종합복지관(20년부터 순번제로) • 주 사례기관 4곳 • 업무협약서 작성	• 지역성, 소재지 중심 • 접근성, 어르신 중심 • 서비스 제공 편의성 • 기관 수행능력 • 기관 합의 필요	• 관할 지역별 대상자 이관(지역 우선) • 욕구에 의한 서비스 조정(필요시 기관 간 조정)
	자원 분배	통합 시스템 개발	수행 인력 조정
3단계	• 공공복지로 해결이 어려운 사례 지원 • 개인 및 기업 후원 발굴 • 통합사례회의를 통해 지원 • 기금조성금액－4,000만 원(통합사례회의를 통해 지원)	• 민관의 정보 공유 • 대상자 의뢰 시스템 구축 • 중복과 누락 방지 • 자원관리 * 2019년까지 운영	• 지역별 수행인력 편중 → 서비스 질적 편차 발생 * 구비 인력 지원 요청

---

4) 영등포형재가어르신통합네트워크 '함께돌봄' 자료집(2015), p. 47.

3. 네트워크 구축 방식

네트워크 구축 방식은 지역사회의 특성, 예컨대 자원의 양, 주 사례기관의 수, 민관 네트워크의 성숙도 등에 영향을 받는다. 따라서 특정한 방식을 고집하기보다는 지역사회의 갈등을 최소화하고 효율적 운영이 될 수 있는 방법을 적용하는 것이 필요하다.

1) 자원 성격에 따른 네트워크 구축 방식

(1) 공식적 자원체계 네트워크

• 사례관리자들은 다양한 분야의 전문가 및 조직과 함께 일하게 된다. 따라서 조직에 대한 이해를 기반으로 네트워크를 개발하고 협력적인 관계를 유지함으로써 효율적으로 사례관리를 운영해야 한다. 이때 활용 가능한 네트워크 방식은 다음과 같다.

① 사례 중심의 네트워크 방식

사례관리를 위해 사전에 일괄적으로 협약기관을 모집하고 기관장을 대상으로 협약서를 체결하는 방식보다는 구체적 사례가 발생했을 때 실제 사례를 가지고 자원개발을 나서는 방식이다. 이러한 방식은 사례관리의 과정을 통해 사례관리 성과를 공유하면서 보람과 협력에 대한 동기가 강화되어 다른 사례의 자원으로 확대될 수 있는 강점이 있다. 또한 사례관리자의 네트워크를 구성하여 거둬들인 자원을 사례관리자가 클라이언트에게 제공하는 방식이 아니라 클라이언트를 매개로 맺어지는 네트워크이므로 1차적으로 대상자의 영구적 상호작용이 일어날 수 있는 자원망이 되며, 이러한 성공적 경험 속에서 강화된 자원망의 참여 동기는 사례관리기관의 공식적 협력체계가 되는 2차적 성과를 가져오는 강점이 있다.

② 실무자로부터 출발하여 공식화하는 네트워크 방식

사회복지기관들은 행정적 체계를 가지고 있으나 사례를 다루는 것은 일선 실무자이다. 기관의 요청을 실무자가 체감하고 수행하기까지는 상당한 교육과 실무 경험이 필요하다. 이에 실무자 간 사례를 함께 돕는 방식의 네트워크는 이러한 행정적 체계로 인한 비효율적 요소를 감소시킬 수 있는 강점이 있다. 단, 이때 한 사례만의 협력으로 끝나지 않고 지속적 협력체계를 유지하며 사례관리에 필요한 조정과 점검 활동 참여에 대한 외부 협력기관 실무자의 업무를 해당 기관 내에서 보장받게 하기 위해서는 공식적 관계로의 발전하는 상향식 네트워크 방식이 전제되어야 한다.

③ 기존 네트워크를 활용하는 네트워크 방식

민간 기관들 간의 자생적 조직을 구축하여 협력하는 유형, 지역복지협의회가 대상별(아동, 노인, 가족 등) 분과를 구성하여 통합 서비스를 위한 연계 활동을 활성화하는 유형, 민간과 공공이 지역복지협의체를 구성해 상근 간사를 배치하고 사례관리 분과 등을 운영하는 유형, 지자체 내에 사례관리 조직을 구성하고 이들이 중심이 되어 민간 기관들을 협력체계로 구성한 유형 등 다양한 기존의 네트워크 조직들을 활용하는 방식이다. 이처럼 기존 네트워크를 활용하는 경우는 지역사회 내의 자원 간 상호작용을 촉진하여 사례관리의 원활한 협력을 이끌어 내도록 유도하는 비정형 형태로부터 사례관리를 위해 명확한 역할 규정과 회의 구조를 가지는 형태까지 성숙 정도는 다양하다. 따라서 사례관리 거점기관(주 사례기관)[5]은 무조건 거점기관 중심의 외부 체계 개발을 주도하기보다는 지역사회 내 네트워크 구조를 파악하고 기존 네트워크를 어떻게 활용할 수 있을지 고민하고 이를 위한 설득과 협상, 지역 네트워크에 대한 참여와 기여 등의 전략을 구사해야 한다.

---

5) 본고에서 '주 사례기관'이란 지역사회 내 사례관리 서비스를 제공하는(사례관리를 수행하는) 기관 중 클라이언트의 문제해결에 관련된 자원들이 클라이언트의 문제해결 과정에서 반응적 자원망 역할을 효율적으로 수행하도록 조직화하고 조정하는 역할을 담당하는 기관으로 정의하여 사용하고자 한다.

④ 관계 중심에서 과업 중심으로 확장하는 방식

사례관리자들은 사례관리의 시급성이나 당위성에 의해 실무자 간의 개인적 관계가 형성되기 전에 행정적 절차 속에서 만나게 되는 경우가 많다. 이때 의뢰나 연계과정에서 자신이나 자신의 기관을 소개하고 사례관리를 설명하는 데 시간과 에너지를 소비해야 하고 공식적 업무도 원활하지 않을 수 있으므로 사례관리자는 개인적 관계를 형성하기 위해 소모임 가입, 개별 방문, 비공식적 만남의 기회 마련 등 노력할 필요가 있다. 관계 형성 전이라도 불가피한 첫 접촉을 해야 하는 경우에는 비대면 접촉이라도 시도하여 사전의 준비 과정을 갖는 것이 좋다.

⑤ 쌍방향 네트워크 방식

이전의 자원 전달 방식은 사례관리자 또는 거점기관이 다양한 자원체계로부터 자원을 끌어모아 일방적으로 클라이언트에게 전달하는 방식, 즉 일방적 전달 방식이었다. 그러나 쌍방향 네트워크의 경우 자원을 제공하는 이와 자원을 활용하는 대상자 사이에 상호작용이 일어날 수 있도록 하는 방식을 취한다. 그 결과 네트워크의 중심에 서비스 이용자가 있고, 그 이용자의 욕구에 따라 자원이 헤쳐 모이게 된다. 이러한 쌍방향 네트워크는 지속적으로 서비스를 필요로 하는 사람들의 안전망과 보호망으로 작동하도록 하는 강점이 있다.

(2) 비공식적 자원체계 네트워크

• 사례관리 수행 시 우선적으로 공적 자원 네트워크에 관심을 갖게 된다. 그러나 공적 자원은 한시적이고 자원 접근에 필요한 자격을 갖추어야 하며, 클라이언트의 생활방식에 새로운 자원을 활용하기 위한 기술과 역량이 키워지기 전까지는 또 다른 어려움과 희생이 수반된다. 이에 비해 클라이언트와 함께 클라이언트 주변에서 찾아낸 비공식 자원들은 비교적 영구적으로 클라이언트 주변에 있을 가능성이 높으며, 클라이언트에게 익숙하고 대상자의 생활방식을 먼저 경험했거나 이해하고 있으며 그들만의 스타일로 터득한 해결 방식을 전수해 줄 수 있다는 강점이 있다. 또한 비공식 지지망을 개발할 경우 심리적 위안과

지지체계로서의 역할을 공통적으로 수행하게 된다. 그러므로 클라이언트 친인척, 이웃, 동네 주민 또는 이미 사례관리 서비스 이용 경험이 있는 자조모임 등을 통해 비공식적 체계로 활용할 필요가 있다.

- 이 과정에서 클라이언트가 단순한 서비스 수혜자가 아니라 사례관리의 동반자로서, 주요한 자원으로서 인식하고 주체적으로 참여할 수 있도록 유도하는 것이 필요하다. 대표적인 클라이언트 네트워크로 자조 집단과 같은 자생적 주민조직을 들 수 있다. 주민조직은 유사한 어려움을 가진 이들이 스스로 움직이고 작용하는 '자생적 네트워크'로서, 가용할 수 있는 자원의 범위와 폭에 대한 인식을 확장시킴으로써 자원 부족을 호소하는 사례관리자에게 대안이 된다. 또한 주민 간의 자발적 도움을 기반으로 한 자발적 네트워크는 지역사회 스스로가 보호망으로서의 역할을 수행하는 역량이 강화된다는 점에서 매우 중요하다.

2) 네트워크를 통한 협력 과정

(1) 사례관리의 이념과 가치를 공유하는 단계
- 사례관리 실무자와 클라이언트는 지역사회 자원을 조사한다.
- 사례관리를 통해서 성취하고자 하는 부분을 설득한다.
- 설명회, 교육, 방송 활용, 회의 참여 등 다양한 방법을 활용한다.
- 실무자를 중심으로 설득하는 것이 필요하다.

(2) 성공과 보람을 맛보는 단계
- 실제 사례를 통해 사례관리에 필요한 역할을 분담하여 수행한다.
- 외부 체계가 맡은 역할 이외에도 사례가 진행되는 과정을 모두 알 수 있도록 점검회의, 사례회의 또는 메일 발송 등 다양한 경로를 통해 소속감과 보람을 가질 수 있도록 한다.
- 사례관리의 성과가 있을 때 그에 관한 보상이 해당 기관에 귀속되도록 한다.

- 비용의 절감, 전문성의 증진, 지역사회에서의 기관 평판의 호전, 실적의 향상 등 해당 자원에게 돌아오는 이점이 있도록 다양한 활동을 전개한다.

(3) 공식적 관계로 발전시키는 단계

- 개인적 관계에서의 협력을 공식적 협력체계로 업그레이드하는 단계이다. 어렵게 맺은 개인적 네트워크에 의한 관계가 실무자의 이직 등 개인적 사정에 의해 유지되지 않는 경우를 예방하고, 실무자들 간의 사례관리 협력 업무(사례회의 참석, 각종 보고서 교환, 프로그램 제공 등)가 해당 기관에서 보호를 받을 수 있도록 하기 위하여 필요하다.
- 사례 발생과 서비스 연계가 불특정한 시기에 수시로 발생하는 특성이 있어 사례관리자가 의뢰한 사례에 대해 정원 초과 등을 이유로 협력망으로서의 실질적 역할을 하지 못하는 경우가 발생될 수 있다. 이를 예방하기 위해서 공식적 협약을 하게 되면 해당 자원망은 차년도 사업 계획안에 사례관리를 통한 의뢰 사례에 대한 개입을 사업량으로 미리 책정해 두어야 한다.
- 위촉, 협약, 발대식 등 외부 체계의 여건에 따라 적절한 형태로 변형하여 적용하는 것이 바람직하다.

(4) 확대 적용의 단계

- 외부 체계가 할 수 있는 역할이 다른 사례로 확대되어 가는 단계를 말한다. 지속적 관계를 위해 교육, 훈련 활동, 점검과 조정체계의 개발, 응집력 향상을 위한 비공식 모임과 활동들을 구상하여 진행한다.
- 사례관리 자원망으로서의 역할을 유지하는 데 장애 요인들을 파악하고 이를 지원한다.
- 외부 체계의 역할 유지가 원활하기 위해, 교육활동, 상담 및 지지활동, 기술적 지원이나 협상활동, 대안 모색 및 연결활동 등을 실시한다.

사례 8-3	마포구 통합사례관리 네트워크 구축 과정[6]

마포형 통합사례관리 체계(다층적 구조: 3단계)

마포구 희망복지지원단

통합사례관리분과
• 17개 기관 23명

솔루션위원회
• 16개 기관 24명

동 사례관리지원분과
• 구성: 동 단위 사례관리 5권역 거점 및 2개 협력 기관 거점 동주민센터 5개(공덕, 염리, 신수, 서교, 성산 2)
• 운영: 정기 회의(격월 1회) 및 수시 회의
• 역할
 −권역별 사례관리 지원 현황 및 모니터링
 −권역별 민관 교류회(권역별 1회, 총 5회)
 −권역별 공개사례회의(권역별 1회 이상, 총 5회)

희망나눔벨트
• 구성: 공공 및 민간 기관 28개, 협력 기관 5개(거점 복지기관)
• 운영: 상시 교류 및 수시 회의 개최(통합사례회의)
• 역할
 −기관별 자원 공유 및 수행 모니터링
 −기관별 활동 현황 공유(사례회의 등)
 −광역 차원의 자원 필요시 공동 논의
 −동 단위 사례관리위원회 또는 자문위원 위촉 등

1권역
(**공덕**, 도화, 아현)
마포종합사회복지관
+ α 협력 기관
(정신건강복지센터,
영유아 통합지원센터)

2권역
(염리, **용강**, 대흥)
우리마포복지관
+ α 협력 기관
(정신건강복지센터,
영유아 통합지원센터)

3권역
(**신수**, 서강, 망원 1)
마포노인종합복지관
+ α 협력 기관
(정신건강복지센터,
영유아 통합지원센터)

4권역
(합정, 서교, **성산 1**)
마포장애인종합복지관
+ α 협력 기관
(정신건강복지센터,
영유아 통합지원센터)

5권역
(연남, 망원 2, **성산 2**, 상암)
성산종합사회복지관
+ α 협력 기관
(정신건강복지센터,
영유아 통합지원센터)

동주민센터
• 구성: 동 사례관리위원회(16개 동, 총 211명)
• 운영: 내부사례회의(주 1회) 및 민관협력 통합사례회의(월 1회)

• 동 단위 사례관리 민관 역할

구분	구청	거점 동주민센터	거점/협력 민간 기관
담당	복지행정과 희망복지팀 팀장, 주무관	선임 주무관 (사례관리 총괄 담당자)	사례관리 관련 중간관리자

---

6) 성산종합사회복지관 현장연구보고서(2020). 복지환경 변화에 따른 민관협력 통합사례관리 네트워크 운영에 대한 고찰.

역할	구 단위 정책 설계 제안, 동 단위 사례관리 피드백		
	• 동 사례관리 지원분과 운영지원 등 구 단위 정책 설계 • 동 단위 사례관리 피드백 • 관리자 및 복지 플래너 교육 및 협력체계 지원	• 공개사례회의 주관 • 동 통합사례회의 진행 • 동 사례관리 위원회 위원 교육	• 공개사례회의 기획 및 진행 자문 • 동 사례관리 위원 활동 • 권역 단위 민관 교류회 진행

민관협력 사례관리 진행을 위하여 2018년에는 기관 간 신뢰를 형성하고 기초적인 협의를 이루는 과정, 2019년에는 각 과정의 사전 합의 단계, 진행 단계에서의 역할을 분담하고 일련의 네트워크 과정을 구조화하는 부분에 중점을 두어 진행되었다.

1) 관계 맺기 및 신뢰 형성 단계
(1) 목표: 다양한 방식의 소통 경험을 통해 실무자 간 신뢰 및 관계를 형성, 유지한다.
(2) 내용

활동명	수행 시기	세부 내용 및 역할 분장
협약식	3월/1회	• 성산종합사회복지관, 성산2동주민센터, 상암동주민센터, 마포구청이 함께 모여 사업의 내용을 공유하고 협약식을 진행함 • 진행 및 준비(관), 장소 협조(민)
힐링교류회	3월/1회	• 민관 이해 촉진을 위한 관계 맺기 및 응집력 강화를 위한 집단 활동 • 진행 및 준비(관), 관련 기관 공문 발송(관)
계획 수립 및 평가 워크숍	3월, 11월/ 총 2회	• 본 사업에 참여하는 각 동주민센터 복지 1팀, 성산복지관 사례관리팀, 마포구 5권역 사례관리 정기회의에 참여하는 공공, 민간 기관의 실무자가 함께 모여 세부 계획을 공유, 논의, 평가함 • 진행 및 준비(민/관), 관련 기관 공문 발송(관)
사례관리 체계 공유회	4월/1회	• 기관별 사례관리 과정(매뉴얼) 및 시스템 공유회 진행 • 준비 및 진행(민), 사전 자료 준비(각 관련 기관), 공문 발송(관)
수시 회의	수시	• 민간과 공공의 기획단을 구성함. 사업의 원활한 진행을 위한 준비 및 평가 회의 수시 진행 • 진행 및 준비(민/관), 관련 기관 공문 발송(민)

(3) 함의

마포 서부 권역의 경우 민관의 네트워크가 비교적 잘 진행되는 편이나 구성원들의 변동에 따른 영향이 크다. 따라서 실무자 간 관계와 신뢰를 형성하는 과정이 중요하며 이는 이어지는 협력 과정에 대한 기초가 된다. 본 사업에서는 다양한 방식의 소통 통로를 마련하고 그에 따라 참여자의 범위를 조정하여 진행하였다. 공식적인 협약식에 기관의 장들을 초대하여 실천의 당위성을 설득하고 협력자로서 조력할 수 있도록 하였다. 또한 중심이 되어 기획에 참여한 기관뿐 아니라 하나의 권역으로 함께 활동하는 기관 모두를 계획, 평가, 교류회에 참여하게 하여 해당 사업의 효과가 확장되고 책임이 분산될 수 있도록 하였다. 이와 더불어 서로의 실천 방식과 강, 약점에 대해 공유하는 시간을 가짐으로써 서로에 대한 기대가 명확해지고 긍정적인 신뢰가 형성될 수 있도록 하였다.

2) 학습 및 성장 단계

(1) 목표: 교육과 토론을 통해 사례관리실천 역량을 강화한다.

(2) 내용

활동명	수행 시기	세부 내용 및 역할 분장
민관 학습동아리	3~11월/ 총 8회	• 주요 사례관리 체계 변화 공유 • 변화되는 공공제도 및 사례관리 주요 이슈에 학습 및 토론 진행 • 준비 및 진행(공공제도 관련: 관, 사례관리 이슈 관련: 민), 관련 기관 공문 발송(관)
사례관리 자문, 교육, 워크숍	10월/1회	• 사례관리자의 역량 강화 및 소진 예방을 위한 교육 및 자문 • 사례관리 관점을 맞추기 위한 사례관리실천 역량 강화 워크숍 • 역할극 등 실제 활용할 수 있도록 훈련하는 것을 중심으로 한 사례관리자 역량 강화 교육 • 준비 및 진행(민/관), 관련 기관 공문 발송(관)
타 기관 방문	5월/1회	• 민관협력 사례관리를 잘 실천하고 있는 타 기관을 방문하여 교육과 도전의 기회를 가짐 • 준비 및 진행(민/관), 관련 기관 공문 발송(관)

(3) 함의

협력 행동의 변화를 위해서는 인식의 변화가 필요한데 이를 위한 가장 효과적인 방법 중 하나가 교육과 토론이다. 본 사업에서는 동에서 진행되는 학습 동아리 활동을 차용하여 관에서의 거부감을 줄였으며 학습 주제에 대해 사전에 함께 계획함으로써 참여자의 욕구를 반영할 수 있도록 하였다. 2018년에는 민에서 모든 과정을 주도하였으나 2019년에는 관의 거점기관에서 공공제도에 대한 교육을 진행함으로써 민과 관이 각각 할 수 있는 영역에서 교육 내용을 운영할 수 있도록 지원하여 상호 간 책임성을 높였다. 한편 교육 진행 시 일방적 전달 방식이 아니라 서로의 생각을 나눌 수 있는 기회를 제공하여 다양한 기관에서 참석한 참여자들이 서로에 대한 거리감을 줄이고 '사례관리를 진행하는 동료'로서의 의식을 가지게 하는 데 도움이 되었다.

3) 사례관리 체계화 단계

(1) 목표: 민관협력 통합사례관리 네트워크 모델을 정비·강화한다.

(2) 내용

활동명	수행 시기	세부 내용 및 역할 분장
동 사례관리 지원 분과	4~11월/ 총 7회	• 사례관리 단계별 협력 모델 구체화를 위한 논의, 합의 진행 • 준비 및 진행(민), 사전 자료 준비(각 기관), 공문 발송(관)
동 통합 사례회의	3~12월/ 총 14회	• 신규 사례 공유, 기존 사례 모니터링 및 협력 지점 확인 • 동별 통합사례회의 진행 • 준비 및 진행(관), 장소 협조(민), 공문 발송(관)
공동 홍보사업	4~11월/ 총 7회	• 경로당, 임대아파트 등 지역 주민을 만날 수 있는 곳으로 직접 찾아가서 사례관리 홍보 및 상담 진행 • 준비 및 진행(관)
가이드라인 구성	7~11월/ 수시	• 민관협력 사례관리에 대한 상(狀) 모으기 • 각 기관 사업 및 협력 지점 찾기 및 공유 • 현재의 강, 약점 파악 및 보완점 논의 • 민관협력 사례관리에 대한 가이드라인 구성

(3) 함의

마포구의 통합사례관리 협력체계 내의 분과, 동 통합사례회의 등 정기적으로 진행되는 부분을 충분히 활용하여 중복을 통한 피로감이 최소화되도록 하였다. 공동 홍보사업의 경우 동에서는 특화사업으로 활용될 수 있었으며, 이를 통해 주민과의 다양한 접촉 방법을 경험하고 민간 기관과의 협력을 긍정적으로 경험하는 계기가 되었다. 다만, 형식적으로 진행된 경우 성과로는 남았지만 추후 계획으로는 이어지지 못하는 경우도 있었다.

한편, 기존의 논의 기회와 추가적인 기획단 회의를 통해 민관협력 통합사례관리에 대한 이야기가 나누어졌다. 구성원들이 서로의 상을 맞추고 현재의 강점을 살리고, 약점을 보완하는 체계에 대한 고민이 다루어졌다. 실무자들이 함께 고민하여 구성해 나갔기 때문에 양이 많거나 이론적으로 충분히 다루어지지 못한 부분은 있었지만 인력 변동이 많은 현장의 상황 속에서 현재 논의의 결과가 지속될 수 있도록 하는 데 기여하였다.

사례 8-4 영등포구 통합사례관리 네트워크 구축 방식

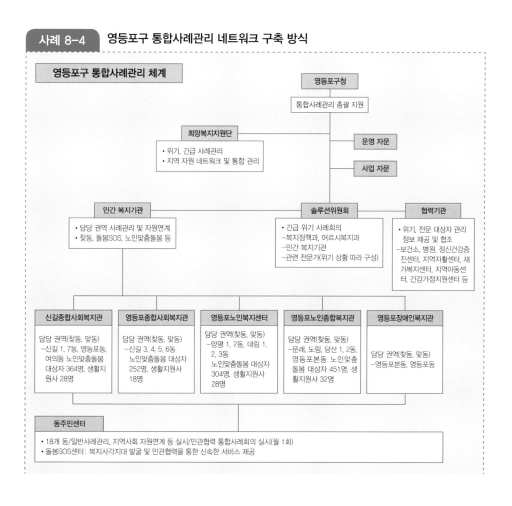

구분	추진 방법
목표 1 어르신 안전체계 강화를 위한 관리체계 마련	1) 취약노인 안전관리 네트워크 협약 2) 실무자 역량 강화 교육 진행(인권, 심리상담, 전염성 질환, 치매 등) 3) 어르신 안전체계 홍보 캠페인 4) 행정 구역별 인적 자원(공공, 생활지원사, 도시락 배달어르신 등)을 통한 지역 내 복지 사각지대 발굴 및 위기 상황 대처
목표 2 동별 사례관리 및 자원관리/ 공유를 통한 균형적인 복지 서비스 제공	1) 수행기관별 재가 대상자 사례관리를 통한 욕구 파악 및 서비스 제공 2) 위기, 긴급 대상자 발생 시 함께돌봄 네트워크 회의 및 동 단위 통합 사례회의를 통한 사례관리 진행 3) 권역별 네트워크 회의를 통해 사업 및 사례 논의 등 업무 공유 실시 4) 동별 자원 확보 및 공유를 통해 균등한 지원, 지역 특성에 맞는 사회 공헌 진행
목표 3 신체/정신건강 위험군의 적절한 치료 및 대상자 관리체계 구축	정신건강 취약계층 전문진단 연계 및 인지 예방 프로그램 연계

구분	기관 명	인원(명)	주요 역할
지원	영등포구청 어르신복지과	과장, 팀장, 주무관	• 네트워크 관리 및 지원 솔루션회의
지원	영등포구청 복지정책과	과장, 팀장, 주무관	• 긴급위기지원, 사회보장 서비스 연계, 솔루션회의
지원	찾동/돌봄SOS센터	팀장, 주무관 18개 동	• 발굴, 의뢰, 동 통합사례회의, 동 자원연계 • 동 보장협의체기금
수행기관 (4개)	영등포노인종합복지관 신길종합사회복지관 영등포종합사회복지관 영등포노인복지센터	기관장 실무책임자	• 생활지원사를 통한 저소득 노인 전수조사 • 관할동 서비스 제공 및 사례관리 • 관할 지역 사각 안전 확인 및 서비스 연계 • 복지사각지대 취약노인 발굴 및 서비스 연계 및 의뢰 • 연합사업 • 자원 공유 • 통합사례회의 • 직원연합교육, 직원 정기회의(월 1회) • 기관장협의회 회의(월 1회) • 네트워크 간담회분기별 • 슈퍼비전

협력기관 (12개)	영등포사회복지협의회 여의도복지관/50+센터 엘림요양원 영등포장애인복지관 영등포정신건강센터 치매지원센터 지역자활센터 강남성심병원 소방서 경찰서 보건소 주거복지센터	기관장 담당자	• 안전관리 네트워크 체계 • 전문적 서비스 제공 시 사례관리 참여 • 전문적 서비스 제공

4. 네트워크의 유지 및 관리

1) 네트워크 협력 방안

첫째, 전문적 관계로 역할을 분담하고 협력하되 권력 관계가 형성되지 않도록 조화롭고 협력적인 시스템 구축이 전제되어야 한다. 특히, 실적 위주의 사례관리가 되지 않도록 유의하며 공공과 민간 기관의 수평적 파트너십이 강화되어야 한다.

둘째, 주 사례기관 스스로 협력체계를 개발했을 경우 기관과의 업무 협약을 통해 조직 내에 거점 기관과의 연계를 위한 담당자 배치, 의뢰된 사례에 대한 반응적 자원망이 되기 위한 사업계획 등이 포함될 수 있도록 관계의 공식화 노력이 필요하다.

셋째, 협력체계로서의 참여를 통해 얻을 수 있는 개별 기관의 강점을 다양하게 개발하여 지원하여야 한다. 즉, 외부 프로포절을 통해 기금 확보를 통하여 외부 체계에 대한 최소한의 경비(교통비, 사업비 등)를 지원하거나 각종 평가에 대비한 자료의 제공, 교육과 슈퍼비전 기회의 제공, 사례 진행 경과와 성과에 대한 공유 등이 필요하다.

♧ 사례관리 협력 모형 정착을 위한 방안[7]
- 네트워크 초기 정착을 위한 외부 전문가의 도움을 고려해 볼 수 있다.
- 사례관리 수행자 간 개입 사례 기준이 합의되어야 하며, 이를 위해 민관의 경쟁과 갈등을 예방할 수 있는 역할 분담 매뉴얼의 구성이 필요하다.
- 공동사례관리 기준과 절차에 대한 합의가 있어야 한다.
- 정기적 통합사례회의 구조가 정착되어야 한다. 이를 기반으로 사례기법 학습 및 정보 공유를 통해 최적의 자원을 연계해야 하며, 서비스 중복 및 누락 방지를 위한 데이터베이스 구축이 필요하다.

2) 사례관리기관 간 협력 방안

(1) 주 사례관리기관의 결정

- 지역사회 내에 여러 개의 사례관리 수행 주체들이 존재할 경우 다양한 문제가 발생하기 쉽다. 클라이언트의 입장에서 보면 다양한 서비스를 가지고 찾아오는 기관들 때문에 혼란스럽고 어떤 기관을 자신의 주 사례관리자(기관)로 인식해야 할지 갈등할 수 있다. 심지어는 사례관리자에게 미안한 감정을 느끼고 타 기관에서 사례관리 받는 사실을 숨기거나 상대 사례관리기관을 비난하는 등 기관 간의 경쟁을 부추기기도 한다. 이런 상태에서는 클라이언트는 직접 서비스 자원을 연계받는 데 치중하게 되어 개인의 문제해결 역량 강화의 성과를 얻기 힘들다.
- 사례관리 협력체계인 자원기관의 입장에서 보면 여러 사례관리 주체가 지역사회 내에 있다고 가정할 때 비정기적으로 밀려드는 서비스 의뢰와 사례회의 참석 요청 등에 적절히 대응하는 데 큰 부담을 갖게 된다. 또한 정확한 업무량을 예측할 수 없으며 이를 위해 예산을 배정할 수도 없어 고충이 발생한다.
- 사례관리자(기관)의 입장에서 보면 사례의 욕구에 대응할 자원이 절대적으로

7) 민소영 외(2018), 이정희, 김창희(2019)를 참조하여 재구성함.

부족한 상황을 당면한다. 지역 내 기관에 서비스 의뢰를 해 보지만 의뢰받은 해당 기관도 자체 사업으로 인해 의뢰된 사례를 진행할 여력이 없거나 인력, 자원의 부족으로 지역 자원들의 지속적인 협조를 확보하는 데 어려움을 크게 겪는다. 또한 사례관리자(기관) 간의 사례에 관한 정보 공유가 되지 않아 계속 중복 관리되다가 뒤늦게 사례관리기관 중 주 사례관리기관을 정하여 사례관리기관 간의 소통과 조정의 역할을 수행하게 된다. 이 과정에서 기관 간 갈등이 빈번하게 발생한다.

(2) 주 사례관리기관의 요건

네트워크를 통해 형성된 사례관리 수행기관 간 갈등 조정이 필요하다. 사례관리는 "사례관리자(기관)가 이용자와 외부 협력체계와 함께 클라이언트의 문제를 해결해 가는 과정"으로 정의될 수 있다. 그러므로 사례관리의 구성 요소인 사례관리자(기관), 클라이언트, 자원망은 사례관리의 공동 주체이며 각각은 지정된 역할을 수행하여야 한다. 이때 주 사례기관이란 클라이언트가 자신의 문제를 의논하는 최초의 접촉 지점, 즉 입구(gateway)로서의 역할 수행과 더불어, 클라이언트의 문제해결에 관련된 자원들이 클라이언트의 문제해결 과정에 반응적 자원망 역할을 효율적으로 수행하도록 조직화하고 조정하는 역할을 담당한 기관을 의미한다. 주 사례기관으로서의 역할 수행을 위해 요구되는 조건을 살펴보면 다음과 같다.

① 사례관리자의 업무 배타성 확보
- 그동안 사회복지시설은 프로그램을 이용자에게 제공하는 방식으로 타 기관이나 타 부서의 서비스에 관해 관심을 가질 필요가 없었고, 자신이 제공하는 프로그램의 이용자 만족과 효과를 중요하게 여겼다. 따라서 제공된 프로그램을 통해 포괄되지 못하는 이용자의 욕구에 대해서는 관심이 부족할 수밖에 없었으며, 단지 프로그램 만족도에 저해가 되는 요인이 발견될 때에만 이용자 관리 수준의 소극적 사례관리를 시행해 오고 있었다.
- 그러나 주 사례기관에서의 사례관리는 이러한 프로그램 이용자 관리 수준의

소극적 관리와는 차별된 과업을 수행하여야 한다. 즉, 대상자에게 밀착하여 인테이크, 사정, 계획 수립과 실행, 점검과 조정, 종결과 사후관리라는 고유 업무를 수행할 수 있어야 한다. 또한 이용자의 복합적 요구에 부합하기 위한 자원의 연계를 시도하고 자원이 대상자와 상호작용할 수 있도록 자원을 조직화하고 조정하는 역할이 강조되어야 한다.

② 전담 인력과 조직 구조 확보

• 사례관리를 수행하고 있는 많은 기관들이 사례관리실천 시 사례관리에 대한 이용자의 인식 부족, 사례관리자로서의 입지 부족, 조직 내 사례관리실천에 따른 조직 내외의 유기적 연계가 이루어지지 못하는 점을 한계점으로 지적하고 있다. 따라서 주 사례기관은 조직적 차원에서 주 사례관리자로서의 역할이 가능한 조직 구조를 가진 기관으로 결정, 운영되어야 할 필요가 있다.

• 주 사례기관은 사례관리 업무를 수행할 수 있는 전문인력이 사례 수에 비례하여 적절히 배치되어야 하고, 이들을 지도감독 및 조정할 관리자가 배치되어 있는 전담 부서가 설치되어 가존의 프로그램 제공 부서와 병립되어야 한다. 또한 사례관리자가 조직 내 신분상 불이익이 없이 권한과 책임이 보장되도록 공식적인 부서와 업무 분장이 이루어져 있어야 한다.

• 더불어 기관 내 타 부서의 직원 또한 주 사례기관에 대한 인식 공유가 전제되어야 하며, 이념과 가치를 공유하고 기술적 공유가 필요하다.

③ 가족 중심의 실천 역량 확보

• 최근 사례관리는 전 과정에서 가족 단위의 통합적 실천이 반영되고 있는 추세이다. 즉, 욕구사정의 범주를 개인 수준, 가족 수준, 지역사회 수준으로 분류하고 가족 수준의 욕구 규명을 위해 노력하는 기관[8]이 늘어 가는 추세이다.

---

8) 권진숙 외(2009). 인천광역시 사회복지관 사례관리실천을 위한 매뉴얼 연구보고서. 인천광역시 사회복지관협회, 사례관리연구회.

- 따라서 주 사례기관은 단일 대상에 대한 제한된 자원망 확보와 연계보다는 가족 단위의 포괄적 자원 사정과 자원연계가 이루어질 수 있도록 자원망 확보와 실천기술의 전문성이 확보되어야 한다.

④ 네트워크의 자발적 권한 위임

- 주 사례기관 역할 중 핵심 역할은 점검과 조정 기능에 있다. 그러나 이 역할은 외부 체계들로부터의 자발적 권한 위임으로 가능해진다. 주 사례기관은 사례관리 전 과정에서 주도적 역할을 담당해야 하므로 다음과 같은 역량을 갖춘 기관이 맡는 것이 적합하다. ① 대상자의 주 호소문제를 해결할 수 있는 기관, ② 신뢰관계 형성이 가장 잘 되어 있는 기관, ③ 공동 사례관리 기관들을 통솔할 권한이 있는 기관 등이다. 하재홍, 김정한(2018)은 ① 통합적 사정 능력을 갖고 있으며, ② 개입의 우선순위를 조정할 수 있고, ③ 자원연계가 통합적으로 가능하고, ④ 이용자의 주 호소문제를 해결할 수 있는 기관이 주 사례기관을 맡는 것이 효과적이라고 하였다.
- 주 사례기관의 원활한 역할 수행을 위해서는 지역사회 내에서의 기관의 인지도, 민관에서의 신뢰와 협력 정도, 이전의 협력 경험과 실적 등의 검증을 통해 네트워크 내 자발적이고 협력적인 권한 위임이 이루어져야 한다.

3) 주 사례기관 간 조정을 위한 과업

- 지역사회 내 주 사례기관이 단일 기관일 경우 사례관리기관 간 조정이 필요하지 않으나 주 사례기관이 많아질 경우 한 클라이언트와 가족에게 여러 사례관리자(기관)가 연결되어 결국 다양한 복지 서비스의 조정과 효율적 전달을 위해 만들어진 사례관리 본연의 역할을 하지 못한 채 사례관리의 중복과 사각지대가 발생하게 된다.
- 따라서 주 사례기관은 목적 달성을 위해 적절한 노력이 이루어지도록 자원 간에 조정을 시도해야 하며, 실행계획이 의도에 따라 진행되기 어려울 때 장애 요

인을 파악해야 한다. 또한 사례회의, 점검회의 등 자원 간의 정기적 의사소통을 통해 계획 수행의 장애 요인을 공유하고 돌파함으로써 지역사회 협력체계를 강화할 필요가 있다. 민간과 공공의 사례관리 수행기관들은 사례관리 수행과정에서 강점과 약점을 갖고 있다. 주 사례기관 결정 또는 네트워크 협력과정에서 각 기관의 특성과 더불어 이러한 강약점을 고려하여 사례관리가 조정될 필요가 있다. 조정을 위한 과업은 다음과 같다.

(1) 지역 내 사례관리 수행기관의 기능과 역할에 대한 이해

- 주 사례기관 간 조정을 위해서는 지역 내 사례관리 수행기관의 기능과 역할에 대한 이해가 필요하다. 지역 상황에 따라 다소 상이한 부분은 있으나 보편적으로 현재 사례관리를 수행하는 주체를 크게 공공과 민간으로 나누어 살펴보면 다음과 같다.

① 공공 영역[9]

공공 영역에서는 9대 공공 사례관리사업이 수행되고 있다. 이 사업들은 공공 행정에서 서비스 전달조직과 절차를 관리하고 재정을 지원하며, 대상자의 욕구 파악과 서비스 연계 및 제공이라는 사례관리의 주요 기능을 수행하고 있다.

〈표 8-2〉 공공 사례관리 실시 분야

분야	대상	기능
노인맞춤돌봄서비스	65세 이상 취약계층 노인	방문형, 통원형 등의 직접 서비스 및 연계 서비스 제공
드림스타트 (취약계층아동통합서비스)	만 12세 이하 취약계층 아동 및 가족, 임산부	아동맞춤형 통합사례관리
아동보호서비스	「아동복지법」 제3조제4호의 보호대상아동	아동보호 유형 결정, 양육 상황 점검, 보호 수행

9) 보건복지부(2021). 2021년 공공부문 사례관리 연계협력 업무안내.

방문건강관리	저소득 만성질환자 및 건강취약계층	방문건강관리 서비스 제공 및 자원연계
의료급여사례관리	의료급여수급권을 취득한 신규 전체 대상자, 질병 대비 다빈도 또는 장기의료 이용자	정보 제공, 건강상담, 자원연계, 지역사회 복귀 및 정착 지원
자활사례관리	조건부수급자, 자활급여 특례자, 일반수급자, 급여특례가구원, 차상위자, 시설수급자 등	경제적 자립 기반 마련을 위한 사례관리 서비스
중독사례관리 (중독관리통합지원)	지역사회 알코올 및 기타 중독자 및 가족	중독질환 관리 및 가족지원을 위한 사례관리, 재활 서비스 제공
정신건강사례관리	정신질환자 및 전체 국민	중증정신질환자 사례관리, 자살 고위험군 사례관리, 위기개입
통합사례관리 (희망복지지원단, 읍면동 찾아가는 보건복지팀)	차상위빈곤가구, 복지사각지대 등 위기가구	10대(안전, 건강, 일상생활 유지, 가족관계, 사회적 관계, 경제교육, 고용, 생활환경, 법률) 영역 자원 연계 및 조정

② 민간 영역

민간 영역의 경우 많은 기관과 시설에서 사례관리가 수행되고 있다. 사례관리 기능을 구체적으로 살펴보면, ① 특정 분야(영역)의 이용자 관리 차원에서의 사례관리(노인복지관, 장애인복지관 등), ② 위기개입 차원에서의 사례관리(아동보호전문기관 등), ③ 통합과 조정 중심의 사례관리(지역사회복지관 등) 등이 혼재되어 수행되고 있어, 주 사례관리자(기관) 결정 시 해당 기관의 사례관리 기능과 정도에 대한 파악과 고려가 필요하다.

[민간 및 공공 사례기관의 강약점]

〈표 3〉 민간공공 사례관리기관의 상대적 우위

	민간 기관	공공 기관	비고
대상자 접근성	●		
정보 접근성		●	
라포 형성 능력	●		
직접 서비스 능력	●		
물적 자원 · 공적 서비스 결정권		●	
인적 자원(사례관리 전담 인력)		●	
전문적 서비스 능력(기관 특성에 따른)	●		
소집 능력(네트워크 구성 능력)		●	
사후관리	●	●	불일치

출처: 함철호, 조현순(2017).

(2) 조정을 위한 방안

① 지역복지협의체 활용하기

• 지역에 있는 주 사례기관들의 모임이 우선 구성되어야 한다.
• 대표협의체와 실무협의체 내에 사례관리 분과를 설치하고 주 사례기관은 의무적으로 참여하는 형식으로 시작할 수도 있다.

② 자발적 민간 네트워크 조직하기

• 자발적 민간 사례관리 네트워크를 구성한다.
• 이들 모두 지역사회 내 잠재적 사례관리 대상자에 대한 신속한 발굴과 사례 진행을 위한 효율적 역할 분담(주 사례관리기관 결정 등)뿐 아니라 공동의 자원 개발과 분배 기능을 담당한다.

③ 공동사례관리 운영하기

• 네트워크 구성 및 조정 사례로 공동사례관리 방식의 운영을 고려해 볼 수 있

다. 보건복지부는 2017년부터 '공동사례관리'라는 이름으로 민관협력 방식의 사례관리를 진행하고 있다. 공동사례관리는 민간과 공공이 개별 주체의 강점을 활용하여 상호 협력을 통해 사례관리 과정을 수행하는 방식이다. 공동사례관리의 대상은 여러 기관의 협업을 통해 폭넓은 사정과 더 많은 자원을 연계, 동원할 필요가 있는 다(多)문제, 다(多)욕구가 있는 대상들이다(보건복지부, 2017).

• 공동사례관리 방식 중 과정분할 사례관리 모델(Process Division Model)은 공동 협력이 필요한 대상에 대해 사례관리 과정의 단계별 과업을 공동으로 수행하도록 협의하고 클라이언트의 동의를 구한 후 소통구조와 슈퍼비전 체계를 갖추어 정보 교환과 자원 교류를 통해 주 사례관리기관의 업무를 분할하여 수행하는 방식이다. 이러한 모델은 지역 내의 유사한 대상에 대해 사례관리를 수행하는 주체들 사이에서 개입 대상의 중복을 방지하고 클라이언트의 혼란을 최소화하면서 효율적 사례관리를 수행할 수 있는 강점이 있다. 다음 양천구 공동사례관리 모델의 수행과정을 참조해 볼 수 있다.

사례 8-5 양천구 공동사례관리를 통한 네트워크 구축[10]

1) 추진 배경

① 민선 6시 구청장 공약: 복지사각지대 해소를 위해 민간과 구청이 연계한 복지 시스템 구축

② 2014년 11월 양천구 시범 洞 방문복지팀 시설

③ 2016년 7월 양천구 '찾아가는 동주민센터' 시행

④ 지역사회 내 대상자 중복 및 사각계층 발생

⑤ 지역사회 내 사회복지 자원의 제한

---

10) 조현순(2016). 내부 자료.

2) 추진 목적

권역 내 신월 2동, 신월 6동, 신정 3동의 위기 가정에 대한 중복 개입 및 서비스 집중화를 예방하고, 효율적인 복지사각계층 발굴 및 사례관리가 가능하도록 과정 분할 방식의 민관협력 사례관리 시스템을 마련하고자 함.

3) 대상 지역: 서울특별시 양천구 4권역(신정 3동, 신월 2동, 신월 6동)

4) 네트워크 참여기관 및 실무자 조질−3개 기관/약 20명

① 양천구청 희망복지팀−주무관, 4권역 담당 통합사례관리사
② 신정 3동, 신월 2동, 신월 6동 주민센터−방문복지팀 전원
③ 신월종합사회복지관−부장, 사례관리 전담 인력

5) 네트워크 구축 및 운영기간

① 민간 기관 내부 역량 강화(2015. 5.~2016. 1.)

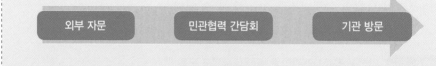

② 민관협력 공동 훈련 및 활동(2016. 1.~2016. 5.)

6) 사례관리 네트워크를 통한 기관별 사례관리 현황

(1) 기관별 사례관리 case 현황

신월복지관	희망복지팀 (3개 동)	신정 3동	신월 2동	신월 6동	합계
41case	88case	15case	8case	8case	150case

※ 민관협력 공동사례관리 case 포함.

(2) 공동사례관리 case 현황(2016. 3.~2016. 11. 20case 논의)

연번	월	대상자명	관할 동	사례관리기관 판정 여부			의뢰기관
				공동개입 여부	주 사례기관	공동 사례기관	
1	3	김○○	신월 ○동	○	희망복지팀	신월복지관	양천구청복지정책과
2		주○○	신월 ○동	○	희망복지팀	신월복지관	양천구청복지정책과
3		박○○	신월 ○동	○	신월복지관	신월 ○동	신월 ○동 주민센터
4	4	최○○	신월 ○동	○	희망복지팀	신월복지관 + 주민센터	신월 ○동 주민센터
5		장○○	신월 ○동	○	신월복지관	희망복지팀 +주민센터	신월 ○동 주민센터
6	7	한○○	신월 ○동	○	신월복지관	신월 ○동	본인
7	8	최○○	신정 ○동	○	신월복지관	신정 ○동	신정 ○동 주민센터
8		주○○	신정 ○동	○	신월복지관	신정 ○동	신정 ○동 주민센터
9	9	박○○	신정 ○동	○	신월복지관	신정 ○동	본인

(3) 공동사례관리 case 유형 분석

① 주체별 주 사례관리기관 판정 여부: 공동사례관리 판정 9case(45%)

주민센터	양천구청 희망복지팀	신월복지관	복지관+ 주민센터	복지관+ 구청	복지관+ 주민센터+ 구청	합계
2	6	3	5(25%)	2(10%)	2(10%)	20

② 공동사례관리 case 특성 분석

가. 민관협력 신규 의뢰 case 가구 유형

독거 어르신	한부모 (모자)	한부모 (부자)	부부+ 자녀	성인 단독가구	성인 모자가정	3세대 가구	합계
4	1	3	6	3	2	1	20

가-1. 공동사례관리 판정 case 가구 유형

독거 어르신	한부모 (모자)	한부모 (부자)	부부+ 자녀	성인 단독가구	성인 모자가정	3세대 가구	합계
1	1	2	1	2	2	–	9

나. 민관협력 신규 의뢰 case 보호 구분 유형

맞춤형 급여	차상위	저소득	합계
10	1	9	20

나−1. 공동사례관리 판정 case 보호 구분 유형

맞춤형 급여	차상위	저소득	합계
4(40%)	1(100%)	4(44.4%)	9

다. 민관협력 신규 의뢰 case 욕구 유형(중복 욕구 포함)

안전	건강	일상생활 유지	가족 관계	사회적 관계	경제	교육	직업	생활 환경	권익 보장
5	10	7	3	2	10	2	1	11	-

다−1. 공동사례관리 판정 case 욕구 유형(중복 욕구 포함)

안전	건강	일상생활 유지	가족 관계	사회적 관계	경제	교육	직업	생활 환경	권익 보장
3(30%)	7(70%)	3(43%)	2(67%)	1(50%)	7(70%)	1(50%)	1(100%)	8(73%)	−

7) 권역 단위 洞 중심 사례관리 네트워크 성과 및 실무자 평가

(1) 공동사례관리 실천과정 역할 주도 기관 및 역할 분담 기준

실천과정	역할 주도 기관	역할 분담 기준
사례 발굴	• 주민센터 4명(40%) • 복지관 4명(40%) • 주민센터와 복지관 2명(20%)	■ 주민센터 • 전수조사에 따른 사례 발굴 가능 • 공적 정보 조회 용이 • 방문팀이 있어 발굴 용이 • 클라이언트의 접근성이 높음 ■ 복지관 • 저소득층 모니터링을 통한 사례 발굴 가능 • 클라이언트의 접근성이 높음 • 전담팀 구성을 통한 발굴 가능

대상 선정	• 희망복지팀 1명(10%) • 복지관 + 주민센터 1명(10%) • 복지관 + 희망복지팀 1명(10%) • 복지관 + 주민센터 + 희망복지팀 7명(70%)	• 집중 관리: 신월복지관 • 위기 관리: 희망복지팀 • 각 기관의 사례관리 대상자를 의논하여 선정 • 공동사례관리 대상자 선정을 통한 전 기관이 역할 담당
욕구사정	• 희망복지팀 1명(10%) • 신월복지관 2명(20%) • 복지관 + 희망복지팀 3명(30%) • 복지관 + 주민센터 + 희망복지팀 4명(40%)	• 복지관의 구체적인 욕구사정표를 통한 대상자 욕구 파악 용이 • 각 기관별 정보 공유를 통한 효율적 관리로 욕구사정 가능 • 복지관과 희망복지팀의 담당자들이 욕구사정을 구체적으로 함
개입계획 수립	• 신월복지관 3명(30%) • 복지관 + 희망복지팀 3명(30%) • 복지관 + 주민센터 + 희망복지팀 4명(40%)	• 복지관이 전문적 지식을 통한 공동 개입계획 수립 • 각 클라이언트에 맞는 개입계획을 논의하여 욕구 충족을 위한 목표와 우선순위를 세우고 이에 따른 실천계획 수립
개입 실행	• 신월복지관 2명(20%) • 복지관 + 희망복지팀 2명(20%) • 복지관 + 주민센터 3명(30%) • 복지관 + 주민센터 + 희망복지팀 3명(30%)	• 각 기관별 강점을 통한 개입 • 공공, 민간 자원 연계 후원 • 집중 사례관리 용이
점검/평가	• 희망복지팀 1명(10%) • 복지관/교수님 + 희망복지팀 2명(20%) • 복지관/교수님 + 주민센터 1명(10%) • 복지관 + 주민센터 + 희망복지팀 6명(60%)	• 편리한 개입계획표를 통한 개입 내용 정리 • 복지관과 공공기관의 과정기록서 공유를 통한 점검 • 대상 가구의 목표 달성, 상황 호전
사후관리	• 신월복지관 8명(20%) • 복지관주민센터+희망복지팀 2명(20%)	• 복지관의 장기 개입에 따른 사후관리 용이 • 지속관리는 기관 모두의 역할, 특히 복지관이 우수함 • 재개입의 필요성을 판단

5. 소통 및 조정

1) 통합사례회의 운영

(1) 개념

- 사례회의는 사례에 대한 사정, 계획 수립, 진행과정 점검, 재사정, 평가 및 종결을 판단하는 활동으로써 사례관리의 전 과정에 대한 협의와 조정을 책임지는 단위이다.
- 사례회의를 통해 사례관리자 개인의 역량이나 전문 분야의 한계를 극복하고 사례에 대한 최적의 서비스 제공 가능성을 극대화할 수 있다.

(2) 의의

- 지역사회 자원에 대한 정보 파악이 용이하다.
- 클라이언트 및 가족에 대한 다양한 관점 제공과 정보를 파악할 수 있다.
- 정보 공유 및 협력을 통한 문제해결 모색이 가능하다.

(3) 참여 범위

- 주 사례기관
- 관련 서비스 제공기관
- 클라이언트 및 가족(필요시)
- 외부 전문가(의사, 법률가, 교수 등)
- 기타 필요하다고 생각되는 참여자

(4) 유형

- 등록회의: 사회복지사나 담당자가 초기 면접 기록지를 근거로 사례관리 등록 여부를 결정하는 회의

- 사례회의: 사례에 대해 클라이언트(당사자)를 비롯해 여러 사람이 욕구 해결을 위해 계획, 점검, 조정하는 회의(정수현, 2017)
- 통합사례회의: 지역 내 복지기관, 공무원, 주민대표 등 관련 기관(사람)들이 참석하여 클라이언트(당사자)의 욕구 해결을 위해 협의와 조정 방안을 모색하는 회의
- 솔루션회의: 해당 분야의 전문가로 구성된 위원들의 회의로, 법률가, 의사, 엔지니어 등 관련 전문가들이 모여 해결 방안을 모색하는 회의

(5) 역할 및 기능: 주 사례기관을 중심으로

- 사례회의를 주재하며 사례에 대한 문제 및 욕구를 분석하여 개입 가능한 자원 및 서비스 연계(또는 발굴)에 대한 의사결정 수행, 사례 개입을 위한 주요한 사항들을 최종적으로 조정하고 결정한다.
- 원활한 사례회의 진행을 위하여 사전에 회의 대상 클라이언트의 인적 정보, 욕구사정 결과, 제공된 서비스 등에 대한 내용을 숙지하고, 특히 지역사회 자원 및 서비스 연계를 위한 네트워킹 역할을 주도한다.
- 클라이언트에 대한 기초적 사정을 기반으로 개입 방법을 수립하고 보고한다.
- 신규 이용자의 경우 가정방문 결과 파악된 가구 현황, 클라이언트 및 가족의 문제와 욕구, 다양한 환경체계 사정 결과 등을 보고하고 그에 따른 장·단기 목표를 수립한다.
- 기존 이용자의 경우 기 제공된 서비스 내용과 대상자의 변화 분석을 통해 개입될 서비스 유지·변경·중단을 결정한다.
- 종결 대상 이용자의 경우 클라이언트 및 가족과 종결에 대한 합의 내용을 보고하고 종결에 대한 내부 합의를 도출한다.

(6) 사례회의에서의 논의내용

- 서비스를 수행하면서 나타난 어려움
- 클라이언트 및 가족의 변화 여부와 정도

- 클라이언트 및 가족이 서비스를 정기적으로 받고 있는지 여부
- 클라이언트 및 가족이 서비스 제공시간을 잘 지키고 있는지 여부
- 담당자(사례관리자) 변경 여부 및 횟수, 이용자에게 고지가 되었는지 여부, 공식적인 의뢰 과정이 지역 내에서 이루어졌는지 여부
- 서비스 제공기관으로부터 서비스 제공(종류, 양, 질) 등이 원활하게 진행되고 있는지, 그 과정에서 어려움이 있다면 무엇인지 여부
- 서비스 변경에 따른 담당자(사례관리자)의 변경이 필요한지 여부
- 이를 결정하기 위한 사정과 평가가 적절하게 이루어졌는지 여부
- 서비스 제공기관들이 이용자에게 서비스 제공 시 요구하는 사항이나 의견이 있는지 여부
- 서비스 제공기관 사이에 네트워크가 원활한지, 장애가 있다면 무엇이며 어떻게 해결할 것인지 여부

2) 슈퍼비전 및 교육

- 사례관리에서 슈퍼비전 및 교육은 서비스의 질 확보와 사례관리자의 역량 강화를 위해서도 필요하지만 서비스 제공기관 간 소통과 조정의 도구로 활용될 수 있다. 슈퍼비전은 기관 내 동료 슈퍼비전, 조직 내부에서의 팀 슈퍼비전, 외부 전문가에게 의뢰하는 전문 슈퍼비전이 있다. 이중 외부 전문 슈퍼비전의 경우 주 사례기관의 결정이나 서비스 제공기관 간 발생하는 이견 또는 갈등을 조정하는 데 유용하므로 외부 슈퍼비전 체계를 적극적으로 활용할 필요가 있다.
- 서비스 제공기관 사이에 소통과 조정이 통합사례회의를 통해서만 이루어지는 것은 아니므로, 교육이나 슈퍼비전, 워크숍을 지역사회 네트워크가 공유함으로써 기관 간 기능과 역할 분담에 대한 이해를 촉진하고, 효과적으로 사례관리의 성과를 관리해 나갈 수 있다. 또한 사례관리자(기관) 학습조직이나 모임 등 공식적 · 비공식적 조직을 통해 슈퍼비전과 교육의 성과를 공유함으로써 사례관리와 관련된 지식, 관점, 실천 기술 등의 무형의 자원을 공유할 수 있다.

3) 인정 및 보상활동

- 네트워크가 지속적으로 유지되기 위해서는 네트워크의 성공적인 역할 수행에 대한 지역사회의 인정이 있어야 한다. 사례관리 공동 성과 공유, 우수사례 발표, 주 사례관리자에 대한 포상 추천, 인센티브 제공 등의 가시적 보상과 더불어, 특히 주 사례관리자(기관)에 대한 권한 부여나 긍정적 평판 공유를 통해 지속적인 네트워크를 위한 기반이 마련될 필요가 있다.

제9장

적용 및 사례 실습

📖 실습 1

"자원은 (   )이다."

• 메모지 한 장을 골라 자원에 대한 생각을 한 장 이상 적어 본다.
• 모두 다 적었을 때 조원들과 서로의 생각을 조별로 모으고 이야기 나눈다.
• 조별로 모아진 내용을 교육장에서 함께 발표하고, 공유한다.
• 학습자와 강사가 함께 이에 대한 피드백의 시간을 갖는다.

📖 실습 2

다음 제시된 사례를 읽고 자원의 범주에 따른 자원을 작성해 봅시다.

실습 사례   스스로 주민센터를 찾아 탈수급 신청을 하다!

××동 주민센터의 사회복지 전담 공무원은 S씨를 사례관리센터로 의뢰하였다. S씨는 슬하에 두 아들(중 1, 초 5)을 둔 부자 세대의 가장이다. 3년 전 교통사고로 하던 새시 일을 중단하였고 그 후유증으로 오른쪽 신경이 조금 둔하고 가끔 간질 증상(1년에 2~3차례, 잠시 쓰러졌다 일어섬)을 보여 왔다. 아내는 어려운 생활고와 S씨의 무책임함에 견디지

못해 집을 나갔다. 그 이후 S씨는 아무런 의욕도 없이 지하 빌라(방 2개)에서 아들 둘과 생활해 오고 있다. 아이들은 불규칙한 생활로 학교에 제시간에 가지 못할 때가 많고 무료 급식 쿠폰으로 동네 분식집에서 끼니를 해결하거나 집에 있는 아버지를 위해 집으로 가져와 먹기도 한다. 식사 후 검은 봉지에 남은 음식 그릇과 음식을 묶어 집 안에 방치하여 두는 등 청소를 하지 않아 이불을 들추면 바퀴벌레가 떨어질 정도로 위생 상태가 불량했다. 청소의 흔적도 없었으며 동네 사람들도 악취로 인하여 그 집 근처에 오기를 싫어했다.

사례관리자가 방문하여 의뢰 받은 경위와 사례관리 서비스에 대해 설명하였다. 사례관리에 대해 호기심을 보이긴 했지만 의뢰자의 절박함만큼 실제로 자신의 욕구(불편함이나 바람)를 잘 인지하지 못하고 있었다. 4~5회 정도의 방문 및 면접 이후에야 자신의 사정을 이야기할 수 있었고, 클라이언트의 욕구가 제시되었다.

"집사람이 나가기 전엔 집안일은 전부 그 사람이 했어요. 내가 집안일을 하긴 해야겠는데…… 집안일이 너무 힘들어요. 이렇게 있으면 안 되는지 저도 알아요. 애들을 봐서라도 일을 하고 싶어요. 그런데 저 같은 놈이 할 일이 뭐 있나요? 몇 푼 벌려고 나가고 싶지도 않고…… 그리고 가끔 정신줄을 놔요. 교통사고 후유증이래요. 조금만 움직이면 허리도 아파서 오래 서 있지 못해요."

그리고 실행계획을 위해 제시된 욕구를 중심으로 합의된 목표를 도출하기 위해 심층면접을 실시하였다.

첫 번째 "집안일이 너무 힘들어요."라는 욕구로부터 엄두도 못 낼 지경이 된 살림살이의 대청소와 정리가 필요하며, 그 이후엔 엄마가 없는 가족 상황을 인지하지 못하고 아내 가출과 엄마 부재에 대한 가족원의 심리적 충격과 그로 인한 문제가 해결되지 않아 그에 대한 적응을 하지 못하는 데 있어서 일어난 어려움으로 욕구사정하였다. 이에 상담 과정을 통해 가족 기능에 대한 역할분배와 재조정하기와 같은 현실적 기대를 갖게 되었다.

두 번째, "일을 하고 싶어요."라고 제시한 욕구에 대한 심층면접을 통해 자녀들에 대한 걱정과 책임감이 있음을 발견하여 자녀들의 방과 후 학습 및 생활지도 환경의 적정하지 못하다는 것 또한 클라이언트가 수급자의 혜택을 받는 것보다 수입이 더 큰 직업을 갖는 것이 어렵다는 체념에 빠져 있다는 것을 알았고, 구직에 대한 동기를 갖도록 하는 것과 현 상태에서 현실적인 직업을 탐색하도록 하는 것이 필요하다고 사정되었다.

세 번째, "가끔 정신줄을 놓아요."라고 하는 제시된 욕구에서 건강에 대한 자신감이 떨어져 있고 건강 악화에 대한 두려움을 표출하였다. 자신이 쓰러져도 아무도 와 줄 사람이 없고 이러다 죽는 것 아닌가 하는 두려움으로 자포자기 상태가 되어 있었고 형제들이 돌봐 주지 않음에 대한 원망도 컸다. 여기서 건강관리를 위한 지지체계가 필요하다고 사정하였고 지속적 점검 활동으로 건강관리와 재활을 지지해 줌으로써 생활에 활력을 갖는 것이 중요하다는 이야기를 나누었다.

다음 자원 분석표에 S씨가 사용한 자원을 작성하여 보십시오.

   1. 이제까지 활용한 자원의 강점은 무엇입니까?

   2. 더 개발이 필요한 자원은 무엇입니까?

   3. 자원 개발에 앞서 고려해야 할 문제는 무엇입니까?

S씨가 사용했던 자원 분석표		공식 자원						비공식 자원		
		공공			민간			개인, 가족, 기타		
		사회적 자원	도구적 자원	정보 자원	사회적 자원	도구적 자원	정보 자원	사회적 자원	도구적 자원	정보 자원
문제 상황 1	욕구 1									
문제 상황 2	욕구 2									
문제 상황 3	욕구 3									
……	……									

문제 상황	합의된 욕구	강점 (내적 자원)	장애물	결과가 나쁜 자원	몰라서 못 쓰는 자원	알고도 못 쓰는 자원	없거나 부족한 자원	개발 전략
1.								
2.								
3.								

• 모두 다 적었을 때 조원들과 서로의 사례를 나누고 피드백한다.

• 조별로 인상 깊었던 사례를 발표하고 피드백의 시간을 갖는다.

📖 실습 3

다음에 제시된 사례를 읽고 질문에 대해 답해 봅시다.

1. 클라이언트의 주요 문제 상황과 욕구는 무엇이었습니까?

2. 사례관리자를 만나기 전까지 세 모녀가 사용해 온 자원은 무엇이며 어떤 특성이 있습니까?

3. 욕구 해결을 위해 우선 해결되어야 하는 장애물은 무엇일까요?

4. 클라이언트가 욕구 해결을 위해 활용할 수 있는 내적 자원은 무엇이라고 생각합니까?

5. 본 사례에서 활용한 자원 목록을 범주화해 보고 자원 개발 방법을 나열해 보세요.

6. 만약 당신이 사례관리자라면 더 연결할 수 있었다고 생각하는 자원이 있습니까?

   있다면 무엇이고 어떻게 개발할 수 있을지 계획해 보세요.

7. 본 사례를 읽고 자원 개발과 연계를 위한 사례관리자의 역할은 무엇이었나요?

실습 사례 바퀴벌레와 생활하는 세 모녀

지역 주민을 통해 어려운 이웃이 있다는 얘기를 듣고 가정방문하였으나 부재중이라 만나지 못하고 돌아왔다. 다음 날 오전 방문한 결과 심각한 위기 가정임을 알게 되었다. 반지하 방에 거주(100/20만 원)하고 있으나 월세가 10개월 이상 체납된 상태이고 방 안은 형광등도 들어오지 않아 컴컴했으며, 가전제품과 가구도 전혀 없는 방에 바퀴벌레만 가득하였다. 집에서는 도저히 상담이 어려워 세 모녀를 설득하여 복지관으로 모시고 나와 상담한 결과, 남편의 가정폭력으로 인해 7년 전 빈손으로 집을 나오게 되었으며 노숙 생활 등을 하다 2년 전 ○○동으로 이사를 왔다고 하였다. 신변 노출에 대한 극도의 불안감 때문에 주민등록도 말소된 상태로 주위에 도움도 요청하지 않고 생활해 왔다고 하였다. 상담 당시에도 이름 이외에는 전에 살던 곳이나 자녀들의 나이도 밝히지 않고, 불안해하였다. 사례관리자는 어머니가 두 딸을 계속 염려하였으며 아이들도 엄마를 의지하는 모습을 보여 어머니가 자녀들을 위해 사례관리자와의 문제해결에 협조할 수 있으리라는 마음이 들었다. 다음 날 우선 선풍기 1대와 쌀 20kg, 김치를 가지고 재방문을 시도하여, 형광등을 교체해 드리고 안심을 할 수 있도록 계속 상담하였다. 이후 어머니의 동의를 얻어 사례관리를 시작할 수 있었다.

우선 복지관에서 조직해 놓은 지역 살피미 주민모임을 통해 지역의 주민들이 모여 지원 방안을 의논하였다. 의논 끝에 마을 부녀회장 연계로 중고 가전제품(TV, 냉장고, 세탁기, 김치냉장고)을 모아 가정에 전달하였다. 사례관리자는 보건소에 의뢰하여 방역 서비스를 도와주기로 하였다.

그런데 8월 7일(금) 아침 세 모녀는 옷가지만 챙겨서 사라지는 일이 벌어졌다. 아마도 자신의 신변이 알려져 남편이 찾아오게 될 것에 대한 두려움이 아직도 남아 있었던 것 같다. 사례관리자는 인근 경찰서에 신병 확보를 요청했지만 찾지 못하다가 며칠 후 복지관 로비에서 딸들을 발견하여, 여관에 임시 거처를 마련해 주었다. 광복절 연휴 동안 여관 주인을 통해 세 모녀의 안부를 지속적으로 모니터링하였으며, 관내 마트에서 생필품을 지원하고 지역 주민과 이웃들을 통해 옷을 구해다 주었다. 여관에서 임시 거주하고는 있으나, 바퀴벌레가 가득한 방으로 세 모녀를 돌려보낼 수가 없어 거주할 곳을 알아보던 중 마을 부녀회장의 도움으로 당초 500만 원 보증금에 월세 25만 원인 1층(방 1칸)을 200/20만 원에 거주할 수 있도록 집주인과 협의하게 되었고, 8월 19일(수) 복지관에서 조직한 마을 리더 회의를 긴급 소집하여 세 모녀의 사연을 소개하고 지역에 모금 활동을 시작해 보증금 200만 원을 마련했다. 계속해서 ○○동 직원들이 20만 원, △△초등학교 학부모 운영위원회 11만 원 등 지역 주민들의 후원이 이어졌다.

동주민센터를 통해 공공에서 진행하는 긴급 지원에서 생계비를 지원받아 살림살이 등을 장만하였고, 긴급복지에서 생계비와 주거비를 3개월 동안 지원하며, 복지관에서는 사회복지공동모금회에 이 가정의 딱한 사정을 알리고 긴급 지원을 신청하여 이웃돕기 성금을 지원받게 되었다.

주민들이 장롱, 주방용품, 이불, 식탁 등을 지원해 주어 8월 24일(월) 오전 세 모녀가 이사를 할 수 있었는데 복지관 직원들과 주민 10여 명이 모여 케이크와 떡, 음료 등을 준비하고 "입주를 환영합니다. ○○동은 여러분을 사랑합니다"라는 환영 글과 작지만 가슴 따뜻한 입주식도 마련했다. 주거지로 이사한 이후 세 모녀에게 말소된 주민등록을 재등록하도록 권유하였으나 신변 노출에 대한 부담감으로 계속 거절을 하였지만, 주민들이 따뜻하고 가족같이 매일 왕래도 하고 지내면서 최근 말소된 지 18년 만에 드디어 주민등록을 재등록하여 떳떳하게 지역 주민으로서 권리를 보장받을 수 있게 되었다.

그 후 맞춤형 급여를 신청하여 10월 30일(금) 드디어 맞춤형 급여 수급자로 선정되었으며, 세 모녀가 모두 근로능력이 있어 조건부수급자로 자활사업과 직업훈련에 참여할 수 있게 되었다. 이로서 세 모녀의 새로운 인생을 출발하게 되었다.

*위 사례는 사례관리 자원 개발 실습을 위한 가상 사례입니다.

📖 실습 4

1. 우리 기관의 사례관리를 위한 반응 역량을 평가해 봅시다.

---

1. 우리 조직은 직원들이 사례관리의 중요성을 알고 있는가?

① 매우 잘 알고 있다. ② 잘 알고 있다. ③ 보통이다. ④ 모르고 있다. ⑤ 전혀 모르고 있다.

2. 사례관리 직원은 준비되어 있는가?

① 매우 잘 되어 있다. ② 잘 되어 있다. ③ 보통이다. ④ 부족하다. ⑤ 매우 부족하다.

3. 조직과 기관장은 준비되어 있는가?

① 매우 잘 되어 있다. ② 잘 되어 있다 ③ 보통이다. ④ 부족하다. ⑤ 매우 부족하다.

4. 적절한 업무분장이 되어 있는가?

① 매우 잘 되어 있다. ② 잘 되어 있다. ③ 보통이다. ④ 부족하다. ⑤ 매우 부족하다.

5. 사례관리자(팀)와 업무 배타성이 확보되어 있는가?

① 매우 잘 되어 있다. ② 잘 되어 있다. ③ 보통이다. ④ 부족하다. ⑤ 매우 부족하다.

6. 진 직원이 우리 기관 이용자 중 사례관리 대상을 발견하고 사례관리자에게 연결되는 업무 규약이 있는가?

① 매우 잘 되어 있다. ② 잘 되어 있다. ③ 보통이다. ④ 부족하다. ⑤ 매우 부족하다.

7. 팀 간의 업무가 명확한가?

① 매우 명확하다. ② 명확하다. ③ 보통이다. ④ 부족하다. ⑤ 매우 부족하다.

8. 슈퍼비전 체계가 잘 운영되고 있는가?

① 매우 잘 되어 있다. ② 잘 되어 있다. ③ 보통이다. ④ 부족하다. ⑤ 매우 부족하다.

9. 자원체계는 명확한 목적 설정과 포지셔닝이 되어 있는가?

① 매우 잘 되어 있다. ② 잘 되어 있다. ③ 보통이다. ④ 부족하다. ⑤ 매우 부족하다 .

10. 사례의 발견과 연결은 잘 이루어지는가?

① 매우 잘 되어 있다. ② 잘 되어 있다. ③ 보통이다. ④ 부족하다. ⑤ 매우 부족하다.

11. 사례관리 이해 및 공감대 형성은 어느 정도인가?

① 매우 잘 되어 있다. ② 잘 되어 있다. ③ 보통이다. ④ 부족하다 ⑤ 매우 부족하다.

12. 지역사회 네트워크 형성 및 운영 정도는 어떠한가?

① 매우 잘 되어 있다. ② 잘 되어 있다. ③ 보통이다. ④ 부족하다. ⑤ 매우 부족하다.

2. 평가 결과를 기반으로 집단원들과 토론해 봅시다.

- 가장 높은 점수로 평가한 항목은 무엇입니까?
- 낮은 점수로 평가한 항목은 무엇입니까?
- 사례관리를 위한 내부 조직의 반응 역량을 위해 어떤 대응 계획을 세울 수 있을까요?

📖 실습 5

1. 우리 기관 자원망의 반응 역량을 평가해 봅시다.

우리 조직의 사례관리를 위한 자원망의 반응 역량은 어떠한지 이야기해 봅시다.

1. 공식화 정도는 어떠한가?
① 매우 잘 되고 있다. ② 잘 되고 있다. ③ 보통이다. ④ 부족하다. ⑤ 매우 부족하다.
2. 협약서에 명시된 명확한 역할이 있는가?
① 매우 잘 되어 있다. ② 잘 되어 있다. ③ 보통이다. ④ 부족하다. ⑤ 매우 부족하다.
3. 사례관리 방식으로 함께 일할 의사가 있는가?
① 매우 찬성한다. ② 찬성한다. ③ 보통이다. ④ 어렵다. ⑤ 매우 어렵다.
4. 클라이언트에게 적절하게 반응할 전문성의 정도는 어떠한가?
① 매우 높다. ② 높다. ③ 보통이다. ④ 부족하다. ⑤ 매우 부족하다.
5. 사례관리자로부터 의뢰된 클라이언트에게 서비스 제공을 위해 당해 연도 사업계획에
   사업량을 포함하였는가?
① 포함하였다 ② 모르겠다. ③ 포함하지 못하였다.
6. 조정과 점검에 대한 이해와 협조 정도는 어떠한가?
① 매우 잘 되고 있다. ② 잘 되고 있다. ③ 보통이다 . ④ 부족하다. ⑤ 매우 부족하다.
7. 자원기관 전체 직원들이 사례관리 방식으로 일하는 것에 대하여 이해하였는가?
① 매우 잘 이해하고 있다. ② 잘 이해하고 있다. ③ 보통이다. ④ 부족하다.
⑤ 매우 부족하다.
8. 자원기관의 기관장 준비도는 어떠한가?
① 매우 잘 되고 있다. ② 잘 되고 있다. ③ 보통이다. ④ 부족하다. ⑤ 매우 부족하다.

9. 슈퍼비전 체계는 적절한가?

① 매우 잘 되고 있다. ② 잘 되고 있다. ③ 보통이다. ④ 부족하다. ⑤ 매우 부족하다.

10. 우리가 의뢰한 역할에 대한 즉각적 수행 가능성은 어떠한가?

① 매우 잘 되고 있다. ② 잘 되고 있다. ③ 보통이다. ④ 부족하다. ⑤ 매우 부족하다.

2. 평가 결과에 근거하여 집단원과 토론해 봅시다.

- 가장 낮은 점수로 평가한 항목은 무엇입니까?
- 가장 높은 점수로 평가한 항목은 무엇입니까?
- 우리 기관 자원망의 반응 역량을 강화하기 위한 대응 전략을 토론해 봅시다.

📖 **실습 6**

'자원 개발'의 어려움에 대해 함께 생각하고, 대응 방안 나누기

1. 학습자별로 자원 개발의 필요성을 느낀 경험과 어려움을 느낀 경험에 대해 나누어 봅시다. 이를 어떻게 해결했는지 또는 어떤 해결이 필요한지 조별로 나누고 함께 해결 방안을 모색해 봅시다.

> **실습 사례**   사례관리 수행기관 간 조정, 어떻게 할 것인가
>
> • 알코올 중독으로 인해 경제적 능력이 없는 아버지, 한국생활 적응이 어려운 결혼이민 자 어머니, 학교부적응 및 비행 위험에 처한 청소년 자녀, 방임으로 인해 돌봄이 필요 한 아동 자녀들로 구성된 빈곤 취약계층 가정이 있을 때, 지역사회 각 기관(동주민센 터, 희망복지지원센터, 지역사회복지관, 아동보호전문기관, 건강가정다문화가족지원 센터, 정신건강복지센터, 드림스타트, 학교사회복지실, 지역아동센터 등)에서 관련 서 비스 제공을 비롯해 사례관리 서비스가 이루어지고 있었다.

• 아버지는 동주민센터에서, 어머니는 건강가정다문화가족지원센터에서, 청소년 자녀는 학교사회복지실에서, 아동 자녀는 드림스타트와 아동보호전문기관에서 주 사례관리를 진행하고 있었을 때, 서비스 중복 방지 및 효율화를 위해 네트워크 이후 주 사례관리는 어느 기관이 담당해야 할까? 네트워크의 협력을 기반으로 주 사례기관 결정과 더불어 다른 기관은 어떤 역할을 배분하여 수행해야 하는지에 대한 조정과 협의 방안을 고민해 봅시다.

📖 실습 7

통합사례회의 운영 방안을 생각해 보고 나누기

1. 다음 제시된 사례를 가지고 사례회의를 운영하여 봅시다(Role play).

   1) 주 사례관리기관을 정해 봅시다.

      – 그렇게 결정한 이유는 무엇입니까?

      – 결정 단계에서 고려된 것은 무엇입니까?

      – 다른 수행기관들의 역할은 무엇입니까?

   2) 주 사례기관 결정 및 조정 과정에서 발생된(또는 예측되는) 어려움은 무엇입니까?

      – 발생된(예측되는) 어려움은 어떤 요인에서 비롯되었습니까?

      – 발생된(예측되는) 어려움을 해결하기 위해서는 어떤 방안과 전략이 필요합니까?

   3) 주 사례기관을 중심으로 사례관리 계획을 제시해 봅시다.

      – 어떻게 통합사례회의를 운영할 계획입니까? 대략적인 실행계획을 제시해 보세요.

      – 효과적인 자원관리를 위한 점검 방법은 무엇입니까?

      – 네트워크를 유지, 관리하기 위한 방안과 전략을 제시해 보세요.

제3부

사례관리 평가 및 성과관리

김현수, 민소영, 유서구, 정병오

사례관리실천을 클라이언트, 실무자, 조직, 지역사회 수준에서 다차원적으로 평가하기 위하여 필요한 이론 및 실천 지식과 기술을 습득한다. 과정평가와 성과평가로 나누어 평가 방법을 이해한다. 다양한 실제 사례들을 통하여 연습하면서 사례관리 평가 및 성과관리 내용을 이해한다.

[학습목표]

1. 사례관리 평가의 의미, 모델, 성과 영역을 이해한다.
2. 사례관리 과정의 평가 영역과 평가 방법을 이해하고 적용해 본다.
3. 사례관리 성과평가를 위하여 양적 및 질적 자료수집 방법, 단계별 성과측정 방법을 이해하고 적용해 본다.

제10장

사례관리와 평가

1. 사례관리 평가의 의미와 수준

　사회복지실천과 마찬가지로 사례관리에서도 서비스에 대한 책무성(accoun-tability)과 이를 확인하기 위한 평가활동이 강조된다. 사례관리의 평가활동은 사례관리 서비스 이용자의 클라이언트 수준뿐만 아니라, 사례관리 서비스를 제공하는 실무자 수준, 사례관리 서비스를 기획하고 지원하는 조직 수준, 그리고 지역사회 수준에서 이루어질 수 있다. 따라서 평가는 사례관리자와 클라이언트 사이의 일대일 관계에서 실천되는 사례관리 종결 단계에 이르러 행해지는 한시적인 과업이 아니라 사례 접수 초기부터 종결 시까지 지속적으로 이루어지는 하나의 과정(process)으로서도 이해되어야 한다. 나아가 실무자 입장, 조직의 입장, 그리고 지역사회 입장에서 사례관리실천이 보다 더 나은 성과를 가져오기 위하여 어떠한 노력과 지원이 이루어지는 것까지 포괄해야 한다.

　결과적으로 평가활동의 궁극적인 목적은 클라이언트의 삶의 질을 향상시키기 위한 것이며, 이를 위하여 사례관리 이용자, 사례관리자, 기관 차원, 나아가 지역사회 차원에서 이루어지는 성과 결과들이 환류되어야 한다.

　사례관리실천의 과정이 일반적 실천과정을 준용하기 때문에 평가활동도 일반적 실천을 평가하는 틀에서 크게 벗어나지는 않는다. 하지만 사례관리실천에서 통합적 서비스로서 평가를 염두에 둔다면 몇 가지 더 고려되어야 할 사항들이 있는데 이를 간략히 열거하면, ① 실천과정에 참여하는 이해당사자들이 다양하고 포괄적이며, ② 실천의 효과가 이용자 수준에 국한되지 않고 기관이나 지역사회 수준까지 확대되는 경향이 있으며, ③ 평가에 반영해야 할 정보의 양이 상대적으로 많고, ④ 실천과정의 역동성에 의해 평가활동이 사전에 계획된 대로 충분히 실행되기 어렵다는 점 등을 들 수 있다. 이러한 고려 사항들은 사례관리실천의 평가를 더 부담스럽게 만드는 위험 요인이다. 이러한 어려움을 극복하기 위한 평가환경의 조성이 무엇보다 중요할 것이다.

사례관리에 있어 평가활동을 협의로 정의하면 "사례관리 과정에 참여한 서비스 이용자가 욕구와 변화목표에 부합되는 서비스를 적절히 제공받고 이를 통해 원하는 변화를 성취하였는지를 확인하는 과정"이라고 할 수 있다. 이를 사례관리의 속성을 반영하여 광의로 해석하자면 "사례관리의 다양한 구성 요소에 의해 계획된 서비스가 이용자의 변화목표에 부합되고 실천 원칙을 잘 반영하여 제공되었는지를 확인하며, 실천의 내용들이 개입의 다양한 수준에서 기대된 변화나 성과에 기여하고 있는지를 통합적인 방법으로 확인하는 활동"이라고 정의할 수 있다.

[실습해 보기 10-1] 현재 각자가 일하고 있는 기관에서 사례관리의 평가 수행을 어렵게 하는 장애 요인이 무엇인지를 생각해 보고, 이를 극복하기 위해서 어떤 변화나 지원이 필요한지를 공유해 봅시다.

평가 수행의 장애 요인	요구되는 변화나 지원 내용
1.	
2.	
3.	

4.	
5.	

2. 사례관리 평가와 적용 모델

1) 논리 모델

논리 모델은 사회복지 프로그램 기획에서 흔히 사용되는 평가 모델로서, 외부 개입의 구조를 체계적으로 파악하도록 돕는다. 논리 모델에서는 프로그램의 구성 요소를 문제 상황(situations) → 투입(inputs) → 활동(activities) → 산출(outputs) → 성과(outcomes)로 나누어서 살피고, 이 요소들 간의 연결 관계를 if-then의 논리를 통하여 설명한다. 그리고 이러한 외부적 개입을 필요하게 만든 문제 상황을 함께 고려하여 다음과 같은 연결 관계를 제시한다.

문제 상황은 클라이언트가 가진 문제나 결핍된 욕구를 의미하는 것이고, 투입은 문제를 해결하거나 결핍된 욕구를 충족시키기 위해 필요한 자원을 의미하는 것이다. 그리고 활동은 자원의 투입을 통해 이루어지는 개입이나 실천을 의미하는 것이고, 산출은 개입이나 실천 활동의 총합을 의미하는 것이다. 마지막으로, 성과는 개입과 실천을 통해 이루어진 문제의 해결이나 욕구의 충족을 의미하는 것으로 클라이언트의 긍정적인 변화를 의미하는 것이다.

[그림 10-1] 프로그램: 빈곤가구 영유아의 건강한 성장을 위한 사례관리

235

논리 모델을 통하여 사례관리라는 외부적 개입의 구조, 사례관리가 수행되는 일련의 과정 및 그 결과로서 나타나는 성과를 체계적으로 이해할 수 있다.

특히, 논리 모델에서는 성과를 외부적 개입의 중요한 결과물로서 강조하기 때문에, 사례관리를 통한 다양한 차원(클라이언트, 가족, 조직, 지역사회 등)의 변화, 즉 성과를 평가하는 데에도 유용한 분석 틀이 된다.

2) 참여자 평가 모델

강점 관점 사례관리실천이 사례관리 평가 영역에도 반영될 수 있도록 클라이언트 당사자의 관점을 적극적으로 고려하면서 클라이언트가 주체적으로 평가 과정에 참여할 수 있도록 기회를 보장해야 한다. 이를 위하여 참여적 액션 리서치(participatory action research), 임파워먼트 평가(empowerment evaluation) 등 다양한 액션 리서치(action research) 방법을 적용하여 평가 질문을 명확히 할 뿐만 아니라 자료를 수집하며 결과를 분석하는 모든 과정에 클라이언트에게 자격을 부여하고 직접 관여하도록 해야 한다(Miley et al., 2014). 이러한 참여적 연구방법은 새로운 평가 모델로 인정받고 있는 참여자 평가 모델과 유사한 지향과 접근 방식을 갖고 있다. 이에 참여자 평가 모델이 당사자 관점을 적용한 사례관리 평가 모델로 판단하기에 적합하다.

참여자 평가 모델의 구체적인 형태는 반응적(responsive) 평가 모델, 조명적(illuminative) 평가 모델, 교류과정(transaction) 평가 모델, 4세대(forth generation) 평가 모델 등이 있다(김영숙 외, 2002). 이 중에서 4세대 평가 모델은 새로운 평가 모델을 총칭하는 평가 모델이다. 구바와 링컨(Guba & Lincoln, 1989)은 기존의 1, 2, 3세대 평가 모델들이 주로 예산을 지원하는 주체인 평가 의뢰자와 후원자를 포함한 관리자 중심으로 이루어지기 때문에 평가자가 주체적으로 평가를 수행하지 못하며, 다원적인 가치가 반영되지 못하고 평가 결과에 대한 논의도 충분하지 못하다고 지적하였다. 전통적 평가 모델의 문제점을 해결하기 위해 반응적 구성주의 평가 모델을 의미하는 4세대 평가 모델을 제시하였다.

반응적 구성주의 평가 모델은 반응적 평가 논리와 구성주의 평가 논리가 결합된 것이다. 반응적 평가 논리는 평가 대상을 미리 결정하고 과학주의에 기반을 둔 목표 중심의 평가 방법과는 달리 평가 요구자와의 논의를 통해 평가 근거와 영역을 정하는 등의 융통성 있는 평가 모델을 강조한다. 다음으로 구성주의 평가 논리는 평가 방법을 사전에 결정하기보다는 수행과정에서 필요한 방법을 적절하게 구성하는 것을 말한다(김영숙 외, 2002). 반응적 구성주의 평가 모델에서는 실증주의에 기반을 둔 계량적 자료수집과 분석이 아니라 질적 자료를 해석학적 방법으로 협상하고 합의점을 도출하는 방법이 중심이 된다. 특히, 계획 당시에 의도하지 않았더라도 실천 과정에서 나타날 수 있는 변화들을 평가하기에 매우 적합한 평가 모델이다. 따라서 참여자 평가 모델은 대체로 사례관리 당사자의 참여나 상호작용을 통한 행동 관찰, 심층 인터뷰, 글쓰기, 대화 내용 등 질적 자료를 수집해 분석하는 평가 방법을 구체적으로 활용하는 평가 모델을 의미한다고 보면 된다.

3) 평가 모델 적용과 사례관리 평가

앞에서 언급한 논리 모델과 참여자 평가 모델은 사례관리 평가체계와 방법을 구성하는 데 중요한 기여를 한다. 먼저 논리 모델은 사례관리 평가를 위한 논리적 체계를 제공할 뿐만 아니라, 평가란 산출에서 그치지 않고 성과까지 고려해야 함을 강조한다. 참여자 평가 모델은 사례관리 평가의 수준과 범위는 양적 평가뿐만 아니라 질적 평가까지 포함해야 하며, 평가 과정은 클라이언트의 참여와 지속적인 상호작용을 통하여 이루어짐을 강조한다.

3. 사례관리 성과 영역

앞선 논리 모델에서 강조하였듯이, 사례관리의 성과 영역을 소개하면, 먼저, 사례관리의 궁극적 목적인 클라이언트 변화가 성과의 중요한 영역이 된다. 이 외에도 이러한 성과를 도달하도록 사례관리를 수행하는 과정에서 얻어지는 성과가 존재한다. 이러한 과정에는 사례관리의 성공을 위해 가장 바탕이 되는 클라이언트와 사례관리자와의 관계 형성, 그리고 사례관리 제공기관 입장에서 지역사회 자원 및 서비스의 네트워크 구축, 서비스의 지속성, 접근성, 책임성, 효율성이 포함될 수 있다.

1) 클라이언트 삶의 변화에 대한 성과 측정 영역

사례관리의 궁극적 목적은 클라이언트의 삶의 질 향상과 지역사회로의 통합이다. 클라이언트 측면에 대한 사례관리 성과 측정의 구체적인 영역은 다음과 같다 (〈표 10-1〉 참조).

〈표 10-1〉 클라이언트 측면과 사례관리 성과 영역

영역	구체적 내용의 예
① 건강 및 생활 기능 (functioning)	- 신체적 · 정신적 건강 향상 - 심리적 · 인지적 기능 향상 - 일상생활 및 사회생활 기능 향상 - 여가 및 문화생활 기회 향상 - 이동의 자유로움 및 교통수단 이용 조건 향상
② 경제 상황	- 소득 향상 - 취업 및 창업
③ 주거	- 주택 확보 - 주거환경 개선
④ 교육	- 아동 양육 - 진학 기회 증가 - 수학능력 향상 - 학교 적응
⑤ 비공식적 지지망	다른 사람(가족, 친구, 이웃, 종교 집단, 자조모임, 사회복지사, 서비스 제공자, 자원봉사자, 점심 배달원 등)과의 - 접촉 규모/도움이나 상호 호혜성/긴밀성 증가 - 접촉 형태의 다양화 - 관계에 대한 만족감 증가

⑥ 지역사회통합	〈물리적 통합 증가〉 – 지역사회 서비스나 자원 또는 시설 이용 증가 – 지역사회 모임 참여 증가 〈사회적 통합 증가〉 – 비공식적 지지망 증가 〈심리적 통합 증가〉 – 지역사회 일원으로서 소속감 증가 – 지역사회 주민과 심리적 연결감 증가 – 지역사회 문제 해결에 영향력을 행사할 수 있다는 느낌 증가

2) 클라이언트와 사례관리자와의 관계

사례관리자와 클라이언트 사이에 신뢰와 상호 동의를 기반으로 하는 관계가 형성된다면, 클라이언트로 하여금 지역사회 내에서 보호 서비스를 수락하여 이용하게 함으로써, 클라이언트의 삶에 긍정적 결과가 나타날 수 있다(Morse et al., 1996). 클라이언트는 필요하고 사용 가능함에도 불구하고 서비스 이용을 주저할 수 있다. 클라이언트가 사례관리를 통하여 사례관리자와 우호적이고 신뢰할 수 있는 관계를 구축한다면, 그것은 클라이언트가 지역사회 서비스와 연계하여 지속적으로 서비스를 이용하고 유지할 수 있도록 중요한 영향을 미칠 것이다. 성과 측정을 위한 구체적 내용은 다음과 같다.

- 사례관리자에 대한 클라이언트의 신뢰감이 증가하는가?
- 사례관리자와 클라이언트 사이에 사례관리 목표 및 과정에 대한 동의가 이루어지는가?
- 사례관리자와의 관계가 클라이언트의 적극적 참여에 긍정적 영향력을 미치고 있는가?

3) 지역사회 자원 및 서비스 네트워크 구축

복합적 욕구를 갖는 클라이언트에게 필요한 서비스를 한 기관이 모두 제공하는 것은 매우 어렵다. 그러므로 사회복지기관들은 서로 협력체계를 가지고 클라이언트에게 서비스를 제공할 수 있는 정보와 자원을 공유해야 한다(민소영, 2010). 기관 사이의 상호 의뢰와 연계 그리고 조정을 통하여 서비스의 누락 및 중복을 방지하고 자원의 효율적 활용을 가능하게 할 수 있다. 뿐만 아니라 클라이언트에 대한 보호의 연속성을 보장할 수 있다. 성과 측정을 위한 구체적 내용은 다음과 같다.

- 서비스 제공기관 간 클라이언트에 대한 정보와 자원, 예산과 자원 교환의 빈도 및 협력 강도가 증가하는가?

4) 보호의 지속성

사례관리를 통하여 복합적 욕구를 가진 클라이언트가 다양한 서비스 및 보호를 지속적으로 받는 것을 의미한다. 이는 크게 횡단적 지속성과 종단적 지속성으로 구분된다.

(1) 횡단적 지속성

다양한 서비스 영역들 속에서 클라이언트에게 필요한 서비스를 어느 시기라도 제공받을 수 있도록 하는 것을 의미한다. 횡단적 지속성이 달성되었는지를 알아보기 위한 성과 측정의 구체적 내용은 다음과 같다.

- 제공된 서비스 종류와 클라이언트 욕구가 일치하는가?

(2) 종단적 지속성

클라이언트가 변화하는 욕구에 끊임없이 부응하면서 서비스가 제공되는 것을 의미한다. 종단적 지속성이 달성되었는지를 알아보기 위한 성과 측정의 구체적 내용은 다음과 같다.

- 사례관리 체계 속에서 클라이언트의 욕구 변화에도 불구하고 서비스가 중단되지 않고 지속적으로 연계되는가?
- 제공된 서비스들 사이에서 시간의 간격이 생기지 않고 원활하게 연계되는가?
- 타 기관에 클라이언트를 연계할 때 의뢰서는 있는가? 의뢰 이후, 며칠 이내에 클라이언트가 연계된 기관을 실제로 접촉했는지를 확인하는 지침이 마련되어 있는가? 이 지침대로 실제로 이루어지는지를 확인하는 방법이 기관 내 마련되어 있는가?

5) 서비스의 접근성

지역사회 내에 흩어져 있는 다양한 분야의 프로그램들은 저마다 대상 기준, 규제 범위, 정책, 그리고 운영 절차가 다양하므로 서비스로의 접근이 복잡하고 어렵다. 클라이언트는 신체적 · 정신적 장애, 지리적 한계, 서비스 구매력의 제한, 서비스에 대한 무지 및 정보의 한계 등으로 서비스 접근에 장애를 경험하게 된다. 이때 클라이언트가 필요로 하는 서비스로 접근하는 데 장애물이 되는 것이 무엇인가를 확인하여 이를 제거함으로써 서비스 이용을 향상시킨다. 이를 위하여 다음과 같은 내용을 파악한다.

- 클라이언트의 서비스 욕구와 실제 서비스 이용 사이의 불균형을 일으키는 원인이 제거되(었)는가?
- 필요하다고 판단되는 서비스를 실제로 이용한 클라이언트 비율 또는 수가 증가하(였)는가?

6) 서비스의 책임성

복잡한 서비스 체계 내에서 다양한 기관들이 개별적으로 서비스를 제공하다 보면, 서비스가 중복되거나 지연 혹은 누락을 초래할 수 있다. 이때 한 명의 서비스 제공자 혹은 하나의 서비스 기관이 클라이언트에게 필요한 서비스가 전달되도록 책임지는 것이 필요하다. 즉, 단일한 책임 주체를 지정(담당 사례관리자의 지정, 또는 지역사회 내 서비스들의 통합과 조정을 중심적으로 수행할 수 있는 핵심 기관 선정 등)하여 필요한 서비스가 궁극적으로 클라이언트에게 전달되도록 책임지는 것이 필요하다. 서비스의 책임성을 측정하기 위해서 다음과 같은 내용을 파악한다.

- 주 사례관리 제공자 혹은 주 사례관리 제공기관이 동일하게 지속되는가?
- 사례관리 제공자(혹은 제공기관)가 변동되었다면, 클라이언트 의뢰가 공식적 과정을 거쳐 이루어지는가?
- 사례관리팀의 경우 팀 성원 사이에서 클라이언트에 대한 공유가 정기적으로 이루어지고 있는가?

7) 서비스의 효율성

사례관리는 한정된 지역사회 자원 및 비용 내에서 서비스 효과를 최대화하기 위한 목적이 있다. 사례관리의 서비스 조정 기능을 통하여 서비스의 중복과 남용을 방지함으로써 비용 효과를 기대할 수 있다.

한편, 클라이언트가 사례관리를 통하여 서비스에 대한 정보를 더 알게 됨으로써, 오히려 서비스 이용이 증대되어 전체적으로 서비스 이용 비용이 증가할 수 있다. 그러므로 서비스의 효율성 평가를 위해서는 부적절하게 이용된다고 판단되는 특정 서비스를 더 적절한 서비스로 전환하면서 나타나는 사례관리 전·후의 비용을 비교해 보는 유연한 전략이 필요하다. 효율성을 측정하기 위한 내용은 다음과 같다.

- 사례관리 개입을 통하여 고액이 드는 서비스의 비용이 감소하(였)는가?
- 서비스를 과다하게 이용했던 클라이언트 1인당 투여 비용이 사례관리 개입 이후 감소하(였)는가?
- 서비스의 중복, 오용, 남용 등 부적절한 서비스가 주민의 욕구에 부합하는 서비스로 전환되었는가?

제11장

사례관리의 과정평가

1. 과정평가의 영역

사회복지실천의 평가와 마찬가지로 사례관리실천에서도 평가의 영역은 개입의 결과(outcome)나 변화 내용을 확인하기 위한 '성과평가'와 개입의 과정(process)을 주요 평가의 대상으로 삼는 '과정평가'로 크게 구분할 수 있다. 특히 과정에 대한 평가는 효과적인 결과를 도출해 내기 위한 일련의 과정을 점검하는 것과 관계된다. 즉, 과정평가의 목적은 과정평가 그 자체도 중요하지만 그보다 과정평가를 통한 개입 과정의 점검과 개선이 결국 효과적인 개입의 결과(outcome)로 이어지는 '환류'에 있다고 할 수 있을 것이다.

과정평가는 사례관리실천에서 더욱 중요하다. 사례관리에서 강조하는 복합적인 욕구에 대응하는 지속적인 서비스와 다양한 자원연계를 통한 통합적인 서비스 제공은 매우 역동적인 과정이다. 처음 계획한 대로 서비스가 진행되면 좋겠지만, 위기 사정을 다시 해야 할 수도, 새로운 서비스의 연계가 필요할 수도, 다른 전문가와의 협업이 요구될 수도, 계획했던 것보다 더 많은 양의 자원이 필요할 수도 있다. 이러한 전(全) 과정에서 서비스 진행 상황을 점검하고, 필요한 경우 서비스에 대한 수정이 가능하도록 유연한 대처가 필요한 것 또한 사례관리의 역동적인 특징이다.

사례관리의 과정에는 다양한 요소들이 있고 이들이 서로 영향을 주고받는데, 모든 과정 요소에 대한 평가를 계획하는 것은 매우 힘든 일이다. 이 장에서는 과정평가에서 중요하게 다루었으면 하는 세 가지의 과정평가 영역을 살펴보았다. 첫째, '실천 단계에 대한 평가(영역 1)'로 사례관리실천의 전 과정이라고 할 수 있는 사전 준비 단계에서부터 사후관리 단계까지 사례관리가 잘 이루어지며 그 과정이 사례관리의 성과 파악과 잘 연결되도록 기록되고 관리되는지를 평가하는 과업이다. 둘째, '자원과 서비스에 대한 평가(영역 2)'로 이용자의 욕구에 부합되는 서비스와 자원이 잘 계획되고 전달되는지를 평가하는 과업이다. 셋째, '운영체계와 실천환경에 대한 평가(영역 3)'로 사례관리를 잘 실천하기 위해 마련된 기관 내·외부 운영체계와 실천환경에 대해 평가하는 과업이다. 각각의 영역 내에서도 평가의 활동을 진행할 때 클라이언트 수준, 사례관리자나 서비스 공급자 수준, 조직과 지역사회 수준을 고려하여 평가해 보기를 권한다. 다음은 세 가지 영역에 대한 내용과 그 내용을 구체적으로 담고 있는 평가 질문들을 제시하였다.

1) 실천 단계에 대한 평가 내용

실천 단계에 대한 평가는 사례관리실천의 전 과정이라고 할 수 있는 사전 준비-인테이크-접수-개입-모니터링 단계의 진행이 잘 이루어지고 있는지, 그 과정이 사례관리의 성과 파악과 잘 연결되도록 관리되는지를 평가하는 과업이다. 초기 상담이 제대로 이루어지지 않았거나, 위기 사정이 잘못되었다면, 개입계획이 잘못된 방향으로 수립될 것이며 이는 결국 이용자의 욕구 해결에 도움이 되지 못한다. 이러한 단계 단계가 모여 사례관리가 완성이 되기에 실천 단계에 대한 평가는 매우 중요하다. 구체적으로 생각해 볼 수 있는 실천 단계에 대한 평가 내용은 클라이언트 수준, 사례관리자 수준, 조직과 지역사회 수준을 고려하여 다음과 같은 질문을 통해 생각해 볼 수 있다.

- 클라이언트의 사례관리실천 단계(사전 준비-인테이크-접수-개입-모니터링)의 경험은 어떠한가? 개선되어야 할 부분은 무엇인가?

- 사례관리자의 사례관리실천 단계(사전 준비–인테이크–접수–개입–모니터링)의 경험은 어떠한가? 개선되어야 할 부분은 무엇인가?
- 클라이언트 중심의 서비스 점검이 잘 이루어졌는가?
- 서비스 공급자에 대한 점검이 잘 이루어졌는가? 개선해야 할 부분은 무엇인가?
- 사례관리자는 사례관리실천 원칙을 반영하여 서비스를 제공하고 있는가?
- 우리 기관이 정한 사례관리의 원칙들을 어떻게 반영하고 있는가?
- 외부 기관과 연계와 협력활동의 경험은 어떠한가? 개선되어야 할 부분은 무엇인가?
- 지역별 기관별 특성에 따른 사례관리 실천과정의 차별성이나 고유성을 잘 반영하고 있는가?

2) 자원과 서비스에 대한 평가 내용

사례관리의 주요한 구성 요소 중 하나는 사례관리 과정에 활용된 자원과 서비스이다. 사례관리의 과정평가에 자원과 서비스에 대한 분석과 평가도 꼭 필요한데, 이를 통해 이용자의 욕구에 부합되는 서비스와 자원이 잘 계획되고 전달되는지를 파악할 수 있기 때문이다. 자원과 서비스에 대한 평가를 잘 하기 위해서는 사례관리 실천에서 활용되는 모든 내·외부 자원과 서비스의 종류에 대한 목록과 그 기능에 대한 분류가 선행되어야 하지만, 현재 일선 사례관리기관에서 이를 잘 정리해낸 기관을 찾기란 쉽지 않다. 자원과 서비스에 대한 과정평가에서 꼭 파악되었으면 하는 내용들은 다음과 같으며, 이를 통해 자원과 서비스에 대한 효율적 기획과 집행을 제고할 수 있다.

- 클라이언트 욕구에 따라 제공된 자원의 총량은 어느 정도인가?
- 클라이언트의 욕구와 해당 자원의 부합 정도는 어떠한가?
- 활용 가능한 서비스와 자원의 기능별 범주화는 되어 있는가?
- 사례관리자가 사용한 신규 자원은 어느 정도인가?

247

- 사례관리자 간 자원연계 협력의 수준은 어떠한가?
- 지역 자원의 활용 정도는 어떠한가?
- 기관 내부 서비스와 외부 연계된 서비스의 비중은 어느 정도인가?
- 기관 간 연계 서비스의 신뢰 수준은 어느 정도인가?

3) 운영체계와 실천환경에 대한 평가 내용

과정평가에는 사례관리의 운영체계나 운영환경을 평가하는 운영평가가 독자적인 평가 영역으로 논의(인천광역시 사회복지관협회, 사례관리연구회, 2009)되기도 하는데, 운영평가의 영역도 크게 보면 과정평가의 영역에 포함될 수 있다고 본다. 사례관리실천은 이용자의 욕구에 부합하는 서비스를 통합적으로 전달하는 활동이기 때문에 이런 활동이 효과적으로 유지되기 위해서는 조직화된 운영체계를 필요로 하고, 이를 잘 운용하는 것은 사례관리의 효과를 좌우하기도 하는 중요한 과업이다. 운영체계에 대한 과정평가는 사례관리실천을 효과적으로 할 수 있는 기관 내·외부의 운영체계를 갖추고 있는지, 이러한 체계들을 잘 운영하고 있는지를 파악하는 평가 과업이다. 운영체계의 경우 평가할 수 있는 범위가 넓은 편인데 그중 세 가지를 구분해 보면 다음과 같다.

우선, 사례관리실천에서 갖추어야 할 중요한 운영체계 중 하나로 내부사례회의와 통합사례회의를 들 수 있다. 기관 내 사례관리팀과 사례회의, 기관 내외 서비스제공자의 팀으로 구성된 통합사례관리팀과 통합사례회의가 잘 조직화되어 서비스이용자를 위해 필요할 때 효과적으로 운영되는지 여부를 파악한다. 만약 잘 운영되지 못하고 있다면 그 근거와 장애 요인이 무엇인지를 파악하여 개선점을 파악할 수있어야 한다. 두 번째는 사례관리 실무자에 대한 교육훈련과 슈퍼비전의 내용이다. 사례관리실천에 있어서 사례관리자들이 일관된 실천 원칙을 유지하고 실천과정의 어려움과 도전적인 상황에 잘 대응하도록 교육훈련과 슈퍼비전 체계를 구성하고 이를 잘 운영하는 것이 무엇보다 중요하며, 이는 곧 사례관리사업 성패의 요인으로 작용한다. 세 번째는, 사례관리 활동을 수행하는 실무자들의 근무환경에 대한 평가도 실천환경을 평가하는 과정평가의 과업으로 포함될 수 있다. 사례관리 실천환경에 대한 과정평가는 사례관리실천과 관련된 근무환경이 실무자들의 업무수행에 도움이 되도록 잘 배려되고 있는지를 평가하는 목적으로 수행된다. 해당 평가에 동원될 주요 질문 내용들은 다음과 같다.

- 사례회의의 내용이 클라이언트 개입 과정에 잘 반영되고 있는가?
- 클라이언트에 개방적인 운영체계인가?
- 사례관리 운영체계(사례관리팀, 사례회의 운영)가 조직화되어 이용자에게 도움이 되도록 기능적으로 운영되고 있는가?
- 외부 연계기관이 참여한 통합사례회의 팀이 조직화되어 이용자와 사례관리자에게 도움이 되도록 기능적으로 운영되고 있는가?
- 사례관리실천을 돕는 교육훈련과 지원체계를 갖추고 있는가?
- 사례관리와 관련하여 기관 내외에 필요한 슈퍼비전 체계가 갖추어져 있는가?
- 직무수행 환경과 관련하여 사례관리자별 업무의 양은 적절한가?
- 사례관리 수행 매뉴얼이 있는가? 매뉴얼이 도움되는가? 도움되지 않는다면 어떤 부분에서 개선이 필요한가?
- 사례관리와 관련된 실무자들의 업무 스트레스는 어느 정도이고, 어떤 부분에서 개선이 더 필요한가?
- 사례관리실천을 독립적으로 수행할 수 있도록 기관이 잘 배려하고 있는가?

📖 [실습해 보기 11-1] 위 제시된 과정평가의 각 영역에 대하여 우리 기관에서는 어떤 내용들을 평가해 본 경험이 있는지를 공유해 보고 개선점을 찾아봅시다.

과정평가 영역	우리 기관의 과정평가 실시 내용	개선점
영역 1) 실천 단계에 대한 평가		
영역 2) 자원과 서비스에 대한 평가		
영역 3) 운영체계와 실천환경에 대한 평가		

2. 과정평가 방법

앞서 과정평가의 영역과 그 영역에 해당되는 내용을 살펴보았다. 다음으로 과정 평가를 진행할 때 고려해야 할 부분에 대해 다음과 같이 요약해 볼 수 있다.

- **측정하고자 하는 세부 내용의 구성**: 과정평가의 내용을 정하였다면 그 내용에 해당되는 세부적인 측정 내용들을 구성할 필요가 있다. 세부적인 측정 내용은, 개량화, 수치화할 수 있는 구체적인 단위나 표현으로 구성하거나 또는 구체적인 반구조화된 질문지를 만드는 것이 좋다. 이는 평가 이후 개선에 반영할 수 있는 객관적인 근거로 사용될 수 있기 때문이다.
- **과정평가의 시기**: 성과평가처럼 사례관리가 종결된 후 진행할 수도 있지만, 과정 중간중간 진행하여 빠른 피드백을 통한 개선을 유도할 수도 있다. 실천 현장에서 다른 과업들이 많은 경우, 여러 사례 종결 후 분기별로 혹은 기관의 상황에 맞는 시기를 정하여 정기적으로 시행할 수도 있다.
- **평가 자료의 수집**: 사례관리 과정에 사용되었던 기록의 검토나 평가 대상자에게 다양한 측정도구를 활용하여 설문조사를 실시하거나, 일대일 심층면접(Indepth interview: IDI), 초점집단면접(Focus Group Interview: FGI) 등을 통해 자료수집이 가능하며, 그 외에 기관에서 이제껏 축적해 둔 양적 자료를 통해 할 수도 있으며 다양한 자료들이 사용될 수 있다.
- **평가 자료 수집 대상**: 자료수집 대상으로 클라이언트, 클라이언트의 가족, 사례관리자, 기관의 운영자, 외부 기관의 협력자 등 다양하게 고려될 수 있다. 사례관리 과정평가를 할 때, 같은 주제라도 예를 들어 클라이언트의 경험과 사례관리자의 경험이 다를 수 있기에 다양한 측면을 고려하여 평가에 반영하는 것이 좋다.
- **자료의 분석**: 이렇게 수집된 자료들은 크게 질적 방법과 양적 방법으로 자료분석을 할 수 있다. 질적 자료의 분석은 주로 주제분석(thematic analysis)과 같이

자료의 내용을 범주화하거나, 유목화하기에 용이하고, 양적 자료의 분석은 수치화하여 개선에 반영하거나 추적하여 장기적인 방향 설정에 용이하다.

다음은 앞서 언급한 세 가지 영역의 과정평가 방법에 대한 예와 그에 대한 설명을 제시하였다. 〈표 11-1〉에서는 목슬리(Moxley, 1989)의 구분에 따라 평가의 측면을 클라이언트 체계, 사례관리자, 환경체계로 구분하여 실천 현장을 조금 더 세부적으로 반영해 보았다.

1) 실천 단계에 대한 평가 방법

사례관리실천 단계에 대한 평가를 가장 잘 할 수 있는 방법은 사례관리자를 근무시간 내내 쫓아다니며 몇 개월간 사례의 접수부터 종결까지 영상으로 그 활동 내용을 담아내서 분석하는 것이겠지만, 이는 현실적으로 불가능하다. 대안적으로 사례관리의 과정이 사전준비 단계에서부터 모니터링 단계까지 잘 이루어지며, 그 과정이 성과 파악과 잘 연결되도록 관리되는지 확인하는 방법으로서 실천과정에 사용된 각종 양식/기록의 내용에 대한 정기적인 검토를 할 수 있다. 또한 클라이언트, 사례관리자, 지역사회 연계기관들을 대상으로 설문조사나 심층면접, 초점집단면접을 진행할 수 있다.

〈표 11-1〉의 1-1의 예처럼, 사례관리의 준비 단계에서부터 사후관리 단계가 잘 이루어지고 있는지 사례 중 일부를 임의로 선정하여 클라이언트에게 초기 상담의 만족 정도는 어떠하였는지, 개입계획 수립 시 클라이언트의 의견이 잘 반영되었는지 등을 설문이나 실천 양식/기록을 검토하여 내용분석을 정기적으로 실시하는 방법이 현실적이다. 물론 사례관리가 종결된 후 회귀적으로 설문을 하는 방법도 가능하겠다. 설문 문항은 표준화된 척도를 사용하면 좋겠지만, 목표 설정과 서비스 계획 시의 합의 양식(〈표 11-2〉 참조)과 같이 쉽게 쓸 수 있는 기존 문항들을 목적에 맞게 수정·보완하여 사용하여도 된다. 즉, 평가하고자 하는 내용과 측정도구, 자료수집 대상과 방법들을 종합적으로 고려해 최선의 선택을 하는 것이 좋다.

〈표 11-1〉의 1-2는 클라이언트에게서 얻지 못하는 사례관리 진행 단계상의 개선점이나 의견을 실제 서비스를 제공하고 있는 사례관리자들의 수준에서 자료를 수집할 수 있다. 이때 평가해야 할 세부 측정 내용으로는 정보 수집의 적절성, 기록의 적절성, 합의한 변화목표 수립의 적절성, 목표 달성을 위한 서비스 계획의 적절성, 필요한 활동(재사정, 점검/모니터링, 평가) 주기의 준수 여부 등을 기록 검토를 통해 파악할 수 있다. 1-3의 경우 사례관리 과정에 강점 관점의 실천 원칙이 잘 반영되고 있는지를 평가하고자 하는 경우 강점 관점 사례관리실천 척도(〈표 11-3〉 참조)의 일부를 발췌하거나 수정하여 사용할 수 있다. 과정평가의 경우 해당 내용에 대한 표준화된 척도를 찾기가 쉽지 않다. 간단한 내용은 평가자가 5점 척도를 활용하거나 해당 사항의 여부를 묻는 질문으로 만들 수 있지만, 그렇지 않은 경우는 기존 척도들의 일부를 수정 · 반영하여 사용할 수 있다. 1-4의 예는 기관이 정한 사례관리의 원칙이 사례관리 과정에 잘 반영되고 있는지를 평가하고자 할 때 사례관리자들이 참여하는 심층면접이나 초점집단면접을 실시하는 방안이 현실적이다. 기관 내 사례관리 실무자나 서비스 이용자 외에도, 사례관리자와 연계하여 일하는 지역 내 기관 실무자를 통한 과정평가도 수행될 수 있는데, 1-5의 예처럼 기관 간 연계와 협력활동이 잘 되고 있는지, 개선할 부분은 없는지에 대한 평가를 타 기관의 협력자를 초대하여 심층면접이나 초점집단면접을 통해 고유한 경험과 입장을 이해하는 방법도 사용될 수 있다.

〈표 11-1〉 실천 단계에 대한 평가 예

수준		평가 내용의 예	세부 측정 내용의 예	자료수집 방법의 예
클라이언트	1-1	사례관리실천 단계(준비~사후관리)	초기 상담의 만족 정도	설문
			개입계획 수립 시 나(클라이언트)의 의견 반영 정도	기록 검토 설문(〈표 11-2〉 목표 설정과 서비스 계획 시의 합의)

사례 관리자	1-2	사례관리실천 단계(준비~사후관리)	정보 수집의 적절성 기록의 적절성 합의한 변화목표 수립의 적절성 서비스 계획의 적절성 필요한 활동(재사정, 점검/모니터링, 평가) 주기 준수 여부	기록 검토
	1-3	사례관리실천 원칙의 반영	강점 관점에 기반한 실천 여부/정도	설문(〈표 11-3〉 강점 관점 사례관리실천 척도)
	1-4	기관이 정한 사례관리 원칙의 반영	우리 기관의 특수한 사례관리 원칙 반영 여부/정도	FGI/IDI
	1-5	기관 간 연계와 협력활동	협력자/참여자로서 실천과정의 개선할 부분	FGI/IDI
주변 환경	1-6	지역별 기관별 특성에 따른 실천과정의 고유성	우리 지역/우리 기관의 사례관리 실천과정에 고려해야 할 부분(지역적 특수성, 기관의 유형 등)	FGI/IDI

〈표 11-2〉 목표 설정과 서비스 계획 시의 합의

문항	전혀 그렇지 않다.	거의 그렇지 않다.	가끔 그렇다.	자주 그렇다.	항상 그렇다.
1. 목표를 설정할 때 이용자와 합의합니까?					
2. 합의된 목표를 달성하기 위해 실천방법을 선택할 때 이용자와 합의합니까?					
3. 실천방법을 수행하는 역할에 대해 이용자와 합의하여 분담하십니까?					
4. 설정된 목표와 선택한 방법에 대하여 재조정이 필요할 때 이용자와 합의합니까?					
5. 합의된 목표 달성을 위해 자원이 필요한 경우 먼저 이용자가 활용할 수 있는 비공식 자원이 있는지 알아봅니까?					

출처: 숭실대학교, 함께나누는세상(2010). 우리아이희망네트워크 지원사업 평가지표개발 연구, p. 42.

〈표 11-3〉 강점 관점 사례관리실천 척도

다음은 사례관리자의 실천과정에 관한 문항입니다. 각 문항을 잘 읽으시고, 문항별로 사례관리자인 자신의
실천 정도를 스스로 판단하셔서 해당란에 ∨표시해 주십시오.
'전혀 그렇지 않다'는 1점, '완전하게 그렇다'는 10점에 해당합니다.

아동 · 가족과 관계 맺기										
	전혀 그렇지 않다. ~ 완전하게 그렇다.									
내용	1	2	3	4	5	6	7	8	9	10
1. 이용자(아동과 가족)의 꿈과 희망에 초점을 맞추어 일한다.										
2. 모든 이용자는 더 나은 삶을 살고 싶어 한다는 믿음을 갖고 일한다.										
3. 이용자의 삶에 대해 가장 잘 알고 있는 사람은 이용자 자신이라는 믿음을 갖고 일한다.										
4. 모든 이용자에게는 자신의 문제를 해결할 능력이 있다는 믿음을 갖고 일한다.										
5. 아동에게는 가족이 가장 중요한 환경이자 자원이라는 믿음을 갖고 일한다.										
6. 이용자를 '도움 받는 사람'보다는 '함께 일하는 사람'이라고 생각하고 일한다.										
7. 모든 실천과정에서 이용자의 입장과 의견을 묻고 따른다.										
8. 계속 변화하는 이용자의 상황과 생각을 알려고 하고 받아들인다.										
9. 이용자에게 사례관리자와 함께 해결하고 싶은 것이 무엇인지 묻는다.										
10. 이용자에게 그동안 잘 해 온 것이 무엇인지를 발견하도록 돕는다.										
11. 이용자가 자신이 원하는 것이나 의견을 편안하게 표현할 수 있도록 돕는다.										
12. 이용자의 상황이나 원하는 것이 사례관리자의 예상이나 기대와 다르더라도 그럴 만하다고 생각한다.										
13. 이용자가 원하는 변화가 무엇인지 묻고 그것에서부터 출발하여 일한다.										
14. 목표는 이용자에게 현실적으로 실현 가능하고 구체적인 것으로 함께 합의해 나간다.										
15. 목표를 향해 나아가기 위한 실천방법과 계획에 대해 이용자와 함께 합의한다.										
16. 각 이용자의 욕구와 상황에 맞는 개별화된 지원을 한다.										
17. 지원의 내용과 기간 방법 등을 이용자와 합의한다.										
18. 이용자와 한 약속은 반드시 지킨다.										

내용										
19. 이용자가 자신의 강점과 성공 경험을 발견하고 활용할 수 있도록 돕는다.										
20. 이용자가 원하는 변화로 나아가기 위해 스스로 할 수 있는 것을 시도하고 지속하도록 돕는다.										
21. 가족(또는 의미 있는 사람)으로 하여금 아동의 꿈을 확인하고 지지할 수 있도록 돕는다.										
22. 이용자가 문제를 해결하는 과정에서 주도권을 갖도록 한다.										
23. 이용자의 변화와 성공을 함께 알아 나가고 지지해 준다.										

아동 · 가족과 일하기

전혀 그렇지 않다.　～　완전하게 그렇다.

내용	1	2	3	4	5	6	7	8	9	10
24. 아동만을 의뢰받은 경우에도 반드시 가족이나 그 외 중요한 사람(또는 의미 있는 사람)과 협력하여 일한다.										
25. 아동의 변화를 위해 가족이 할 수 있는 것부터 찾도록 돕는다.										
26. 이용자가 원하는 변화로 나아가도록 지속적인 점검을 함께 한다.										
27. 실천과정에서 어려움이 발생하더라도 이용자와 협력하여 계속 새로운 방법을 찾아 나간다.										
28. 이용자가 원하는 변화를 향한 진전 정도와 그 근거에 대해 함께 확인한다.										
29. 이용자가 변화의 주체가 될 수 있도록 계속 경험할 수 있는 기회를 주고 기다려 준다.										
30. 종결 시기는 이용자와 합의하여 결정한다.										
31. 종결 과정에서 이용자가 새롭게 알게 된 자신의 힘과 대처 능력에 대해 충분히 나눈다.										
32. 종결 과정에서 추후 당면할 수 있는 유사한 어려움에 대해 이용자 자신이 어떻게 대처할지에 대해 함께 나눈다.										
33. 종결 과정에서 이용자와 사후관리의 필요성과 방법에 대해 합의한다.										
34. 종결 과정에서 이용자가 원하는 변화가 이루어진 정도와 근거에 대해 함께 평가한다.										

지역사회와 일하기

전혀 그렇지 않다.　～　완전하게 그렇다.

내용	1	2	3	4	5	6	7	8	9	10
35. 우리 지역사회에는 아동과 가족에게 도움이 되는 자원과 능력이 있다는 믿음을 갖고 일한다.										
36. 지역사회 공식 기관뿐 아니라 지역 주민과 이용자까지 자원으로 생각한다.										

내용	1	2	3	4	5	6	7	8	9	10
37. 지역사회 기관들을 찾아가서 그들이 이미 잘하고 있는 것과 함께 할 수 있는 활동이 무엇인지 알아본다.										
38. 지역사회의 욕구와 특성을 반영하여 일한다.										
39. 지역사회 내 아동의 건강한 성장을 위한 비전을 이용자, 지역 주민 및 지역 자원과 함께 공유한다.										
40. 지역 자원을 '동등한 협력자'로 생각하고 일한다.										
41. 우리 지역의 아동을 잘 키우는 데 관심을 갖는 지역 주민을 찾아내어 함께 활동한다.										
42. 지역 자원과 일할 때 각자의 강점을 활용하고 발휘할 수 있도록 협력한다.										
43. 이용자가 지역사회 기관과의 연계를 필요로 할 때 서로 소통할 수 있도록 돕는다.										
44. 지역사회 내 비공식적인 지원망을 찾고 연결해 나간다.										
45. 이용자와 연관되어 있거나 영향을 미칠 수 있는 주변 자원을 찾아 소통하고 지원한다.										
46. 지역사회에 희망센터의 활동을 알린다.										
47. 지역사회가 아동과 가족을 위한 안전망이 될 수 있도록 지역 기관 및 주민과 지속적으로 협력한다.										
48. 이용자를 위해 함께 일하는 사람들 간에 정보 공유 수준과 협력 방법에 대해 합의한다.										
49. 이용자나 지역사회의 성과에 대해 함께 일하는 협력 자원들과 긴밀하게 공유한다.										

팀워크 강화하기

전혀 그렇지 않다. ~ 완전하게 그렇다.

내용	1	2	3	4	5	6	7	8	9	10
50. 센터 활동과 관련된 주요 의사결정 과정에 팀원들이 함께 한다.										
51. 업무수행 과정에서 실수가 있더라도 다른 동료들과 협력하여 해결할 수 있도록 진행한다.										
52. 동료 사례관리자의 성공적인 개입에 대해 지지해 준다.										
53. 실천과정에 도움이 되는 정보와 자원을 팀원 간에 서로 공유한다.										

사례관리 능력 강화하기

전혀 그렇지 않다. ~ 완전하게 그렇다.

내용	1	2	3	4	5	6	7	8	9	10
54. 슈퍼비전이나 사례회의에서 사례관리자를 자신의 사례에 대해 가장 잘 알고 있는 사람으로 존중한다.										

257

내용										
55. 사례관리자로서 사례 슈퍼비전을 받기 위해 필요한 것이 무엇인지를 점검하고 준비한다.										
56. 강점관점 사례관리실천 능력 함양을 위해 필요한 슈퍼비전을 충분히 받고 있다.										
57. 강점 관점 사례관리에 대한 체계적인 교육을 받고 있다.										
58. 강점 관점 사례관리의 실천과 일관된 기록을 하고 있다.										
59. 강점 관점 사례관리를 제대로 수행하고 있는지 파악하기 위해 기록된 내용이나 평가를 통해 개입 과정과 결과를 점검한다.										
60. 강점 관점 사례관리에 대해 교육훈련(또는 슈퍼비전) 받은 내용을 실천에 적용한다.										

탄력적으로 운영하기										
내용 (전혀 그렇지 않다. ~ 완전하게 그렇다.)	1	2	3	4	5	6	7	8	9	10
61. 이용자의 욕구에 대응하기 위하여 예산을 융통성 있게 편성한다.										
62. 이용자의 욕구에 대응하기 위하여 시간을 탄력적으로 운영한다.										
63. 운영 규정이나 지침이 있더라도 이용자에게 필요하다면 개선을 위해 노력한다.										

출처: 숭실대학교, 함께나누는세상(2010). 우리아이희망네트워크 지원사업 평가지표개발 연구, pp. 61-64.

2) 자원과 서비스에 대한 평가 방법

서비스와 자원에 대한 평가를 가장 용이하게 수행하는 방법은 사례관리 양식 중 하나인 서비스 제공(과정기록지) 양식에 대한 집계와 내용분석을 정기적으로 하는 방법이다. 〈표 11-4〉의 4-1에 해당되는 평가 내용처럼 클라이언트 욕구에 따라 제공된 자원의 총량을 기록 검토를 통해 파악할 수 있고, 〈표 11-4〉의 4-2의 예처럼 클라이언트의 욕구에 부합하는 자원이 제공되었는지는 기록 검토 외에도 클라이언트에게 직접 설문을 통해 평가해 보는 방법을 사용할 수 있다.

외부 자원연계활동을 기록하는 자원연계활동조사표(〈표 11-5〉 참조)를 통해 사례관리실천 경과에 따라 연계 자원의 종류와 내용의 변화를 평가하는 방법도 필요하다. 〈표 11-4〉의 4-4의 평가 내용처럼 사례관리자가 새롭게 발굴한 자원이거나 처음 이용한 자원인지 여부 등을 자원연계활동조사표를 통해 파악할 수 있다. 또한 기관 간 자원연계활동의 신뢰 수준(〈표 11-4〉의 4-8)에 대한 평가도 기관 실무자를 대상으로 하는 일대일 심층면접이나 설문을 통해 평가할 수 있다.

〈표 11-4〉 자원과 서비스에 대한 평가 예

수준		평가 내용의 예	세부 측정 내용의 예	자료수집 방법의 예
클라이언트	4-1	클라이언트의 욕구에 따라 제공된 자원의 총량	해당 욕구에 투입된 자원의 양(횟수, 시간, 금액 등)	기록 검토
	4-2	클라이언트의 욕구와 해당 자원의 부합 정도	욕구사정을 통한 개입에 사용된 자원이 해당 욕구를 해결할 수 있는 자원인지 여부/정도	기록 검토 FGI/IDI
사례관리자	4-3	활용 가능한 서비스와 자원의 기능별 범주화	서비스와 자원의 기능별 범주화된 목록 업데이트 여부	기록 검토
	4-4	사례관리자가 사용한 신규 자원	기존 자원 외 신규로 당해 연도 개발한 자원 여부	기록 검토 설문(〈표 11-5〉자원연계활동조사표 #5)
	4-5	사례관리자 간 자원연계 협력의 수준	사례관리자 간 연계 협력의 수준 정도	FGI/IDI
환경	4-6	지역 자원의 활용	지역의 공식·비공식적 자원의 활용 정도	설문
	4-7	기관 내부 서비스와 외부 연계된 서비스	기관 내부의 제공 서비스와 외부 연계 서비스의 비중	기록 검토
	4-8	기관 간 연계 서비스의 신뢰 수준	기관 간 연계 서비스의 신뢰 수준 정도	IDI 설문(〈표 11-5〉 자원연계활동조사표 #16)

〈표 11-5〉 자원연계활동조사표

다음은 귀하가 일하는 기관의 자원연계활동에 관한 질문입니다. 아래 표를 읽어 보시고 지난 1년 동안 연계가 있었던 지역연계 자원과의 연계 내역을 기록하여 주십시오.

(기록 방법: 아래 표에 제시된 해당 문항이나 해당 사항을 뒤에 있는 표의 내용에 채움)

번호	문항	내용 ■기타의 경우, 그 내역을 기록하여 주시기 바랍니다.
1-1	자원 명	귀 기관과 연계 활동을 진행했던(하고 있는) 자원/서비스의 이름을 그대로 적어 주시기 바랍니다. 예 손짓사랑
1-2	기관 명	1-1에서 밝힌 자원/서비스가 속한 법인, 기관, 단체, 기업(업체), 동아리, 학교, 개인 등의 이름을 구체적으로 기록해 주십시오(자원의 성격을 알 수 있도록 기록하고, 자원 명이 기관 명과 일치하는 경우는 1-1과 동일하게 적으셔도 됩니다.). 예 한국대학교 사회복지학과 내 대학생 수화 동아리
2	자원 출처	① 내부: 귀 귀관의 동일 법인 내 기관, 단체 또는 직원 ② 외부: 내부 이외
3	자원 성격	① 공공 부문: 국가 · 지자체 · 공립, 공단이나 공사 ② 민간 비영리 부문: 공공의 출현 기관이 아닌 민간 비영리 기관이나 단체 ③ 민간 영리 부문: 영리 기관, 영리 기관의 단체나 모임 ④ 비공식 부문: 기관이나 단체에 소속되지 않은 개인
4	자원 영역	① 복지 ② 교육 ③ 행정 ④ 보건 · 의료 ⑤ 아동보호 ⑥ 사법 · 법률 ⑦ 문화 ⑧ 업체나 기업 ⑨ 자발적 봉사 조직(기업봉사 조직 포함) ⑩ 기타( )
5	신규 자원 여부	① 기존 (모 기관) 자원: 귀 기관에서 기존에 연계하고 있었던 자원 ② 신규 자원: 기존 자원 외 신규로 당해 연도에 개발한 자원
6	연계 경로	① 귀 기관에서 연계 요청함 ② 연계 자원이 귀 기관에 연계 의사 밝힘 ③ 서비스 이용자가 연계해 줌 ④ 제3자 연계해 줌 ⑤ 기타( )
7	연계 공식화 정도	① 구두 · 대면 접촉 ② 문서화(공문 등) ③ 계약 · 협약 ④ 법 · 제도에 의한 위임(명령) ⑤ 기타( ) ■ 연계활동 도중, 연계 공식화에 전환이 있었다면, 예 초기에는 구두 · 대면으로 접촉하다가, 이후에 계약 · 협약이 이루어졌다면 ①→③(2007. 5. 20. 계약 · 협약 일시)으로 기록
8	연계 사업 영역	1. 아동 및 가족 지원 영역 ① 기본 생활 ② 심리 · 정서 ③ 발달 · 문화 ④ 건강 ⑤ 경제 ⑥ 보호 ⑦ 사회적 관계 ⑧ 사법 · 법률 ⑨ 기타(귀 기관의 성격에 따라 영역을 달리할 필요) 2. 지역사회 영역 ① 지역 자원 개발 ② 협의체 구축 ③ 지역자원(봉사) 조직 ④ 홍보 ⑤ 후원 조직 ⑥ 기타 3. 기타( ) ■기록 방식: 연계 사업이 아동 지원 영역 중 기초생활 영역이라면 1-①로 기록

9	연계 사업 내용	위(8) 연계 사업 영역의 구체적인 연계 사업 내용을 기록해 주십시오.
10	연계 사업 횟수·방향	연계 사업 내용별로 연계 횟수를 '발신', 수신'으로 구분하여 기록해 주십시오. ■발신: 월드비전에서 연계 제안·의뢰한 경우 ■수신: 연계 자원 측에서 연계 제안·의뢰한 경우
11	연계 내역	① 정보 교환(지역 정보, 자료, 조언 제공 등) ② 물적 자원 교환(시설, 기자재, 자금 등) ③ 인적 자원 교환(직원, 자원봉사자 등) ④ 서비스 교환 ⑤ 사례관리 대상자 의뢰(혹은 의뢰받음) ⑥ 사례관리 대상자의 공동 회의와 공동사례관리 ⑦ 사업의 공동기획과 수행 ⑧ 기타( )
12	연계 내역 내용	① 정보 교환(지역 정보, 자료, 조언 제공 등) ② 물적 자원 교환(시설, 기자재, 자금 등) ③ 인적 자원 교환(직원, 자원봉사자 등) ④ 서비스 교환 ⑤ 사례관리 대상자 의뢰(혹은 의뢰받음) ⑥ 사례관리 대상자의 공동 회의와 공동사례관리 ⑦ 사업의 공동기획과 수행 ⑧ 기타( )
13	연계 내역 횟수·방향	연계 내역별로 연계 횟수를 '발신', '수신'으로 구분하여 기록해 주십시오. ■발신: 월드비전에서 연계 제안·의뢰한 경우 ■ 수신: 연계 자원 측에서 연계 제안·의뢰한 경우
14	연계 주도성	① 월드비전이 거의 주도(발신 80% 이상) ② 귀 기관이 대체로 주도(발신 60~80% 이하) ③ 중간(발신 50% 내외) ④ 연계 자원이 대체로 주도(발신 20~40% 이하) ⑤ 연계 자원이 거의 주도(발신 20% 이하)
15	연계 협력 수준	① 매우 낮음 ② 낮음 ③ 중간 정도 ④ 높음 ⑤ 매우 높음
16	연계 신뢰 수준	① 매우 낮음 ② 낮음 ③ 중간 정도 ④ 높음 ⑤ 매우 높음
17	연계 협력 만족도	① 매우 낮음 ② 낮음 ③ 중간 정도 ④ 높음 ⑤ 매우 높음

번호	1	2	3	4	5	6	7	8	9	10		11	12	13		14	15	16	17
연번	자원명	자원출처	자원성격	자원영역	신규연계여부	연계경로	공식화정도	연계사업영역	연계사업내용	연계사업 횟수		연계내역	연계내역내용	연계 내역 횟수		연계주도성	연계협력수준	연계신뢰수준	연계협력만족도
										발신	수신			발신	수신				
1																			
담당자 명:					연락처:									E-mail:					
2																			
담당자 명:					연락처:									E-mail:					
3																			
담당자 명:					연락처:									E-mail:					
4																			
담당자 명:					연락처:									E-mail:					
5																			
담당자 명:					연락처:									E-mail:					
· · ·																			
담당자 명:					연락처:									E-mail:					

출처: 숭실대학교, 함께나누는세상(2010). 우리아이 희망네트워크 지원사업 평가지표개발 연구의 내용을 바탕으로 재구성.

3) 운영체계와 실천환경에 대한 평가 방법

운영체계에 대한 과정평가 방법이나 절차는 주로 질적인 방법으로 이루어지는 경우가 많다. 일반적으로 사례관리실천에 참여한 사례관리자나 연계 실무자에 대한 면접, 사례회의나 통합사례회의 회의록에 대한 내용분석을 통해 과정평가의 자료수집이 가능하다. 예를 들어, 〈표 11-6〉의 6-1과 6-2와 같은 평가활동은 정기적인 사례관리자에 대한 집단면접, 사례회의록에 대한 내용분석을 통해 파악되고 이를 통해 사례관리 운영에 대한 개선점이 모색되어야 할 것이다.

교육훈련과 슈퍼비전에 대한 과정평가를 가장 용이하게 실시할 수 있는 방법은 사례관리에 참여하는 실무자를 대상으로 일대일 심층면접이나 초점집단면접을 정기적으로 실시하는 방안이 현실적일 것이며, 일부 다른 사례관리사업(숭실대학교, 한국자원봉사협의회, 2008)에처럼 관련된 질문이 포함된 반구조화된 조사표를 활용해 사례관리자를 대상으로 설문조사를 실시할 수도 있다(〈표 11-6〉 6-3, 6-4, 6-5 참조).

다른 과정평가 방법과 유사하게 실천환경에 대한 평가 방법도 사례관리 수행에 참여하는 실무자를 대상으로 한 면접이나 초점집단면접을 정기적으로 실시하는 방안이 있고, 위 질문의 내용이 포함된 반구조화된 조사표를 활용해 실무자를 대상으로 익명성이 더 보장되는 방법으로 정기적인 조사를 실시할 수도 있다(〈표 11-6〉 6-6, 6-7, 6-8 참조).

〈표 11-6〉 운영체계와 실천환경에 대한 평가 예

수준	평가 내용의 예		세부 측정 내용의 예	자료수집 방법의 예
클라이언트	6-1	사례회의 내용의 실천과정에 반영	사례회의의 내용이 실천과정에 잘 반영되고 있는지 정도	기록 검토 FGI/IDI
	6-2	클라이언트에 개방적인 운영체계	개입 방법의 중요한 결정 단계에 클라이언트가 초대되어 함께 결정하는지 여부	기록 검토
사례관리자	6-3	사례관리 운영체계의 기능	기관 내외 사례관리팀, 사례회의 운영이 이용자에게 도움이 되도록 기능적으로 운영되고 있는 정도	FGI/IDI

	6-4	교육훈련 지원체계의 기능	사례관리실천을 돕는 교육훈련과 지원체계를 갖추고 있는 정도	FGI/IDI
			교육훈련의 횟수 및 빈도의 적절성	FGI/IDI
	6-5	슈퍼비전 체계의 기능	사례관리와 관련하여 기관 내외에 필요한 슈퍼비전 체계가 갖추어져 있는지 여부	FGI/IDI
			슈퍼비전과 교육훈련이 정기적·지속적으로 이루어지고 있는지 여부	FGI/IDI
			교육훈련과 슈퍼비전의 내용이 사례관리 수행에 도움이 되고, 사례관리 실무자의 역량을 강화시키는지 정도	FGI/IDI
환경	6-6	직무수행 환경	사례관리자 1인이 담당하는 사례의 양이 적절한 정도	FGI/IDI
			사례관리 매뉴얼이 도움 되는 정도	FGI/IDI
			사례 개입을 위한 평균 이동거리나 자원의 분포(자원의 밀집도) 적절성	기록 검토
	6-7	업무 스트레스	사례관리와 관련된 실무자들의 업무 스트레스 정도	FGI/IDI
	6-8	기관의 지지적 환경	사례관리실천을 독립적으로 수행할 수 있도록 기관이 배려하고 있는 정도	FGI/IDI
			사례관리자의 자율성과 재량에 따라 서비스나 자원을 기획하고 집행할 수 있도록 배려하고 있는지 정도	FGI/IDI
			실천의 원칙들을 지키기 위해 융통적인 근무시간이 배려되고 있는지 여부	FGI/IDI

[실습해 보기 11-2] 평가를 수행하면서 얻게 된 아래와 같은 자료(질적 응답 자료)를 어떻게 정리하여 표현(결과 제시)하면 좋을지를 논의하고 연습해 봅시다.

평가의 원자료	결과 정리 (분석 결과를 개념/ 범주로 구조화하여 제시)
"멘토링할 때 선생님이 저를 많이 이해해 주셔서 마음이 참 편안해졌던 것 같아요. 내가 하는 행동이나 생각들 수용해 주시고, 제가 하고 싶어 하는 행동들 같이 해 주시니까 즐겁고……" (진술 1)	
"많이 힘들었는데…… 선생님 만나면서 좀 나아졌어요. 어려울 때, 친구처럼 같이 대화해 주고 옆에 있어 줘서 좋았어요." (진술 2)	
"저는 선생님을 만나기 전까지 엄청 힘들었어요. 근데 선생님을 만나고부터 친자매처럼 항상 우리 가족을 신경 써 주시고 큰 힘이 되었어요. 그 이후부터는 늘 든든한 내 편이 있는 것 같은 느낌이었어요. 어떤 고민이나 어려움이 있을 때, 늘 함께 상의하고, 신경 써 줘서 그게 가장 좋았어요." (진술 3)	
"일단은 저로 하여금 마음을 열고, 다시 잘 살아 봐야겠다는 희망을 품게 해 주셔서 생활에 활력이 많이 생겼고, ○○센터 이용하는 같은 처지의 엄마들과 '자조모임' 같은 거나, 종이 공예 같은 여러 가지 좋은 프로그램에 많이 참여하니까 저 스스로 많이 활발해지고 밝아진 것 같아요……." (진술 4)	
"아무래도 애 엄마가 우울증을 겪고 있다 보니까 애도 그렇고 나도 그렇고 심리 상태가 많이 안 좋았어요. 많이 불안해하고…… 그런데 센터에서 하는 상담이나 미술치료 같은 프로그램에 참여를 하고 그러다 보니 심리적으로 많이 안정이 되었죠." (진술 5)	
"이용하기 전에는 이사 왔을 때 다른 사람들과 전혀 교류를 안 했어요. 우리 애들 두 명하고 저하고만…… 고립된 생활을 했어요. 그런데 센터를 다니면서 같은 처지에 있는 가족들을 보고, 함께 교류하기 시작하면서 살아가면서 점점 자신감을 얻게 되었어요. 자조모임도 하고…… 교육도 받고 그러면서 자신감이 생겨났어요." (진술 6)	

265

제12장

사례관리의 성과평가

1. 성과 측정 방법과 자료수집

　사례관리의 성과는 개인, 가정, 조직, 지역사회 차원의 긍정적인 변화로서 사례관리를 통해 사례관리 당사자의 결핍된 욕구가 충족되거나 해결되지 않던 문제가 해결되는 것을 말한다. 사례관리의 성과평가는 성과라 할 수 있는 변화를 입증할 수 있는 자료수집을 통해 측정될 수 있어야 한다. 예를 들어, 우울감이 매우 높아 혼자서 생활하는 데 어려움이 많았던 어르신이 사례관리를 통해 우울감이 현저히 감소했다는 변화가 나타났다면, 우울감이 감소했다는 그 변화는 사례관리의 성과라고 얘기할 수 있다. 하지만 우울감이 얼마나 감소했는지를 보여 주는 실증적인 증거 자료를 수집해서 입증할 수 있을 때 명확하게 성과가 달성되었다고 할 수 있다. 변화를 입증하는 책임은 사례관리를 받는 당사자에게 있는 것이 아니고 사례관리자에게 있기에 변화를 잘 설명할 수 있는 증거 자료를 수집해서 분석해야 한다. 여기서 말하는 증거 자료는 크게 2가지 차원인 양적 자료와 질적 자료로 구분할 수 있다. 계량화되어 수치 변화의 파악이 가능한 양적 자료와 수치로 파악이 어려워도 내용으로 변화가 확인 가능한 질적 자료로 구분할 수 있다.

1) 사례관리 성과와 양적 자료

사례관리에서 성과를 측정하기 위해 양적 자료를 수집하는 경우는 사회복지 프로그램의 통상적인 성과평가에서 언급하는 네 가지 자료수집 방법인 수량 집계(numeric counts), 표준화된 척도(standardized scale), 기능수준 척도(level of functioning scales), 클라이언트 만족도 조사 등을 사례관리 성과 측정에도 그대로 적용할 수 있다. 사례관리를 통한 욕구 충족이나 문제해결은 계량화된 수치를 기준으로 그 변화의 수준을 확인하는 자료수집 방법을 통해서 이루어진다. 보다 구체적이고 세부적인 설명과 사례 적용은 뒤쪽에 있는 '단계별 성과 측정 방법' 부분에서 다루도록 할 것이다.

수량 집계는 사회복지 프로그램에서 다수 또는 집단 내 클라이언트의 변화를 측정할 때 활용하던 통상적인 성과 측정 방법으로 접근할 수 있다. 사례관리 프로그램에 참여한 집단 내 클라이언트가 몇 명이 명목적인 상황의 변화가 일어났는지를 확인하면 된다. 하지만 프로그램에 참여한 집단 내 명목적인 수준의 변화가 나타난, 즉 '예(Yes)'에 해당하는 클라이언트가 몇 명인지를 파악하는 의미의 수량 집계가 아니라 명목적인 상황의 변화가 나타났는지 여부를 개별적으로 한 명씩 확인하는 방법을 의미하는 경우도 있다. 예를 들어, 경제적으로 어려움이 있었던 비수급자 저소득 어르신이 사례관리 개입 방법으로 직업훈련 프로그램 참여를 통해 시니어클럽에서 하는 노인 일자리 사업에 참여해 취업에 성공한 변화가 나타났느냐 여부를 확인하는 것이다. 미취업 상태(소득이 없는 상태)에서 취업 상태(소득이 있는 상태)로 명목적인 변화가 생긴 상태를 말하며, 명목적인 상황의 변화가 즉각적으로 확인이 되기 때문에 특별한 도구를 통해 추가로 측정할 필요가 없다.

표준화된 척도란 측정도구로서, 일정한 규칙에 따라 관찰된 현상에 대해서 수치나 기호를 부여하기 위해 사용되는 도구이다. 예를 들어, 사례관리를 통해 어르신이 우울감이 감소했다는 변화를 노인 우울 척도라는 표준화된 척도를 활용해 자료를 수집해 측정하려고 할 때 개입 전과 개입 후 2번에 걸쳐 조사해야 한다. 보통 개입 전 조사의 경우 초기 문제 사정 때 조사하는 경우가 대부분이며 사정 때 하지 못한 경우 개입 전에 별도로 척도로 조사할 수도 있다. 사례관리가 어느 정도 진행된 이후에 다시 같은 척도로 조사했을 때 점수를 비교해 그 점수가 감소했을 경우 우울감이 감소되었다는 결과를 도출해 낼 수 있다.

표준화된 척도가 없는 경우에 기능수준 척도는 클라이언트의 변화를 측정할 수 있게 구성해 측정하는 도구인 데 반해 우리나라의 경우 표준화된 척도 존재 유무와 상관없이 사용되고 있다. 따라서 표준화된 척도와 구분해서 설명하기 어렵고 사전 조사와 사후 조사를 통해 그 변화를 수치로 확인한다는 점에서 차이가 없다고 볼 수 있다.

클라이언트 만족도 조사는 사례관리자의 서비스 개입을 통해 사례관리 대상자의 욕구 충족이나 문제해결에 얼마나 도움이 되었는가를 측정하는 자료수집 방법이다. 만족도 조사도 일종의 표준화된 검사도구를 사용하므로 결과값도 수치화되고 자료화되어 수집되기 때문에 양적으로 성과를 측정하는 방법이다.

2) 사례관리 성과와 질적 자료

양적 자료를 수집해 사례관리의 성과를 평가하는 방법이 여러 가지 장점을 갖고 있지만, 사회복지실천의 한 방법으로서 사례관리의 경우 인간 경험의 심층적 의미를 끌어내는 데 초점을 둔다는 점에서 양적인 방법만으로는 한계가 있다. 사회복지 프로그램 성과의 심층적 이해, 내용 기술, 변화 스토리 제시 등에 강점을 가진 질적 방법으로 사례관리의 성과를 측정하는 것이 적극적으로 권장된다. 사례관리실천은 대체로 일대일 대면 상황을 기반으로 진행되기 때문에 공식적인 인터뷰 조사는 물론이고 비공식적인 대화 내용, 행동 관찰, 기록 내용 공유 등을 통해 자연스럽게 성과를 입증하는 데 결정적인 자료가 수집될 수 있다. 특히, 사례관리과정 기록을 통해 다양한 질적 자료가 수집될 수 있다.

사례관리의 성과를 입증하는 질적 자료의 수집은 당사자 심층 인터뷰나 행동 관찰을 통해 이루어지는 경우가 대부분이었다. 그런데 사례관리라는 개입의 특성상 지속적인 관계와 소통을 기반으로 한다는 점에서 좀 더 다양한 형태의 질적 자료가 수집될 필요가 있다. 이메일이나 문자를 기반으로 한 소통이나 최근 스마트폰 활용 증가로 SNS(social network service)로 주고받는 대화 내용이나 댓글 내용도 당사자의 변화를 측정하는 데 유용한 질적 자료수집 방법이 될 수 있다. 스마트 기기에서 활용되는 이모티콘의 발전으로 감정이나 상황의 변화를 상징적으로 표현하는 방법도 창의적으로 활용 가능한 보완적인 방법이 될 수 있다. 우울하거나 부정적인 마음을 상징하는 이모티콘에서 즐겁고 행복한 마음을 상징하는 이모티콘으로 변화되는 자료를 수집한다면 사례관리자는 당사자의 감정이 변화되었다는 확실한 증거 자료를 수집하게 되는 것이다.

2. 단계별 성과 측정 방법

지금까지 살펴보았던 사례관리의 성과 영역을 측정하기 위하여 실제적인 과정을 6단계로 구분하여 설명한다.

- 1단계: 성과를 정의하기
- 2단계: 성과별 지표(indicator) 결정하기
- 3단계: 지표들의 자료원(data source)을 확인하기
- 4단계: 자료수집 방법을 설계하기
- 5단계: 성과별 자료수집하기
- 6단계: 성과 보고서 작성하기

1) 1단계: 성과를 정의하기

성과 측정의 1단계에서는 사례관리 개입 과정을 통해 변화시켜야 할 상황에 대해서 개념화해야 한다. 성과는 클라이언트의 결핍된 욕구의 충족이나 해결된 문제 상황을 의미하며 보통 클라이언트의 긍정적인 변화라고 말할 수 있다. 그리고 클라이

언트 개인의 변화가 아닌 가족, 집단, 지역사회 등의 변화 상황일 경우도 있다. 성과는 대체로 문제나 욕구를 사정하는 단계에서 성과에 대한 실마리가 도출된다. 성과는 사정 과정에서 확인된 문제나 욕구가 해결되거나 충족되는 변화를 의미하기 때문이다. 한편으로 사례관리 개입 과정에서 의도한 개입의 목표가 사례관리 대상자 중심으로 삶의 질이 어떻게 개선되게 할 것인지를 규정하는 것이라고 할 수도 있다.

사례관리 개입 과정을 통해 사례관리 대상자가 어떤 상황으로 긍정적으로 변화되면 좋을지에 대한 개입의 목표를 수립하는 것이라 할 수 있다. 그리고 사례관리 대상자를 둘러싼 환경에 대해서도 변화를 시도하고자 한다면 환경의 변화도 사례관리의 성과로 규정할 수 있다. 사례관리 대상자 또는 환경이 어떻게 긍정적으로 변화되는지 규정하는 것이 1단계 '성과를 정의하기'의 핵심 과제이다. 성과는 앞에서 밝힌 사례관리 성과의 다양한 영역을 참고한다. 이 중 가장 적합한 성과를 최종적으로 결정하면 된다. 마지막으로 성과에 대한 피드백을 받아 본다.

(1) 프로그램 구성과 성과의 관계

논리 모델에 기반을 두며, [그림 12-1]과 같이 문제 상황(situations) → 투입(inputs) → 활동(activities) → 산출(outputs) → 성과(outcomes) 요소들의 논리적 연결로 이루어진다.

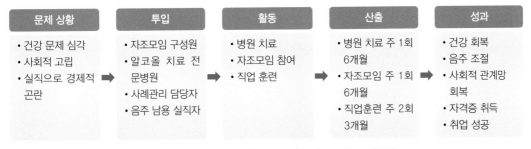

[그림 12-1] 음주문제를 가진 1인 세대 중년 실업자를 위한 사례관리

(2) 사례관리 구성 요소에 대한 설명

논리 모델에 근거하여 사례관리를 구성하는 문제 상황, 투입, 활동, 산출, 성과의 의미와 구체적인 예를 제시한다.

① 문제 상황

사례관리 대상자가 발굴되어 사례관리자가 초기 인테이크 이후에 문제나 욕구사정(assessment) 과정을 통해 그 사람이 어떤 문제나 욕구 결핍 상황으로 인해 위기 상황에 있는가를 파악해낸 사례관리 대상자의 상황을 의미한다. 사례관리 개입을 통해 해소되어야 할 문제나 충족되어야 할 욕구를 의미하며, 사례관리의 최종적인 성과와 비교되는 기초선이라고도 할 수 있다.

② 투입

사례관리를 수행하기 위한 투입에는 사례관리자, 지역사회 서비스 및 자원, 사례관리 대상자인 클라이언트가 포함된다. 투입은 보통 자원의 투입을 의미하며 인적 자원과 물적 자원의 투입을 의미한다. 인적 자원의 투입은 사례관리를 수행할 실무자, 행정 직원, 자원봉사자를 모두 포함한 인력의 투입을 의미하며, 물적 자원의 투입은 지역사회 서비스 및 예산, 시설, 장비, 기술 등의 투입을 의미한다. 그리고 클라이언트의 경우 스스로 문제를 해결해 나가는 주체로서 투입된다는 의미에서 투입 요소로 규정한다.

- 인력(사례관리 실무자, 행정 직원, 자원봉사자)
  사례관리자의 경우, 클라이언트의 다양하고 복잡한 욕구를 충족시키기 위해 직접적으로 서비스를 제공하거나 간접적으로 지역사회 자원으로 의뢰 또는 연계하는 역할을 수행하며, 지역사회 서비스의 조정 역할도 수행한다.
- 지역사회 서비스 및 자원(지역사회의 접근 및 이용 가능한 서비스와 자원)
- 예산, 시간(근무 시간, 자원봉사 시간 등 포함), 물자, 장비, 시설, 기술(예: 강점 관점 사례관리기술, 재활 중심 사례관리기술 등)

• 참여자(사례관리 대상자)

만성적이고 장기적인 보호를 필요로 하며, 복합적이고 다양한 서비스 욕구를 가진 사람이어야 사례관리 대상자로 바람직하다. 스스로 자신의 문제를 해결하는 자원으로서 규정이 가능하기 때문에 자원의 투입으로 규정할 수 있다.

③ 활동

사례관리의 구체적인 개입 활동을 의미한다. 직접적인 임상적 개입과 간접적인 행정적 개입이 모두 포함된다.

④ 산출

사례관리 활동의 직접적인 결과로서 산물을 의미한다. 사례관리 개입 활동으로 제공된 직접적인 서비스의 총량이나 연계된 자원의 총량을 의미한다. 사례관리를 통해 개입된 사례관리자의 개입 활동 목표의 총량을 의미하기도 하고, 사례관리 대상자가 사례관리 개입 과정에 들인 노력의 총량을 의미하기도 한다. 구체적으로 'Who, Whom, What, When, Where, How'를 기본적으로 고려한다.

• Who: 사례관리 혹은 의뢰 서비스 제공기관, 제공자의 수나 종류
• Whom: 사례관리 접촉 단위(클라이언트 개인/가족/그 외 지지 집단/서비스 의뢰기관) 및 접촉 단위별 규모(예 클라이언트 수 등)
• What: 의뢰된 혹은 제공된 서비스 종류(의료/재활/소득보장/고용/주거/교육 등) 및 빈도
• When: 사례관리자와의 접촉 빈도, 기간
• Where: 사례관리자와의 접촉 장소(지역사회/오피스/병원 등), 장소별 빈도
• How: 사례관리자와의 접촉 형태(대면/전화 혹은 직접적/간접적), 접촉 빈도

⑤ 성과

사례관리 활동에 참여하는 동안 혹은 참여한 이후에 표적 집단인 개인, 집단, 조직, 지역사회에 나타나는 효과 또는 변화를 의미한다. 사례관리의 경우 대체로 개인의 효과와 변화를 의미하는 경우가 대부분이지만, 집단이나 지역사회와 같은 체계의 효과와 변화인 경우도 있다. 사례관리 개입 활동을 통해 달성되는 문제해결이나 욕구 충족과 같은 개입 목표 달성의 중요한 효과와 변화를 의미한다. 이러한 효과나 변화를 시간 흐름에 따라 단기 성과(initial outcomes), 중기 성과(intermediate outcomes), 장기 성과(longer-term outcomes)로 구분이 가능하며, 즉시 성과, 중간 성과, 최종 성과로 구분하기도 한다.

(3) 성과의 내용

사례관리의 성과는 두 가지 측면에서 이해가 필요하다. 첫 번째는 성과의 개념은 사례관리의 개념에서도 나오는 사례관리 대상자의 욕구 및 문제와 논리적으로 연결되어 있다는 점을 이해해야 한다. 두 번째는 성과는 시간의 연속선상에서 시간 흐름에 따라 단기, 중기, 장기의 성과 내용으로 구분해서 개념화가 가능하다는 점이다.

① 단기 성과

사례관리 활동의 산출(output)에 의해 가장 밀접하게 영향을 받는 성과를 의미한다. 사례관리 대상자가 자신이 가진 문제를 해결하는 과정에서 초기에 보이는 변화를 의미하며, 주로 지식, 기술, 태도, 가치의 변화에 해당된다.

② 중기 성과

사례관리 활동을 통하여 나타난 초기의 변화인 지식, 기술, 태도, 가치의 변화를 넘어서 사례관리 개입 대상의 행동 측면의 변화를 의미한다.

③ 장기 성과

궁극적인 성과로서, 사례관리 대상자의 조건이나 상황에 대한 의미 있는 변화를 의미하며, 이러한 변화가 안정적으로 지속 가능해질 때 영향(impact)이라고 구분해서 말하기도 한다.

단기, 중기, 장기 성과를 다음의 사례를 통해 살펴보자.

2. 단계별 성과 측정 방법

사례 12-1

○ 씨는 최근 유산을 한 후에 우울증 진단을 받았다. 음식을 먹지 않으려 하고, 집안일도 하지 않으려고 해서 다섯 살 난 아이가 방치되어 있다. 이로 인하여 부부간의 갈등이 생겨났다. 사회복지사가 도우려고 하나, 자꾸 자신을 정신질환자 취급하는 것 같다면서 사회복지사를 만나는 것을 싫어한다.

〈표 12-1〉 자녀 양육 및 집안일을 방치하는 엄마의 단기, 중기, 장기 성과

단기 성과	중기 성과	장기 성과
• 자신의 상황에 대해 긍정적인 생각을 하게 된다.	• 사회복지사와 지속적으로 만난다. • 자녀 양육과 가사 등의 집안일을 돌본다.	• 부부간 갈등이 해소된다. • 가족관계가 과거처럼 화목해진다.

사례 12-2

○씨는 중국에서 돈을 벌기 위해 한국에 들어와 한국 남성과 결혼하였다. 그러다가 남편으로부터 폭력을 견디지 못해서 이혼하게 되고 아이(만 5세)를 혼자 키우고 있다. 아이가 병들었으나, 의료비 마련이 어려워 집에서 간호를 하고 있다. 딱히 기술도 없어서 직장에 다니지도 못하고 있어서, 빈곤한 삶을 이어 가고 있다.

〈표 12-2〉 다문화가족 아이의 상황에 대한 단기, 중기, 장기 성과

단기 성과	중기 성과	장기 성과
병원 치료의 중요함을 인식하게 된다. (모)	의료비를 지원받아 병원 치료를 받는다.	완치되어 보육시설에 다닌다.

〈표 12-3〉 다문화가족 어머니의 상황에 대한 단기, 중기, 장기 성과

단기 성과	중기 성과	장기 성과
직업기술을 갖게 된다.	정규직 직업을 구하기 위해 구직활동을 한다.	정규직으로 취업하게 되어 경제적으로 자립한다.

사례관리란 다양하고 복합적 욕구를 가진 사람을 대상으로 하기에, 개별 대상별로 다양한 성과가 나타날 수 있다. 두 번째 사례처럼 의료, 보육, 경제적 위험에 복합적으로 노출되어 있는 경우, 자녀와 어머니의 각각의 성과가 나타나게 된다.

[실습해 보기 12-1] 다음의 표를 이용하여 논리 모델을 적용하여서 현재 수행하고 있는 자신의 사례관리 내용을 문제 상황, 투입, 활동, 산출, 성과를 중심으로 기술해 봅시다.

사례관리 명: (   )

문제 상황	투입	활동	산출	성과		
				단기	중기	장기

(4) 최종 성과 결정하기

사례관리의 성과에 대한 다양한 아이디어가 모이면 최종 성과를 결정한다. 최종 성과를 결정하기 위하여 다음과 같은 질문을 고려해 본다.

- 사례관리의 여러 가능한 성과를 모두 고려하였는가?
- 성과는 사례관리 목적과 직접적으로 관련이 있는가?
- 성과는 실제적이고 성취 가능한가?
- 성과는 '변화'를 반영하고 있는가?
- 단기, 중기, 장기 성과는 논리적으로 서로 연결되는가?
- 사례관리를 통해 얻을 수 있는 성과를 가장 장기적인 것까지 정의하였는가?
- 사례관리의 산출을 통해 얻을 수 있는 결과 이상을 넘어갔는가?
- 사례관리의 표적 집단 범위를 넘어선 것인가?
- 여러 주체들(사례관리자, 자원봉사자, 사례관리자 대상자, 협력기관, 투자자들, 지역사회 등)이 성과를 사례관리의 성과로 타당하다고 생각하겠는가?

2) 2단계: 성과별 지표 결정하기

성과 지표(indicator)란 성과 수준을 요약할 수 있는 특정 수치다.[1] 일반적으로 빈도나 비율, 점수로 수량화시킨다. 즉, 빈도(숫자)나 비율(%)의 증가 혹은 감소했는지의 변화를 보여 줄 수 있어야 한다. 성과 지표를 구체적으로 수치화시키기 어려운 경우, 단순히 변화의 유무 혹은 빈도로 측정이 가능하다. 성과를 어느 수준까지 달성했을 때 성공 여부를 판단하기 위한 기준을 제시하는 것이다.

하나의 성과에 대해서 1개 이상의 복수 지표가 사용될 수 있다. 복수 지표를 사용

---

[1] 모든 성과를 양적 지표로 설정하기 어려울 수 있다. 이러한 경우 질적 지표를 활용할 수 있다. 예를 들어, ADHD 학생의 학교적응 프로그램에서 성과를 '학교적응'으로 하고, 질적 지표를 '수업시간을 대하는 학생들의 긍정적 변화 내용'이라고 할 수 있다. 질적 지표를 설정하기 위하여 질적 자료를 어떻게 활용하는지에 대해서는 자료수집 방법에서 좀 더 다루어질 것이다.

할 경우 서로 상호 배타성이 고려되어야 한다. 〈표 12-4〉는 사례관리 성과와 성과 지표 사이의 관계를 보여 준다.

〈표 12-4〉 사례관리 성과와 성과 지표의 예

성과	성과 지표
사회복지사와 신뢰관계를 구축한다.	• 사례관리 동안 클라이언트가 사회복지사에게 먼저 전화하는 일주일 동안의 빈도나 비율(%)의 증가 • 사례관리 후에 사회복지사가 중요한 지지원이라고 응답한 사람의 숫자나 비율(%)의 증가

다양한 성과 지표 중 어떤 것을 결정할 것인가를 위해 다음 사항을 체크해 본다.

• 측정하고자 하는 성과를 정의하고 있는가?
• 각각의 성과를 위해 적어도 한 가지 이상의 지표가 있는가?
• 복수의 지표들일 때 각 지표는 성과의 가장 중요한 측면을 중복하지 않으면서도 포괄적으로 측정해 주는가?
• 각 지표들이 구체적으로 기술되었는가?
• 측정이 가능한가?
• 관찰이 가능한가?
• 자료수집이 가능한가?

지금까지의 설명은 주로 양적 자료를 수집해 성과를 측정하는 방법에서 성과 지표를 제시하는 방법에 대한 설명이다. 만약 질적 자료를 수집해 성과를 측정하고자 한다면 다른 접근이 필요하다.

질적 자료의 수집은 사례관리 대상자의 심층 인터뷰, 행동 관찰, 당사자의 활동 일지 또는 소감문, 편지나 일기, 주고받은 이메일이나 문자, SNS 댓글 내용 등을 통해 이루어진다. 이런 다양한 질적 자료수집 내용을 텍스트 문자로 전환해 분석하면서 사례관리를 통해 변화되었음이 확실해 보이는 내용을 기준으로 삼아서 사례관리 대상자의 변화를 확인하는 방법이다. 질적 자료는 자료를 수치화해 분석하기 어렵기 때문에 숫자나 비율로 기준을 제시하여 지표를 표현하기 어렵다. 이에 질적 자료로 수집된 내용으로 기준을 제시하는 것이 바람직하다.

〈표 12-5〉 사례관리 성과와 성과 지표의 예

성과	성과 지표
사회복지사와 신뢰관계를 구축한다.	• 사례관리 동안 클라이언트의 활동 일지에 신뢰관계를 상징하는 표현 내용 • 사례관리 후에 사례관리 당사자가 사회복지사에게 먼저 인사하면서 말을 걸어온 내용이 표현된 스마트폰 내용(문자, SNS 댓글 등)

[실습해 보기 12-2] **사례관리를 통하여 클라이언트의 비공식적 지지망을 증가시키려는 성과를 세웠다면 그 성과 지표는 무엇이 될 수 있을까요? 복수 지표를 적어 봅시다.**

성과	성과 지표
비공식적 지지망이 형성된다.	

3) 3단계: 지표들의 자료원을 확인하기

사례관리 성과의 지표가 결정되면, 지표의 정보를 누가 가지고 있는가를 확인하는 과정을 거친다. 지표의 자료원(data sources)은 크게 기록과 사람으로 나뉜다.

(1) 기록

사례관리 제공기관 및 타 기관의 기록과 시청각 자료가 포함된다.

① 사례관리 수행 일지와 클라이언트 로그

사례관리의 성공은 정기적 점검과 기록 관리가 기본이다. 매일 적는 사례관리 수행 일지와 클라이언트 로그의 기록은 가장 기본적이면서도 가장 중요한 자료원이다. 기록은 서비스 과정과 클라이언트 상황에 대하여 모두 이루어져야 한다. 다른 어떤 실천방법보다 사례관리의 기록은 세부적으로 이루어지고 있기에 다양한 성과 정보를 획득하기에 좋은 자료원이다.

먼저 서비스 과정에 대한 모니터링에는 서비스 계획이 어느 정도 적절하게 실행되고 있는가를 점검한다. 기록에 기본적으로 기술되는 것이 필요한 사항은 ⓐ 서비스 제공기관 혹은 제공자, ⓑ 접촉 대상, ⓒ 서비스 내용 및 비용, ⓓ 서비스 제공의 시기와 장소, ⓔ 접촉 형태 등이다. 이것을 통해 성과 영역 중 지역사회 자원 및 서비스 네트워크 구축, 보호의 지속성, 접근성, 책임성, 효율성에 관한 정보를 얻을 수 있다.

클라이언트 상황에 대한 점검은 사례관리 대상자의 변화의 징조(예 욕구 충족, 능력 강화, 독립심 강화, 원조망 활용 등) 및 만족도를 파악할 수 있도록 기록이 구성되는 것이 좋다. 이는 클라이언트와 사례관리자와의 관계, 클라이언트의 삶의 질과 지역사회 통합에 관한 정보를 제공한다.

② 타 기관의 기록

사례관리 대상자를 지역사회 자원 및 서비스 기관에 의뢰한 경우 이 기관들로부터 클라이언트에 대한 정보를 얻는다. 예를 들어, 사례관리 대상 어르신의 건강에 대한 구체적인 정보를 병원, 보건소, 검진센터 등을 통해 받을 수가 있다. 방임되어 학업능력의 향상이 필요한 아동의 학업 성적 향상의 정보를 학교에서 받을 수가 있다. 취업이 필요한 한부모 여성 가장의 직업훈련 관련 자격증 취득에 대한 정보와 취업 성공의 정보를 직업훈련기관이나 취업처로부터 받을 수 있다. 가정폭력이나 아동학대 등의 재발이나 중단과 관련한 정보를 경찰서나 지방자치단체로부터 확보하기도 한다. 물론 최근 개인정보 보호에 대한 제도적 강화로 인해 당사자의 동의를 반드시 받아야만 가능한 정보가 많다는 것도 기억해야 할 부분이다.

③ 시각적 기록

사진, 차트, 비디오테이프, 동영상 촬영 등을 이용하여 다양한 정보를 얻는다. 최근 스마트폰 등 스마트 기기가 발달해 시각적 기록을 확보하는 것이 매우 용이해졌다. 특히, 스마트폰으로 소통이 증가되어 사례관리 대상자와 사례관리자의 소통 과정에서 문자나 카카오톡으로 주고받을 때 단순한 텍스트 문자만 주고받는 것이 아니라 다양한 이모티콘이 함께 소통된다. 이모티콘의 경우 다양한 감정, 느낌 등이 상징적으로 표현된 정보라고 할 수 있다. 이모티콘 내용의 변화는 다양한 감정이나 느낌이 변화되었거나 서로의 신뢰관계를 표현하는 정보가 될 수 있다.

(2) 사람

사례관리에 참여하는 대상자와 사례관리자, 그리고 주요 정보 제공자가 포함된다. 주요 정보 제공자는 부모 혹은 가족, 이웃, 의뢰된 서비스 제공기관의 직원, 자원봉사자, 외부 전문가 등이 포함된다. 표준화된 척도나 만족도 조사의 경우 사례관리 대상자가 직접 응답해 조사하기도 하고, 사례관리자가 묻고 응답하는 형식으로 조사해 자료를 수집하기도 한다.

사례관리 대상자가 성과 관련 정보를 제공해 주는 직접적인 자료원이 되는 것이 가장 좋은 방법이지만, 그 당사자가 인지능력이 부족하거나 의사소통에 문제가 있는 경우에 다른 사람들을 통해서 정보를 얻는 것이 더 좋을 수가 있다. 예를 들어, 발달장애 아동이나 청소년의 경우 부모나 활동지원사를 통해 변화와 관련된 정보를 얻는 것이 더 적절할 수 있다. 그리고 사례관리 대상 치매 어르신도 당사자인 어르신보다 보호자인 자녀나 돌봄 제공자인 요양보호사가 더 정확하고 적절한 성과 관련 정보를 제공할 수 있다.

4) 4단계: 자료수집 방법을 설계하기

이 단계에서는 파악된 자료원들로부터 성과 지표에서 제시한 기준에 적합한 정보를 얻기 위하여 수집 방법을 설계해야 한다. 자료수집의 방법과 측정 도구, 자료수집 시기와 대상을 고려해야 한다. 무엇보다도 자료수집 방법을 설계할 때 다음과 같은 요소를 고려해야 한다.

(1) 자료수집 방법

자료수집 방법은 양적 자료와 질적 자료 모두를 고려하기 때문에 다음 보기처럼 매우 다양하다.

서베이(척도)	사례 연구	증명서(확인서)
면접	시험	전문가 혹은 동료 검토
관찰	사진, 비디오, 슬라이드	편지, 일기, 잡지, 기사
집단 이용	문서 검토	일지
시뮬레이션(예 역할극)	스마트폰 통화 및 문자	

앞부분에서 이미 다루었던 양적 자료와 질적 자료를 간단하게 정리해서 언급한다면, 일단 양적 자료는 수량 집계, 표준화된 척도, 기능수준 척도, 클라이언트 만족도 조사로 구분할 수 있다. 그리고 질적 자료는 심층 인터뷰, 행동 관찰, 클라이언트 활동 일지, 클라이언트의 일기나 편지, 주고받은 통화 내용, 문자 메시지, 이메일 등 전자 정보, SNS 댓글 등 다양한 방법이 가능하고 의사소통 도구의 변화와 발달에 따라 더욱 창의적인 질적 자료수집이 가능할 것이다.

앞의 자료수집 방법을 선택할 때 다음과 같은 질문을 고려해야 한다.

- 비용이나 시간을 고려할 때 수집 방법이 실행 가능한가?
- 신뢰할 수 있는 정보를 얻을 수 있는가?
- 유용한 정보를 얻을 수 있는가?
- 2개 이상의 자료수집 방법이 가능한가?
- 자료수집 방법을 선택할 때 충분히 창의적이었는가?

• 선택한 자료수집 방법이 어렵다고 빨리 포기하지는 않았는가?

(2) 자료수집 시기 결정

사례관리를 통하여 상황이나 조건이 얼마만큼 변화하였는지를 가장 적절하게 파악할 수 있는 시기를 결정한다.

① 사례관리 실시 기간 내 상황 비교

사례관리 실시 전후에 상황의 차이를 비교하거나, 사례관리 실시 동안 일정한 시간 간격으로 변화 상황을 검토하고자 하는 경우이다.

〈표 12-6〉 사례관리 성과 측정의 자료수집 시기

성과	지표	자료수집 시기
사회복지사와 신뢰 관계를 구축한다.	• 사례관리 동안 클라이언트가 사회복지사에게 먼저 전화하는 일주일 동안의 빈도나 비율(%)의 증가	매주
	• 사례관리 실시 이후에 사례관리 당사자가 사회복지사에게 먼저 인사하면서 말을 걸어온 내용이 표현된 스마트폰 내용(문자, 카카오톡 등)	문자 등 소통이 이루어진 이후 수시로

② 사례관리 종결 이후의 상황 추적

사례관리의 장기적 성과는 성과 내용에 따라 한 번 이상의 추적 조사를 하는 것이 바람직하다. 일반적으로, 사례관리 종결 이후 6개월에서 12개월 사이에 추적 조사를 해 보는 것이 좋다. 이는 사례관리 종결 이후에 장기적인 성과가 안정적으로 사례관리 대상자나 가족에 영향(impact)을 미치고 있는가를 확인하려면 꼭 필요한 절차이다. 보다 장기적 성과는 2년 이후가 적당하다.

성과	지표	자료수집 시기
의뢰기관의 프로그램에 정기적으로 참석한다.	사례관리 종결 이후 6개월 이후에도 프로그램에 정기적으로 참석한 사람의 수	사례관리 종결 6개월 후
재취업을 안정적으로 유지한다.	사례관리 종결 이후 1년 이후에도 취업 유지한 사람의 수	사례관리 종결 1년 후

5) 5단계: 성과별 자료수집하기

(1) 양적 자료

양적 자료수집은 수량 집계, 표준화된 도구(척도), 기능수준 척도, 클라이언트 만족도 조사를 통한 자료수집 방법이다. 기능수준 척도는 자료수집의 경우 표준화된 척도와 유사한 방법으로 수집할 수 있고, 대체로 잘 활용하거나 소개되지 않기 때문에 생략하기로 한다.

① 수량 집계

'수량 집계(numeric counts)'의 경우 두 가지 자료수집의 경우가 있다.

첫 번째의 경우 자격증을 취득했는가에 대해 '예'와 '아니요'로 명목적으로 구분되는 변화가 있었는지를 확인할 수 있는 명확한 자료를 수집한다.

[사례]	〈자료수집 활동〉
알코올 의존도가 매우 높았던 아버지가 가정폭력으로 어머니를 폭행했는데 처벌을 받고 수감 후 가정폭력상담소에 연계되어 가정폭력 가해자 상담과 교육을 받았다. 이후 가정폭력이 완전히 없어졌고 지역자활센터를 통해 직업훈련을 받아 한식 조리사 자격증을 취득하였고, 도시락 배달업체 취업에 성공하였다.	여기서 한식조리사 자격증을 취득한 것과 도시락 배달업체에 취업한 것이 사례관리상 중요한 개입 목표였다면, 이는 일종의 성과 목표가 달성된 것으로 볼 수 있다. 이 사례의 경우 수량 집계에 의해 자료수집을 한다는 것은 매우 간단하다. 성과를 입증할 수 있는 '한식 조리사 자격증 사본'과 '재직 증명서' 자료로 확보하면 되는 것이다.

두 번째의 경우는 일상생활에서 충분히 파악이 가능한 계량화된 도구를 활용해 수치가 증가하거나 감소했음을 파악할 수 있을 때 수량 집계의 자료수집이 가능하다. 대체로 이 경우는 사례관리 대상자가 직접 자신의 변화와 관련된 정보를 기록하도록 유도하여 자료수집이 가능하다.

[사례]	〈자료수집 활동〉
알코올 의존도가 매우 높았던 아버지가 '알코올 예방 자조모임'에 참여해 음주량이 조금씩 감소하였고, 1년 후 완전히 음주를 단주하는 데 성공하였다.	음주량을 줄인다는 것이 사례관리상 중요한 개입 목표였다면, 이는 일종의 성과 목표가 달성된 것으로 볼 수 있다. 이 사례의 경우 수량 집계에 의해 자료수집이 가능한데, 클라이언트가 스스로 매일 음주량을 기록하게 한 후 일주일에 한 번씩 사회복지사에게 휴대전화 문자로 보고하도록 해 음주량이 감소했다는 입증 자료를 수집할 수 있다.

② 표준화된 도구(척도)

표준화된 측정도구란 사례관리 대상자의 변화를 측정하기 위해 개발된 정형화된 도구, 즉 척도를 말한다. 일반적으로 사례관리 대상자의 인지, 감정, 태도 등을 측정하는 데 사용된다.

표준화된 도구인 척도는 척도집이나 관련 연구논문을 통해 찾아서 활용해야 한다. 자료수집 활동은 사례관리가 개입되기 전인 욕구나 문제 사정 단계에서 어떤 문제가 있고 그 상황이 어떤 수준인지 파악하기 위해 척도를 나누어 주고 사례관리 대상자가 직접 본인이 읽고 표시하도록 하면 된다. 만약 한글을 못 읽거나 어렵다면 읽어 주거나 말로 질문하고 어느 정도인지 답하도록 하면 된다. 이 자료수집 과정을 보통 척도의 '사전 조사'라고 한다. 그리고 사례관리에 의한 개입 과정이 이루어진 이후에 어떤 문제 상황이나 욕구가 잘 해결되었거나 충족되는지를 확인하고자 자료수집 활동을 하게 되는데 이를 '사후 조사'라고 한다. 이렇게 '사전 조사'와 '사후 조사' 두 번에 걸쳐 자료수집을 하는 경우가 가장 일반적인 표준화된 척도를 활용한 자료수집 활동이다.

하지만 예외적으로 '사전 조사'와 '사후 조사' 중간에 추가적으로 검사를 하는 경우도 가능하다. 이런 경우는 변화 추이를 시간 흐름에 따라 보다 구체적으로 알고 싶을 때 필요하다. 보통은 2번에 걸친 자료 조사로 충분하다. 또 한 가지 주의해야 할 점은 표준화된 척도를 잘 활용할 수 없는 사례관리 대상자도 있다는 것이다. 앞에서도 언급한 적이 있는 것처럼 인지능력이 부족하거나 의사소통이 어려운 사례관리 대상자는 스스로 본인이 척도에 답을 할 수 없다. 이런 경우 아예 척도를 쓰지 않는 것이 좋을 수도 있다. 하지만 만약 가족, 보호자, 서비스 제공자가 대신 척도의 내용을 알고 체크할 수 있다면, 사례관리 대상자의 중요한 정보 제공자가 대신 척도를 체크할 수 있다.

사례관리 성과 측정을 위해 사용할 수 있는 기존에 이미 개발된 표준화된 측정도구, 도구를 찾는 방법, 그리고 유용한 척도집을 소개한다.

♧ **표준화된 측정도구**
- 인구 대상별로 정신적, 심리적 혹은 신체적 기능 척도, 일상생활기능 척도
- 비공식적 지지망 척도
- 삶의 만족도
- 지역사회통합 척도

♧ **표준화된 측정도구를 찾는 방법**
- 논문의 참고문헌
- 척도집
- 대학 도서관
- 인터넷
- 공동모금회 자료실
- 타 기관 등의 자료

♧ **유용한 척도집**
- 고려대학교 부설 행동과학연구소 편(2001). **심리척도 핸드북 I. II**. 서울: 학지사.

- 서울구립 반포종합사회복지관 편(2007). **실천가와 연구자를 위한 사회복지척도집(2판)**. 서울: 나눔의 집.
- 정태신(2010). **사회복지 활용 척도집-사회복지 임상실천 및 평가도구**. 광주: 지성계.
- 사회복지공동모금회(2018). **공모모금회 배분사업 성과측정을 위한 척도집**. 서울: 사회복지공모금회.
- 이봉주, 김선숙, 조상은(2014). **아동 척도집**. 서울: 나눔의집.
- 한국노년학포럼(2010). **노년학 척도집**. 서울: 나눔의집.

사례로 제시한 알코올 중독 자가진단검사(Alcohol Use Disorders Identification Test) 의 경우 세계보건기구(WHO)에서 개발되었고, 한국형으로 번역해서 '알코올 중독' 이나 '알코올 의존도'를 파악하는 데 활용되는 표준화된 척도이다. 이 척도를 활용 해 사례관리 대상자 중에서 알코올 중독 문제가 있는 경우 사례 개입 전에 검사(사 전 조사)를 하고, 개입 후 검사(사후 조사)를 해서 그 점수를 해석해 내는 것이다. 이 검사도구는 조사 점수를 해석할 때 참고할 수 있도록 검사도구 개발자가 해석 지침 을 제공하고 있다. 모든 척도가 이런 참고 수치의 특성을 해석하도록 지침을 제공하 는 것은 아니라는 점도 알고 있어야 한다. 사전 조사에서 '알코올 남용이나 의존 단 계'에 해당하는 점수가 나왔을 경우 심각한 알코올 중독 문제를 가지고 있다고 판단 해 사례관리자가 알코올 중독 문제를 해결하기 위해 '알코올 예방 자조모임'에 연계 하는 사례 개입을 진행하였다. 6개월 후 사후 조사를 했더니 '위험 음주 단계'로 한 단계 향상되는 변화를 확인하게 되었다면 사례관리 개입의 성과가 달성되었다고 해석할 수 있다.

〈표 12-7〉 표준화된 척도 사례: 알코올 중독 자가진단검사

알코올 중독 자가진단검사
AUDIT(Alcohol Use Disorders Identification Test)

※ 이 검사도구는 세계보건기구(WHO)에서 개발한 선별도구로 음주문제를 가질 위험이 있는 개인을 조기에 선별하는 데 유용하게 사용되는 도구임. 최근 1년간을 기준으로 체크해 주세요. (총 10문항)

1. 얼마나 술을 자주 마십니까?

   (0) 전혀 안 마심 (1) 월 1회 미만 (2) 월 2~4회 (3) 주 2~3회 (4) 주 4회 이상

2. 술을 마시면 한 번에 몇 잔 정도 마십니까?

   (0) 전혀 안 마심 (1) 소주 1~2잔 (2) 소주 3~4잔 (3) 소주 5~6잔 (4) 소주 7~9잔

   (5) 소주 10잔 이상

3. 한 번에 소주 한 병 또는 맥주 4병 이상 마시는 경우는 얼마나 자주 있습니까?

   (0) 전혀 없음 (1) 월 1회 미만 (2) 월 1회 (3) 주 1회 (4) 거의 매일

4. 지난 1년간 한번 술을 마시기 시작하면 멈출 수 없었던 때가 얼마나 자주 있었습니까?

   (0) 전혀 없음 (1) 월 1회 미만 (2) 월 1회 (3) 주 1회 (4) 거의 매일

5. 지난 1년간 평소 같으면 할 수 있던 일을 음주 때문에 하지 못한 적이 얼마나 자주 있었습니까?

   (0) 전혀 없음 (1) 월 1회 미만 (2) 월 1회 (3) 주 1회 (4) 거의 매일

6. 지난 1년간 술을 마신 다음 날 해장술을 마신 적은 얼마나 자주 있었습니까?

   (0) 전혀 없음 (1) 월 1회 미만 (2) 월 1회 (3) 주 1회 (4) 거의 매일

7. 지난 1년간 음주 후에 죄책감을 느끼거나 후회한 적이 얼마나 자주 있었습니까?

   (0) 전혀 없음 (1) 월 1회 미만 (2) 월 1회 (3) 주 1회 (4) 거의 매일

8. 지난 1년간 음주 때문에 전날 밤에 있었던 일이 기억나지 않았던 적이 얼마나 자주 있었습니까?

   (0) 전혀 없음 (1) 월 1회 미만 (2) 월 1회 (3) 주 1회 (4) 거의 매일

9. 음주로 인해 자신이나 다른 사람을 다치게 한 적이 있습니까?

   (0) 없음 (2) 있었지만, 지난 1년간에는 없었음 (4) 지난 1년 내에 있었음

10. 친척이나 친구, 의사가 당신이 술 마시는 것을 걱정하거나 당신에게 술 끊기를 권유한 적이 있었습니까?

    (0) 없음 (2) 있었지만, 지난 1년간에는 없었음 (4) 지난 1년 내에 있었음

총점:

출처: 국립부곡병원 홈페이지 http://bgnmh.go.kr/checkmehealme/selftest/alcTest3.xx

〈표 12-8〉 알코올 중독 자가진단검사 해석 지침

알코올 중독 자가진단검사(AUDIT) 음주 수준별 해석 지침	
남 0~9점 여 0~5점 정상 음주 단계	지금까지는 비교적 건강하고 안전한 음주 습관을 지니고 있습니다. 적정 음주량을 유지하고 건강 음주 지침을 지켜 주세요. ♣ 음주량을 지켜 주세요. 　－남: 일주일에 12잔 미만, 여: 일주일에 5잔 미만 　－65세 이상의 노인도 1주당 5잔 미만 ♣ 음주 피해 취약자는 금주 　－임산부, 청소년, 알코올 의존 가족력이 있는 경우 등은 술을 마시지 않도록 함. ♣ 신체 질환이 있거나 음주 후 난폭 행동/폭력/사고의 경험이 있는 사람은 술을 마시지 않도록 함(예 고혈압, 당뇨, 협심증, 불면 등). ♣ 과음으로 인한 음주 폐해에 대한 교육을 받으세요. ♣ 건강 음주 지침 　－빈속에 마시지 않기 　－조금씩 나누어 천천히 마시기 　－안주(야채, 과일, 생선, 두부)를 충분히 먹기 　－술 마시는 중간에 물을 자주 마시고 술을 섞어 먹지 않기 　－술 마신 후 2~3일은 안 마시기
남 10~19점 여 6~9점 위험 음주 단계	음주량과 음주 횟수가 너무 많습니다. 아직은 술 때문에 큰 문제가 없지만 음주문제 예방을 위해 아래 지침을 지켜 주세요. ♣ 정상 음주군에서 권고한 음주 기준을 지키세요. ♣ 과음으로 인한 음주 폐해에 대한 교육이 필요합니다. ♣ 전문 요원에게 상담을 받으세요. 　－음주를 유발하는 상황과 음주 패턴의 특징은? 　－과음을 피할 수 있는 방법 택하기 　　예 음주 일지 작성, 작은 잔으로 마시기, 술에 물을 타서 마시기, 음주 속도 제한, 스트레스 대처 방법 훈련, 폭탄주 혹은 독주 피하기, 안주 충분히 먹기, 술 마시지 않는 날 정하기 등 ♣ 주기적으로 음주 행동을 점검하고 알코올 중독 자가진단검사 재시행

남 20점 이상
여 10점 이상
 	
알코올
남용이나
의존 단계
	음주량과 음주 횟수 조절이 어려운 상태입니다.
	술을 마셔야 기분이 좋고 일도 잘되고 관계도 좋아진다고 생각합니다. 술을 줄이는
	단계가 아니라 끊어야 합니다.
	♧ 신체 질환이 있습니까?
	♧ 사회적 역할에 어려움은 없습니까?
	 예 직장, 가정, 지역사회에서 술로 인한 사회적 혹은 법적 문제 유발(음주운전
	  이나 가정폭력 등)
	♧ 전문, 병 · 의원이나 알코올 상담센터 혹은 정신보건센터에 연계하여 진단과 치
	  료를 받도록 합니다.
	 −신체에 질병이 생기면 치료받아야 나을 수 있는 것처럼 알코올 사용 장애도
	  치료가 필요한 질병입니다.

출처: 국립부곡병원 홈페이지 http://bgnmh.go.kr/checkmehealme/selftest/alcTest3.xx

③ 클라이언트 만족도 조사

만족도 조사는 제공된 서비스의 질을 확인하는 조사도구이다. 서비스 공급자인 사회복지기관이나 사회복지사가 클라이언트의 욕구를 충족시키기 위해 제공된 사회복지 서비스가 클라이언트 입장에서 자신의 욕구 충족이나 문제해결에 적합한 수준인지를 판단하는 조사도구이다. 성과 측정을 위한 자료수집 방법으로 활용되는 이유는 클라이언트가 자신의 문제해결이나 욕구 충족에 도움이 얼마나 되었는가를 판단하는 도구이기 때문이다. 사례관리의 개입 방법 중에 서비스를 직접 제공하거나 서비스를 연계하는 방법이 가장 대표적인 방법이기 때문에 광범위하게 클라이언트 만족도 조사를 사례관리의 성과 측정을 위한 자료수집 방법으로 활용할 수 있고 실제로도 많이 활용하고 있다. 사후 조사 한 번만으로 자료수집이 끝나기 때문에 표준화된 척도보다는 훨씬 간소한 자료수집 방법이다.

한편 클라이언트 만족도 조사에 의한 자료수집이 간편한 방법은 맞지만, 사회복지 현장에서 적절하게 활용되지 못하고 잘못 오용되는 사례가 매우 많다. 클라이언트 만족도 조사가 오용되지 않도록 하기 위해서는 다음과 같은 내용의 질문에 답을 할 수 있어야 한다.

〈클라이언트 만족도 조사 활용을 위한 사전 질문〉

- 만족도 조사도구의 출처가 분명히 있는가?
- 만족도 조사도구의 신뢰도, 타당도가 통계적으로 검증되었는가?
- 지금 활용하는 만족도 조사도구는 기존 도구를 임의로 변형해서 활용하고 있는가?
- 기존 만족도 조사도구에 문항 내용을 변경, 추가, 삭제하였는가?
- 클라이언트의 감정, 느낌, 태도, 가치, 기능, 역량 등의 변화를 측정하는 데 활용되고 있는가?
- 장기적 개입이 필요한 전문적인 개입이 필요한 변화 내용을 측정하는 데 활용되고 있는가?
- 1회성 교육 프로그램에서 활용하고 있는가?
- 단순 반복되는 단순 서비스 제공이나 연계에서 활용되고 있는가?

〈표 12-9〉 표준화된 클라이언트 만족도 조사도구

클라이언트 만족도 조사(Client Satisfaction Questionnaire: CSQ)

- □ 목적: 프로그램 제공에 대한 클라이언트의 만족도 측정
- □ 평가 시간: 5분 이내
- □ 평가 방법: 4점 척도를 사용하여 클라이언트 스스로 체크

1. 귀하가 받았던 서비스(프로그램)의 질은 어떠했습니까?
   1) 좋지 않았다. 2) 보통이다. 3) 좋았다. 4) 매우 좋았다.
2. 귀하는 귀하가 원했던 서비스(프로그램)를 받았습니까?
   1) 전혀 아니다. 2) 아니다. 3) 그렇다. 4) 매우 그렇다 .
3. 귀하가 참여한 프로그램은 귀하의 욕구를 어느 정도 충족시켰습니까?
   1) 전혀 충족되지 않았다. 2) 약간 충족되었다. 3) 대부분 충족되었다. 4) 모두 충족되었다.
4. 귀하가 받은 서비스에 대해서 귀하는 어느 정도 만족하셨습니까?
   1) 매우 불만족한다. 2) 약간 불만족한다. 3) 대체로 만족한다. 4) 매우 만족한다.
5. 만약 귀하가 아는 사람이 유사한 상황에 있을 때 이 프로그램에 참여를 권유하겠습니까?
   1) 전혀 권유하지 않겠다. 2) 권유하지 않겠다. 3) 권유하겠다. 4) 적극적으로 권유하겠다.
6. 귀하가 받은 서비스는 귀하가 가진 문제를 효과적으로 해결하는 데 도움이 되었습니까?
   1) 전혀 도움이 안 된다. 2) 도움이 안 된다. 3) 약간 도움이 된다. 4) 매우 큰 도움이 된다.

7. 귀하는 전체적으로 이 프로그램과 서비스에 대해서 어느 정도 만족하십니까?

   1) 매우 불만족한다. 2) 불만족한다. 3) 만족한다. 4) 매우 만족한다.

8. 귀하가 차후에 다시 이러한 서비스가 필요하면 다시 이 프로그램에 참여하겠습니까?

   1) 전혀 그렇지 않다. 2) 그렇지 않다. 3) 그렇다. 4) 매우 그렇다.

출처: Pascoe, G. C., & Attkisson, C. C. (1983). The Evaluation Ranking Scale: A New Methodology for Assessing Satisfaction. *Evaluation and Program Planning, 6*, 335-347. 황성철(2005). 사회복지 프로그램 개발과 평가, p. 265에서 재인용.

앞에서 제시된 클라이언트 만족도 조사도구는 다양한 영역에서 범용으로 제공되는 서비스에서 활용할 수 있는 표준화된 조사도구이다. 사례관리자가 임의로 만들거나 기존 조사도구를 변형해서 활용하는 것보다 이런 표준화된 도구를 활용하는 것이 좋다. 또 한 가지 알아야 할 사항은 3번 문항(욕구 충족의 도움 정도)과 6번 문항(문제해결의 도움 정도)과 같은 내용이 포함된 질문이 반드시 들어가는 것이 성과를 측정하는 자료수집 도구로 더 좋다. 이는 성과의 개념인 욕구 충족이나 문제해결과 관련된 질문이 포함된 조사도구이기 때문에 성과 측정에 더 적합한 것으로 판단된다. 만족도 조사도구는 전문적인 개입이 필요한 변화 내용을 측정하는 데 활용하는 것보다 1회성 교육 서비스나 급식 서비스와 같은 단순 반복 서비스의 성과를 측정하는 데 활용하는 것이 더 적합하다.

(2) 질적 자료수집 방법

성과를 측정하는 데 활용되는 질적 자료는 활동 관찰, 심층면접, 클라이언트의 기록 등을 자료로 수집하면 된다.

먼저 관찰의 방법을 활용할 경우 관찰용 현장 노트를 준비해 사례관리 대상자를 만나게 될 때마다 특이점이 있을 때 계속해서 기록해 나가면 된다. 현장 노트가 준비되지 않을 때는 일반적인 메모지나 접착식 메모지(포스트잇)를 활용하는 방법도 가능하다.

심층면접 또는 인터뷰를 진행할 경우 의도적인 대화 내용을 '보이스 레코더'를 준비해 녹음하는 방법이다. 이런 경우는 의도적이기 때문에 크게 문제가 없지만, 대체로 다양한 대면 상황과 대화 상황이 전개되는데 이 경우도 사례관리 대상자의 중요한 변화 상황이 수집될 수 있다. 이런 경우를 대비해야 하는데 최근에는 스마트폰의 경우 음성 녹음이 매우 우수한 품질로 가능하기에 수시로 활용할 수 있고, 추후 분석할 경우 음성 파일을 그대로 텍스트 문자 파일로 전환할 수 있는 애플리케이션 도구를 활용하기도 편하다.

마지막으로, 사례관리 대상자가 직접 기록한 내용을 자료로 수집하는 경우이다. 사례관리 대상자에게 직접 자신의 변화와 관련된 활동에 대해 기록하도록 해 자신의 감정 변화나 기능 변화와 관련된 정보를 수집하는 방법이다. 그리고 일기나 편지를 통해 파악하는 방법도 있고, 어떤 활동을 수행한 후 활동 수기나 활동 소감문을 작성하도록 유도해서 정보를 수집하는 방법도 있다. 어르신의 경우 자서전을 쓰도록 해서 정보를 수집할 수도 있다. 그리고 최근 스마트폰 등 스마트 기기의 발달로 사진이나 영상 촬영을 통해 사례관리 대상자의 변화 상황에 대한 정보를 수집하는 것도 가능하다. 그리고 사례관리자와 사례관리 대상자의 의사소통이 다양한 방법으로 이루어지는데 메모, 이메일, 휴대전화 문자 메시지, SNS(Social Network Services)의 댓글이나 사진 등을 통해서도 자료를 수집할 수 있다. 최근에는 스마트폰으로 주고받은 대화 내용이나 이모티콘 등도 중요한 사례관리 대상자의 변화 관련 정보 수집 방법이 된다. 특히, 이런 스마트 기기와 같은 디지털 기기의 경우 저장 가능성과 분석도구의 추가적인 활용성이 높아 앞으로도 매우 유용한 성과 측정을 위한 자료수집 방법이 될 수 있다.

특히, 사례관리의 경우 클라이언트의 개입 과정에 대해서 꾸준히 과정 기록을 남기도록 요구하고 있어 개입 과정을 통해 나타난 다양한 변화 정보나 자료가 자연스럽게 수집될 수 있다. 과정 기록의 충실한 완수는 성과 측정을 위한 매우 중요한 정보와 자료수집에 큰 도움이 될 수 있다.

〈표 12-10〉 질적 평가에 활용되는 자료수집 방법과 내용

자료수집 방법	자료의 내용 및 수집	수집 도구 예시
관찰	• 참여자로서 관찰을 수행하며 현장 노트를 수집한다. • 관찰자로서 관찰을 수행하여 현장 노트를 수집한다. • 관찰자보다는 참여자로서 좀 더 많은 시간을 보내고 현장 노트를 수집한다. • 참여자보다는 관찰자로서 좀 더 많은 시간을 보내고 현장 노트를 수집한다. • 먼저 '외부인'으로서 관찰하여 현장 노트를 수집한 후, 세팅에 참여하면서 '내부인'으로서 관찰하여 현장 노트를 수집한다.	관찰용 현장 노트
심층면접	• 비구조화, 개방형 면접을 수행하여 면접을 기록한다. • 비구조화, 개방형 면접을 수행하고 면접을 녹음하고 면접을 필사한다. • 반구조화된 면접을 수행하고 면접을 녹음하고 면접을 필사한다. • 초점집단면접을 수행하고 면접을 녹음하고 면접을 필사한다.	스마트폰으로 녹음
문서 및 기존 자료	• 프로그램 진행 기간 동안 프로그램 진행자의 과정 기록지를 취합한다. • 프로그램 기간 동안 참여자들이 일지 혹은 일기를 쓰도록 한다. • 참여자로부터 사적인 서류들을 수집한다. • 공문서를 분석한다. • 클라이언트의 수기집, 자서전, 전기를 조사한다. • 정보 제공자가 사진 혹은 비디오를 촬영한다. • 개인이나 집단, 사회적 상황을 비디오테이프로 녹화하거나 촬영한다. • 사진, 비디오테이프, 동영상 자료 등을 조사한다. • 전자우편이나 전자 메시지를 수집한다. • SNS(Social Network Service)의 글, 사진, 영상 등을 수집한다.	클라이언트 수기집

출처: 황성철(2005). 사회복지 프로그램 개발과 평가의 내용 수정.

(3) 자료수집 방법의 선택

자료수집 방법을 최종적으로 선택하기 위해서는 앞에서 언급한 표준화된 측정도구인 척도 이외의 양적 자료수집 방법과 질적 자료수집 방법이 다양하게 있다. 이들 자료수집 방법의 특성과 현실적인 활용 가능성 측면에서 구체적인 판단이 필요하다. 〈표 12-11〉이 그 판단의 참고가 될 수 있다.

〈표 12-11〉 **자료수집 방법의 유형별 내용 및 활용도**

유형	내용	활용도
수량 집계	단순하게 실천의 결과로 보인 변화의 내용이 특별한 측정 도구가 없이 '예, 아니요' 형식의 구분으로 클라이언트의 수를 세는 형식	활용이 매우 쉬운 방법임에도 활용이 잘 되지 않아 활용 여지가 많음
표준화된 측정도구	클라이언트의 변화를 확인하기 위해 통계적으로 신뢰도와 타당도를 갖춘 구조화되고 계량화된 질문지를 사용하는 방법으로, 프로그램 시작 전과 종료 후에 사전 조사와 사후 조사를 통해 그 점수를 비교하는 방법	활용도가 높지만, 개발된 도구의 부족과 인지능력이나 의사소통 능력이 부족한 클라이언트에게 직접 활용이 어려운 제한점이 있음
기능수준 척도	표준화된 측정도구가 없을 때 클라이언트의 특정 기능수준의 변화를 측정하기 위해 실무자가 별도로 제작해 활용하는 도구	국내에서는 주로 이론적으로만 소개하고 실제 활용도가 거의 없고 있더라도 표준화된 측정도구의 범주에서 다루어짐
클라이언트 만족도 조사	클라이언트가 자신의 변화에 대해서 직접적으로 표현하는 방식이 아닌 프로그램이 자신에게 어느 정도 유익하고 도움이 되었는지에 대해 자기보고식으로 응답하는 도구	성과 측정도구로서 만족도 조사는 표준화된 도구이기 때문에 통계적으로 검증된 도구를 사용해야 하지만, 임의로 제작한 도구를 잘못 활용하는 경우가 대부분임
질적 조사	프로그램 참여를 통해서 클라이언트가 보이는 변화를 관찰, 노트 기록, 메모, 문서, 음성 및 영상 기록, 면접 기록 등을 활용하여 분석하는 것	최근 주목을 받고 있지만, 질적 평가 방법보다 질적 연구방법을 중심으로 소개되어 그 활용도가 확산되지 못하고 있는 실정임

출처: 이민홍, 정병오(2020). 사회복지 프로그램 개발과 평가(제3판). 경기: 양서원.

다음은 지금까지 학습하셨던 성과, 성과 지표, 자료원, 자료수집 방법에 대하여 실습한다.

📖 [실습해 보기 12-4]

성과	성과 지표	자료원	자료수집 방법
사회복지사와 신뢰관계를 구축한다.	• 사례관리 동안 클라이언트가 사회복지사에게 먼저 전화하는 일주일 동안의 빈도나 비율(%)의 증가	사례관리 활동 일지	사례관리 활동 일지 검토
	• 사례관리 이후에 사례관리 당사자가 사회복지사에게 먼저 인사하면서 말을 걸어온 내용이 표현된 스마트폰 내용(문자, 카카오톡 등)	사례관리 대상자의 스마트폰 내용	클라이언트와 나눈 문자 내용 검토

📖 [실습해 보기 12-5]

성과	성과 지표	자료원	자료수집 방법
가족관계 증진			
균형 잡힌 식사 유지			

[최종 점검을 위한 실습]

다음 사례에 대한 사례관리의 성과를 측정해 보자.

사례 12-3

김 씨는 40세 가장이다. 실직된 지 1년이 넘었다. 실직되기 전에는 포장마차를 열심히 꾸려 나갔으나, 실패하였다. 집에서 하는 일 없이 술로 보낸다. 아내가 노점상을 하여 생계를 꾸려 나가나, 생활이 어렵다. 아내는 이런 생활에 매우 지쳐 있고, 심리적으로 우울해한다. 초등학교 다니는 딸(김 양)이 있다. 아버지가 일에 실패한 이후 술과 주정 때문에, 매사에 의기소침해한다. 학교에서 또래 집단으로부터 왕따를 당하고 있어 학교 가기를 꺼린다.

A 기관에서는 김 씨 가구에 1년 동안 사례관리를 실시하도록 결정하였다.

📖 [실습해 보기 12-6] **사례관리 성과 측정을 위한 자료수집**

성과 (Outcome)	지표(Indicator)	자료원 (Data resource)	자료수집 방법 (Data collection)	자료수집 시기 (schedule)
〈무엇을 원하는가?〉	〈어떻게 알 것인가?〉	〈누가 이 자료 (정보)를 가지고 있나?〉	〈어떻게 얻을 수 있는가?〉	〈정보는 언제 수집되는가?〉
아버지가 단주한다.	술을 안 마신 기간이 증가하는 것을 기준으로 한다(술을 마시지 않은 일수의 증가율).	아버지의 음주 기록 일지	아버지 음주 기록 일지 검토	사례관리 실시 기간 매주
아버지가 재취업한다.	풀타임 직원으로 취업한 것을 기준으로 한다(풀타임 취업 유무).	취업처	재직증명서 검토	취업 후
아이의 자신감이 향상된다.	아동이 자신감을 표출하는 행동이 발견된다(자신감을 표출한 행동 내용).	사례관리자의 과정 기록지	사례관리 과정 기록 검토	가정방문 시 수시로

아이의 친구 관계가 향상된다.	아동과 나눈 인터뷰 내용에서 친구와 어떻게 지내지는지를 표현한 것을 기준으로 한다(친구와 어떻게 지내는지에 대한 내용).	사례관리 대상 아동	심층 인터뷰	사례관리 실시 6개월 후
어머니의 심리적 지지망이 형성된다.	어머니와 나눈 인터뷰 내용에서 주위에서 어떠한 심리적 지지를 받고 있는지를 표현한 것을 기준으로 한다(주변에서 심리적 지지를 받고 있는 내용).	사례관리 대상 어머니	심층 인터뷰	사례관리 실시 6개월 후

6) 6단계: 성과 보고서 작성하기

(1) 자료수집 특성에 따라 분석 방법 결정하기

① 양적 자료 분석

수량 집계, 표준화된 척도, 클라이언트 만족도 조사 등 양적 자료수집을 통하여 성과를 측정하는 방법이다. 이 방법의 변화 내용을 수치화시켜서 활용할 수 있는 자료이기에 분석하고 보고서를 작성하기가 쉬운 편이다.

② 질적 자료 분석

질적 자료를 분석할 때는 양적 자료를 분석할 때와는 다른 요령과 방법으로 접근해야 할 것이다. 질적 자료 분석 요령에 대해 다음과 같은 사항을 유의해야 할 것이다.

〈질적 자료 분석 요령〉

- 평가자 스스로 민감성을 발휘한다.
- 분석 결과를 예측하지 않고 편안한 마음으로 임한다.
- 전체 윤곽을 드러낸 후 세밀한 작업을 한다.
- 자료를 분석할 때는 집중해서 한다. 다른 잡다한 일을 병행하지 않고 분석하는 일에 집중함으로써 정확도를 높인다.
- 면접 내용을 녹음하거나, 녹음 내용을 풀어 쓸 때 자료 분석에서 반영할 수 있는 간단한 메모를 남겨 분석할 때 활용한다.
- 평가 결과와 관련하여 논의를 풍성하게 하기 위해 문헌 따위로부터 가까운 거리를 평소에 확보해 둔다.
- 평가자 수준에 따라 관련된 사람들로부터 도움을 받는다.
- 면접하는 도중이나 녹음한 내용을 푸는 동안에 주요 개념으로 규정할 수 있는 것들을 메모하여 분석할 때 활용한다.
- 두 가지 이상의 주요 개념을 내포하는 자료에서 숨음질하듯 주요 개념을 놓치지 않고 골라내야 한다.

출처: 최옥채(2008). 사회복지사를 위한 질적연구. 서울: 신정.

질적 자료의 분석 방법은 매우 복잡한 과정을 통해 분석이 이루어져야 한다. 그 복잡한 과정을 두 가지로 요약할 수 있다. 즉, '개념화'의 과정과 '범주화'의 과정을 통해 성과와 관련된 핵심 주제들을 밝혀 나가는 분석 방법을 활용한다.

〈표 12-12〉 질적 자료의 개념화 및 범주화

개념화: 개념 끌어내기	범주화: 하위 범주 및 상위 범주 도출
• 원자료의 단어, 문장, 단락 등이 품는 핵심 의미를 요약하여 드러낼 수 있는 한 단어나 여러 개의 단어로 정리한다. • 가능하면 클라이언트의 언어나 직접적인 관찰을 통한 묘사를 살려가면서 개념을 끌어내거나 원자료를 함축하는 단어로 개념을 만들어 낼 수도 있다.	• 유사 개념들을 한 다발로 묶는 것을 범주화라고 할 수 있는데, 몇 개의 개념을 하위 범주로 묶고 몇 개의 하위 범주를 한 개의 상위 범주로 묶을 수 있다.

〈표 12-13〉과 〈표 12-14〉는 알코올 의존도가 높은 클라이언트를 자조모임에 참여하게 하는 사례관리 개입 과정을 통해 나타난 변화를 중심으로 성과를 분석하는 방법이다. 〈표 12-13〉은 사례관리 일지에 기록해 둔 내용을 토대로 변화와 관련된 '의미 단위'의 구체적 행위를 추상적인 개념으로 분석한 것이다. 이 내용을 〈표 12-14〉는 다시 범주화해서 하위 범주로 묶어내고, 다시 상위 범주로 묶어내서 결국 '음주 의존도 감소'라는 성과 개념으로 범주화해서 묶어 나가는 분석 과정을 보여준다.

〈표 12-13〉 사례관리 진행 기록(일지)로부터 개념화

원자료: 사례관리 진행 일지(의미 단위)	개념
약간의 약주를 하고 모임에 참여해서 미안하다는 말로 생활 나눔을 시작했고…… 〈5월 25일 일지 기록〉	술 마시고 자조모임 참여에 미안함 표현
추후 술을 마시지 않고 모임에 참여하겠다고 약속해 주셨음. 〈5월 25일 일지 기록〉	술 마시지 않고 모임에 참여하기로 약속
모임 참여 후에 요즘 마시는 술을 조금씩 덜 마시고 있다고 말했음. 〈7월 15일 일지 기록〉	평소 술을 덜 마시고 있음
함께 술을 마시던 사람들에게도 술 마시지 말라는 소리도 하게 되었다고 말함. 〈7월 15일 일지 기록〉	다른 사람들에게 술 마시지 말라고 말함
평소에도 알고 있기는 했지만, 요즘 더욱 술이 건강에 좋지 않다는 것을 알게 되었다고 말함. 〈9월 23일 일지 기록〉	술이 건강에 좋지 않음을 인식함
우리 마을 내에는 술 마시는 사람들이 많은데 술 먹고 건강 안 좋아진 사람들을 보면 옛날에는 걱정하지 않았지만, 요즘은 걱정하게 되었다고 말함. 〈9월 30일 일지 기록〉	술 먹고 건강 안 좋아진 사람을 보게 되어 걱정함

〈표 12-14〉 질적 자료 분석을 통한 범주화

개념	하위 범주	범주
술 마시고 자조모임 참여에 미안함 표현	프로그램 참여 시 음주 절제 표현	음주 의존도 감소
술 마시지 않고 모임 참여하기로 약속		
평소 술을 덜 마시고 있음	평소 생활에서 음주 절제	
다른 사람들에게 술 마시지 말라고 말함		
술이 건강에 좋지 않음을 인식함	건강과 관련한 음주 문제 걱정	
술 먹고 건강 안 좋아진 사람을 보게 되어 걱정함		

〈표 12-15〉는 양적 자료인 표준화된 척도와 질적 자료인 사례관리 일지 분석을 통하여 사례관리 대상자의 음주 의존도가 감소되는 성과가 나타났는지를 판단하는 성과 측정 보고서이다. 특히, 질적 자료의 경우 개념화, 범주화 작업을 통해 모든 사례를 개별로 분석해야 하지만, 그 과정이 너무 복잡하기에 좀 더 간소화된 형태로 음주 의존도라는 핵심 성과 개념을 중심으로 사례관리를 위한 자조모임 프로그램을 통해 어떤 변화 스토리가 전개되었는지를 압축적으로 제시한 내용이다. 간소화되고 약식으로 진행된 성과 측정에 대한 보고서라고 할 수 있다.

〈표 12-15〉 음주 의존도 감소를 위한 사례관리 프로그램 성과 측정 결과 보고

성명	표준화된 척도 점수 변화			사례관리 개입 과정 중 질적 자료를 통한 변화 내용
	척도명	사전점수	사후점수	
홍길동	AUDIT	20점 (알코올 의존 단계)	9점 (위험 음주 단계)	우울감과 삶의 고단함으로 인해 술에 의존해 이를 해소하려 했으며, 술로 인해 일상생활이 거의 불가능한 상태였음. 복지관 직원의 사례관리와 더불어 자조모임에 참여하면서 술을 끊고 교회를 매주 지속적으로 다니고 있음. 그러나 우울감이 발생하는 상황이 재발할 시 다시 술을 찾는 경우가 있을 수 있으므로 지속적으로 관심을 갖고 정서적 어려움을 해소하기 위해 노력을 할 필요가 있음 → 음주 의존도 감소함
김유신	AUDIT	28점 (알코올 의존 단계)	17점 (알코올 의존 단계)	그동안 사람들과 어울리기 위해 사람들이 권하는 술을 마셨고 과음을 하던 횟수가 잦았음. 그러나 자조모임에 참여하기 시작하면서 모임에 참여하는데 음주를 한 상태에서는 참여가 어렵다는 것을 알고 모임이 있는 날에는 술을 절제하거나 아예 마시지 않는 모습을 보임. 여전히 술을 마시는 횟수는 잦지만 술을 자제하는 모습을 지지하고 보다 건전한 만남과 모임을 만들어 참석한다면 알코올 의존도를 더욱 낮출 수 있다고 판단됨 → 음주 의존도 감소함

전우치	AUDIT	36점 (알코올 의존 단계)	33점 (알코올 의존 단계)	평소 어린이공원에서 술을 많이 마시며 한번 술을 마시게 되면 끊지를 못하며 만취된 상황에서는 지나다니는 사람들에게 소리를 지르거나 주사를 부렸음. 자조모임에 참여하는 동안 음주를 자제하려는 노력은 했으나 여전히 절주에 대한 어려움이 있음. 변화에 대한 의지와 노력을 지지하고 모임에서의 한 구성원으로서 역할을 부여한다면 보다 책임을 갖고 모임 유지를 위해 절주 및 단주를 할 수 있을 것으로 판단됨 → 음주 의존도 감소함
심청이	AUDIT	12점 (위험 음주 단계)	14점 (위험 음주 단계)	평소 집에서 혼자 음주를 하며 마을에서 다른 사람들과 어울려 음주를 하는 모습을 보기 힘드나 척도상으로는 위험 음주 단계로 나타남. 알코올 의존 단계 수준으로의 악화를 예방하는 차원에서 지속적인 개입이 필요함 → 음주 의존도 감소되지 못함

〈표 12-15〉의 경우 사례관리 대상자인 김유신, 전우치, 심청이의 경우 표준화된 척도인 양적 자료를 통해 성과 달성 여부를 확인한 결과 확인이 되지 못했다. 하지만 질적 자료에 의해서는 변화의 내용이 스토리를 통해 구체적으로 확인되어 성과 달성 여부가 확인될 수 있었다.

참고문헌

[제1부]

권자영, 김정화(2020). 욕구 및 위기도 통합조사양식 개발 연구. 사회보장정보원, 세명대학교 산학협력단.

김성천, 강희숙(2021). 비판적 우수실천의 관점에서 분석한 우수사례관리 슈퍼비전에 관한 연구. 한국지역사회복지학, Vol. 79, 51-80.

김윤주, 문미정, 원윤아(2020). 공공 사례관리에서 해결중심 접근 실천. 위례디자인.

보건복지부(2022). 희망복지지원단 업무안내. 세종: 보건복지부.

보건복지부, 한국사회보장정보원(2021). 통합사례관리 실천가이드.

양옥경, 김연수(2007). 축약형 가족관계척도 구성과 타당도 연구. 한국가족관계학회지, 12(2), 103-129.

엄명용, 김성천, 윤혜미(2020). 사회복지실천의 이해(5판). 서울: 학지사.

엄명용, 노충래, 김용석(2020). 사회복지실천기술의 이해(4판). 서울: 학지사.

영국 사례관리자협회(2018). 사례관리 실천에서의 윤리와 행동 강령(Code of Ethics and Conduct in Case Management Practice).

육성필, 이윤호, 남옥남(2019). 위기의 이해와 개입. 서울: 박영스토리.

윤현숙, 김기환, 김성천, 이영분, 이은주, 최현미, 홍금자(2001). 사회복지실천기술론. 서울: 동인.

임은미, 구자경(2019). 다문화 사회정의 상담. 서울: 학지사.

전겸구, 최상진, 양병창(2001). 통합적 한국판 CES-D 개발. 한국심리학회지: 건강, 6(1), 59-76.

최명민, 김기덕(2013). 기든스(Giddens)의 성찰성 이론을 통한 임파워먼트의 재해석. 한국사회복지학, 65(2), 103-130.

최지선, 민소영, 유명이, 이기연, 최말옥(2018). 참여형 교육을 위한 사례관리실천 사례집. 충북: 한국보건복지인력개발원.

한국사례관리학회 편(2016). 사례관리 전문가: 심화과정교육. 서울: 학지사.

한국사례관리학회 편(2019). 사례관리 전문가교육: 실무자 기초과정(2판). 서울: 학지사.

한국사례관리학회 편(2020). 사례관리론: 개념, 기술, 실천역량 이해. 서울: 학지사.

Adler, J. E. (2001). Patronizing. *Journal of Social Philosophy, 32*(4), 621-635.

Berg, I. K., & Kelly, S. (2000). *Building solutions in child protective services*. 아동보호서비스의 새로운 패러다임: 해결중심 접근(김윤주, 최인숙 공역, 2013). 서울: 학지사.

Blundo, R. (2006). "Shifting Our Habits of Mind: Learning to Practice from a Strengths Perspective." In D. Saleebey. *The Strengths Perspective in Social Work Practice* (4th ed.). Pearson Education, Inc, 25-45.

Bronfenbrenner, U. (1993). The Ecology of Cognitive Development: Research Models and Fugitive Findings. In R. H. Wozniak, & K. W. Fischer (Eds.), *Development in Context: Activity and Thinking in Specific Environments* (pp. 3-44). Mahwah, NJ: Lawrence Erlbaum.

Clark, M., Clark A., Delaney, C., Waters, L., Salpietro, L., & Tippett, H. (2020). Best Practices for Counseling Clients Experiencing Poverty: A Grounded Theory. *Journal of Counseling & Development, 98*, 283-294.

Compton, B., & Gallaway, B. (1999). *Social work processes* (6th ed.). Pacific Grove, CA: Brooks/Cole.

Cruz, H. D., Gillingham, P., & Melendez, S. (2007). Reflexivity, its Meanings and Relevance for Social Work: A Critical Review of the Literature. *British Journal of Social Work, 37*, 73-90.

De Jong, P., & Berg, I. K. (2012). *Interviewing for Solutions*. 해결을 위한 면접(노혜련, 허남순 공역, 2015). 서울: 박학사.

Diener, E. D., Emmons, R. A., Larsen, R. J., & Griffin, S. (1985). The satisfaction with life scale. *Journal of Personality Assessment, 49*(1), 71-75.

Dominelli, L. (2002). *Anti-Oppressive Social Work Theory and Practice*. London: Palgrave Macmillan.

Fook, J. (1993). *Radical Casework: A Theory of Practice*. Singapore: Allen & Unwin.

Foss, L. L., Generali, M. M., & Kre, V. E. (2011). Counseling People Living in Poverty: The CARE Model. *Journal of Humanistic Counseling, 50*, 161-171.

Germain, C. B., & Gitterman, A. (1995). Ecological perspective. In R. L. Edwards (Eds.), *Encyclopedia of social work* (Eds.). Washington: NASW Press.

Green, G. J., & Lee, M. Y. (2011). *Solution-Oriented Social Work Practice: An Integrative Approach to Working with Client Strengths*. 해결지향 사회복지실천: 강점기반 통합적 접근(송성자, 김유순, 최중진, 양소남, 김연수, 김희영, 심우찬 공역, 2012). 서울: 학지사.

Hartman, A. (1978). Diagrammatic assessment of family relationships. *Social Casework, 59*, 465-476.

James, R. K., & Gilliland, B. E. (2001). *Crisis intervention strategies and techniques* (4th ed.). Pacific Grove, CA: Brooks/Cole.

Jones, K. (2007). *Best Practice in Social Work*. 사회복지와 비판적 우수실천(김경호, 김현욱, 장남서, 류방, 박일현 공역, 2012). 경기: 공동체.

Liu, L., Chui, W. H., Denga, Y., & Li, H. (2020). Dealing with Resistance: Working with Involuntary Clients in Community-Based Drug Treatment Programs in China. *Australian Social Work, 73*(3), 309-320.

Payne, M. (1997). *Modern social work theory*. 현대 사회복지실천이론(서진환, 이선혜, 정수경 공역, 2001). 경기: 나남.

Pincus, A., & Minahan, A. (1973). *Social work practice: Model and method*. Itasca, IL: Peacock.

Roberts, A. R. (2005). *Crisis intervention handbook: Assessment, treatment, and research* (3rd ed.). New York: Oxford University Press.

Saleebey, D. (Ed.). (2007). *The Strengths Perspective in Social Work Practice* (4th ed.). Boston: Allyn & Bacon.

Smith, M. (2020). Recognising Strategy and Tactics in Constructing and Working with Involuntary Social Work Clients. *Australian Social Work, 73*(3), 321-333.

Thompson, N. (2001). *Anti-discriminatory Practice*. London: Palgrave Macmillan.

Wilson, K., Ruch, G., Lymery, M., & Cooper, A. (2008). *Social Work: An Introduction to Contemporary Practice*. England: Pearson Education Limited.

Zimmet, G. D., Dahlem, N. W., Zimmet, S. G., & Farley, G. K. (1988). The multidementional scale of perceived social support. *Journal of Personality Asessment, 52*, 30-41.

[제2부]

강창현(2003). 사회복지서비스 지역전달네트워크의 실험적 설계. 한국행정논집, 15(2), 337-358.

강철희, 정무성(2006). 지역사회복지실천론. 경기: 나남.

권진숙 외(2009). 인천광역시 사회복지관 사례관리실천을 위한 매뉴얼 연구보고서. 인천광역시사회복지관협회, 사례관리연구회.

김경미, 윤재영(2010). 강점관점과 지역사회네트워크를 기반으로 하는 통합적 사례관리 실천방법의 구조화-개념도 연구법(concept mapping)을 활용하여-. 한국가족복지학, 28, 93-118.

김경희, 강미경, 노혜련(2013). 강점관점 사례관리의 적용과 성과에 대한 탐색적 연구: 우리아이 희망네트워크 사업 수행 기관을 중심으로. 사회복지질적연구, 7(2), 175-203.

김성재, 김후자, 이경자, 이선옥(2000). 포커스 그룹 연구방법. 서울: 현문사.

김수영(2012). 빈곤여성의 역경극복 과정. 숭실대학교 사회복지학과 박사학위논문.

김수현, 박은철, 김소임(2001). 서울시 저소득여성가구주를 위한 자활지원방안: 성동구 사례를 중심으로. 서울: 서울시정개발연구원.

김영종, 홍현미라, 이현주, 이혜원, 이민영, 진재문(2008). 사회복지 네트워킹의 이해와 적용. 서울: 학지사.

김혜림(2019). 사례관리자의 네트워크 활동이 이용자 중심 실천에 미치는 영향. 숭실대학교 대학원 석사학위논문.

나동석(2016). 사례관리자의 자기효능감과 지역사회자원의 네트워크 구축 관계에서 사회적 관계망의 매개효과(The Mediating Effect of Social Network in Relationship between the Case Manager's Self-Efficacy and Community Resource Network Building). 한국사회복지행정학, 18(3)(통권 제52호), 55-74.

남화수(2012). 지역사회복지관 사례관리자의 사례관리인식에 관한 재구성: 위버만의 객관적 해석학을 중심으로. 강남대학교 대학원 박사학위논문.

노혜련, 박은숙, 유서구, 박화옥, 이용우(2006). 취약여성가구주 사례관리 시범사업 평가와 모형 개발 연구. 보건복지부, 숭실대학교.

노혜련, 유서구, 박화옥, 윤민화(2007). 우리아이 희망네트워크 지원사업 성과평가 연구. 한국자원봉사협의회, 숭실대학교.

노혜련, 유서구, 박화옥, 이용우, 윤민화, 이민영(2008). 우리아이 희망네트워크 지원사업 평가와 운영 모델 개발 연구. 한국자원봉사협의회, 숭실대학교.

노혜련, 유성은(2007). 강점관점 사례관리의 특성에 관한 연구: 빈곤여성가구주의 참여경험을 중심으로. 한국가족치료학회지, 15, 75-103.

민소영(2008). 강점관점 반영 사례관리 훈련프로그램의 개발 및 효과성 연구. 한국사회복지행정학, 10(1), 39-65.

민소영(2012). 사회복지사가 경험한 강점관점 사례관리 실천: 영유아 빈곤가정을 대상으로. 사회복지연구, 43(1), 275-304.

민소영(2017). 사례관리로 지역공동체 만들기. 사례관리연구, 8(1), 45-67.

민소영(2019). 공공부문 사례관리 서비스 통합을 위한 전달체계 탐색. 사회복지정책, 46(2), 143-173.

민소영, 김세원, 정혜린(2019). 학대피해 아동보호 전문서비스의 지역사회 협력 경험: 아동보호 통합지원 전문서비스 시범 사업을 중심으로. 한국아동복지학, 66, 1-37.

민소영, 김이배, 송아영, 노수현, 손지현(2018). 찾아가는 동주민센터와 복지관 협력모델 및 역할 제언 연구. 서울: 서울복지재단.

민소영, 김형선, 성은미, 양난주, 오민수, 정익중, 하경희(2020). 공공부문 사례관리 연계·협력 모형 개발연구. 사회보장정보원 희망복지지원단 사례관리정책지원센터, 경기대학교 산학협력단.

민지선(2019). 지역사회 민관협력 기술. 한국지역사회복지학회 학술대회 자료집, 5-15.

박무일(2008). 지역복지네트워크 형성과 변화에 관한 연구. 사회과학연구, 24(3), 203-221.

보건복지부(2017). 정신보건사업 안내.

보건복지부(2021). 2021년 공공부문 사례관리 연계협력 업무안내.

보건복지부, 사회보장정보원(2020). 공공부문 사례관리 연계·협력 업무안내.

보건복지부, 솔루션센터(2006). 강점관점 해결중심 사례관리 매뉴얼. 서울: 보건복지부.

사례관리의 실천 IX(2021). 서대문종합사회복지관.

서울시복지재단(2019). 찾아가는 동주민센터 사례관리 성과평가.

서혜미, 민소영(2012). 지역기반 네트워크의 구조적 특성과 효과성 연구. 서울도시연구, 13(2), 89-108.

성기원, 이상원(2020). 찾아가는 동주민센터 공공사례관리 모니터링 지표개발 연구. 서울: 서울복지재단.

성산종합사회복지관 현장연구보고서(2020). 복지환경변화에 따른 민관협력 통합사례관리 네트워크 운영에 대한 고찰.

심정원, 송명선(2019). 사례관리 실천현장의 변화와 과제-성산복지관 실천사례를 중심으로. 한국사례관리학회 추계학술대회 자료집, pp. 126-128.

엄명용, 노충래, 김용석(2020). 사회복지 실천기술의 이해(4판). 서울: 학지사.

영등포형재가어르신통합네트워크 자료집(2015).

우정자(2006). 사회복지 조직간 협력관리 요인에 관한 탐색적 연구. 한국사회복지학, 58(4), 37-63.

윤민화, 이민영, 노혜련(2014). 강점관점 사례관리에서 지역복지 네트워크 실천과정 연구. 한국지역사회복지학, 50, 203-239.

이기연, 천효숙, 박현정(2019). 찾아가는 동주민센터 사례관리 성과평가 연구: 찾동 사례관리 참여주체들의 경험에 대한 질적 연구. 서울복지재단, 13.

이봉주(2005). 통합적 복지서비스 전달체계 구축전략과 모델. 한국사회복지행정학회 학술대회, 45-66.

이용숙, 김영천, 이혁규, 김영미, 조덕주, 조재식(2008). 교육현장 개선과 함께하는 실행연구방법. 서울: 학지사.

이재완(2007). 지역복지네트워크의 의미와 실천사례 연구: 천안시의 활동을 중심으로. 한국사회복지행정학, 19, 29-52.

이정희, 김창희(2018). 사회복지전담공무원들의 통합사례관리 경험 연구. 한국사회복지학, 70(1), 143-176.

이진선(2017). 사례관리실천 단계별 수행수준에 영향을 미치는 요인. 군산대학교 대학원 석사학위논문.

이혜원(2002). 결식아동 지원조직간 서비스 연계망(network)에 관한 연구. 한국사회복지학, 49, 190-224.

임효연, 김영숙, 이순민(2010). 사회복지기관의 사례관리 직무실태 분석. 한국지역사회복지학, 34, 53-81.

정수현(2017). 사례관리 실천기록. 경기: 푸른복지.

정순둘(2001). 재가노인을 위한 사례관리 네트워크 분석: 부천시를 중심으로. 한국사회복지학, 46, 404-426.

조지혜, 남수연(2018). 주민조직화 실천과정 및 성과에 대한 사례연구-성산종합사회복지관(성산마을) 사례를 중심으로. 서울시복지재단 지역복지현장연구보고서, pp. 49-160.

조현순(2010). 사례관리 전문가 양성교육 자료집. 한국사례관리학회, 부산시장애인복지관협회.

조현순, 양소남(2013). 공공영역에서의 사례관리교육 현황과 발전방안: 2009년~2010년의 사례를 중심으로. 사례관리연구, 4(1), 25-50.

최용민(2004). 사회복지실천과 사례관리: 재가장애노인복지 서비스를 중심으로. 진각사회복지, 1, 51-69.

최유경(2013). 사회복지사의 직무수행능력이 사례관리자의 역할수행에 미치는 영향-장애인 복지관을 중심으로. 경기대학교 대학원 석사학위논문.

최종혁(2007). 지역보건복지연계사업 실천과정에서 서비스 제공자 반응연구: 소규모지역단위의 사례관리네트워크 모형을 중심으로. 한국노년학, 27, 699-719.

최지선, 민소연, 엄태영(2015). 희망복지지원단 통합사례관리사의 사례관리역량 자기평가지표개발 연구. 한국사회복지행정학, 17(3)(통권 제48호).

최지선, 민소영(2018). 사례관리 실천 속 지역사회조직화 경험에 대한 탐색. 한국지역사회복지학, 65, 137-167.

하나연, 박진주, 정경옥, 김정란, 전예숙(2018). 대인관계능력: NCS직업기초능력. 서울: 학지사.

하재홍, 김정한(2018). 찾동에서의 공동사례관리 운영 방안: 공공사례관리를 중심으로. 한국사회복지행정학회 춘계학술대회 자료집, 127-133.

한국사례관리학회 편(2016). 사례관리 전문가: 심화과정교육. 서울: 학지사.

한국사례관리학회 편(2019). 사례관리 전문가교육: 실무자 기초과정(2판). 서울: 학지사.

한국사례관리학회 편(2020). 사례관리론: 개념, 기술, 실천역량 이해. 서울: 학지사.

한국사례관리학회(2016). 사례관리실천에서의 권력 역동과 그 영향. 2016 한국사례관리학회 춘계학술대회 자료집.

한국사례관리학회(2019). 한국의 사례관리, 10년의 경험과 도전. 2019 한국사례관리학회 추계학술대회 자료집.

한국사례관리학회(2020). 삶과 공간, 그리고 사례관리. 2020 한국사례관리학회 추계학술대회 자료집.

함철호(2003). 지역사회복지실천에 있어서 기관간 연계의 효과성 평가. 한국사회복지학, 55(11), 309-339.

함철호(2017). '읍면동복지허브화'에 대한 질적 사례연구. 한국지역사회복지학, 60, 59-97.

함철호(2019). 사례관리론. 서울: 한국방송통신대학교 출판부.

함철호, 조현순(2017). 사례관리 수행에 있어서 민-관기관의 장·단점, 정보공유의 필요성과 협력 방안에 대한 탐색적 연구. 사례관리연구, 8(1), 69-98.

홍경준(2000). 실직관련 민간비영리 조직간 관계의 구조적 특성연구: 의사소통관계와 실직관련 활동의 전개양상을 중심으로. 사회복지연구, 15, 267-290.

홍선미(2006). 자활지원 사례관리 모형과 운영방안 연구. 사회복지연구, 29, 133-166.

홍현미라, 김가율, 민소영, 이은정, 심선경, 이민영, 윤민화(2019). 지역사회복지론. 서울: 학지사.

Ballew, J. R., & Mink, G. (1996). *Case Management in Social Work*. Springfield: The

Charles C. Thomas Publisher, Ltd.

Chapin, R. K. (2006). *Social Policy for Effective Practice: A Strengths Approach.* McGraw-Hill College.

Coulshed, V., & Orme, J. (1998). "Case Management: Assessment and Commissioning Services." In *Social Work Practice: An Introduction* (3rd ed.), edited by V. Coulshed, and J. Orme. Basingstoke, England: Macmillan.

Hall, R. H. (1982). *Organizations: Structure and Process* (3rd ed.). Englewood Cliffs, NJ: Prentice-Hall, Inc.

Hardcastle, D., Wenocur, S., & Powers, P. R. (1997). *Community Practice Theories and Skills for Social Workers.* New York: Oxford University Press.

Marsh, D., & Rhodes, R. A. W. (Ed.). (1992). *Policy Network in British Government.* Oxford University Press.

Miles, M., & Huberman, M. (1994). *Qualitative Data Analysis.* CA: Sage.

Rapp, C. A. (1998). *The Strengths Model: Case Management with People Suffering From Severe and Persistent Mental Illness.* New York, Oxford: Oxford University Press.

Rapp, R. C. (2006). "Strengths-based Case Management: Enhancing Treatment for Persons with Substance Abuse Problems", edited by D. Saleebey, *The strengths perspective in social work practice* (pp. 128-147). Boston: Pearson Education, Inc.

Saleebey, D. (1992). *The Strengths Perspective in Social Work Practice.* White Plains, New York: Longman.

Saleebey, D. (2006). "Power in the People". In *The Strengths Perspective in Social Work Practice* (4th ed., pp. 1-24), edited by D. Saleebey. Boston: Pearson Education, Inc.

Tesorero, F., Boyle, F., & Enright, L. (2010). *Using Strengths-Based Ways to Build Community and Contribute to Social Inclusion.* Quarterly. http://www.newcq.org/database/sites/default/files/ncq-84-strengths.pdf

Walker, A. (2006). "Child Protection and Interagency Collaboration." *Policy Quarterly,* 2(4), 29-38.

Weik, A. (1992). "Building a Strength Based Perspective for Social Work". In *The Strength Based Perspective in Social Work Practice*, edited by D. Saleebey. Longman, New York.

[제3부]

권진숙 외(2009). 인천광역시 사회복지관 사례관리실천을 위한 매뉴얼 연구보고서. 인천광역
    시사회복지관협회, 사례관리연구회.

김영숙, 김욱, 엄기욱, 오만록, 정태신(2002). 사회복지 프로그램 개발과 평가. 경기: 교육과학사.

민소영(2010). 지역기반 정신보건서비스 조직의 네트워킹 결정요인 연구. 정신보건과 사회사
    업, 34, 5-29.

숭실대학교, 한국자원봉사협의회(2008). 우리아이 희망네트워크 지원사업 평가와 운영모델
    개발 연구.

숭실대학교, 함께나누는세상(2010). 우리아이 희망네트워크 지원사업 평가지표개발 연구.

월드비전(2010). 사례관리 매뉴얼.

이민홍, 정병오(2020). 사회복지 프로그램 개발과 평가(제3판). 경기: 양서원.

최옥채(2008). 사회복지사를 위한 질적연구. 서울: 신정.

황성철(2005). 사회복지 프로그램 개발과 평가. 경기: 공동체.

Guba, E. G., & Lincoln, Y. S. (1989). *Fourth generation evaluation*. Newbury Park: Sage
    Publications.

Miley, K., O'Melia, M., & DuBois, B. (2014). *Generalist Social Work Practice: An
    Empowering Approach*. Boston, MA: Pearson.

Morse, G. A., Calsyn, R. J., Rosenberg, P., West, L., & Filliland, J. (1996). Outreach to
    homeless mentally ill people: Conceptual and clinical considerations. *Community
    Mental Health, 32*(3), 261-274.

Moxley, D. P. (1989). *The practice of case management*. Sage Publications, Inc.

찾아보기

내용

314

| 저자 소개 |

김성천(Kim Sung Chun)
중앙대학교 대학원 사회복지학 박사
현 중앙대학교 사회복지학부 교수

김경희(Kim Kyung Hee)
이화여자대학교 대학원 사회복지학 박사
현 가톨릭꽃동네대학교 사회복지학과 교수

김연수(Kim Yoensoo)
이화여자대학교 대학원 사회복지학 박사
현 백석대학교 사회복지학부 교수

김은정(Kim Eun Jeong)
이화여자대학교 사회복지전문대학원 사회복지학 박사
현 한양여자대학교 사회복지과 교수

김현수(Kim Hyunsoo)
미국 Case Western Reserve University 사회복지학 박사
현 동국대학교 사회복지학과 교수

김혜성(Kim Hae Sung)
뉴욕 올버니 주립대학 대학원 사회복지학 박사
현 강남대학교 사회복지학부 교수

민소영(Min So Young)
미국 펜실베이니아 대학교 대학원 사회복지학 박사
현 경기대학교 사회복지전공 교수

박영숙(Park Yeong Sook)
한림대학교 대학원 사회복지학 박사 수료
현 영등포노인종합복지관 관장

심정원(Sim Jung Won)
이화여자대학교 사회복지대학원 석사
현 성산종합사회복지관 관장

유서구(Yoo Seo Koo)
University of Texas at Austin 사회복지학 박사
현 숭실대학교 사회복지학부 교수

정병오(Jeong Byeong Oh)
연세대학교 대학원 사회복지학 석사
현 휴먼임팩트협동조합 이사장

조현순(Cho Hyunsoon)
서울여자대학교 대학원 사회복지학 박사
현 경인여자대학교 교수

2판

사례관리 전문가
심화과정교육
Case Management Advanced Course (2nd ed.)

2016년 8월 30일 1판 1쇄 발행
2022년 2월 10일 1판 3쇄 발행
2022년 10월 20일 2판 1쇄 발행

지은이 • 한국사례관리학회 편
　　　　김성천 · 김정희 · 김연수 · 김은정 · 김현수 · 김혜성
　　　　민소영 · 박영숙 · 심정원 · 유서구 · 정병오 · 조현순
펴낸이 • 김진환
펴낸곳 • ㈜ **학지사**

　　　　04031 서울특별시 마포구 양화로 15길 20 마인드월드빌딩
대표전화 • 02-330-5114　　팩스 • 02-324-2345
등록번호 • 제313-2006-000265호

홈페이지 • http://www.hakjisa.co.kr
페이스북 • https://www.facebook.com/hakjisabook

ISBN 978-89-997-2765-8 93330

정가 19,000원

출판미디어기업 학지사

간호보건의학출판 **학지사메디컬** www.hakjisamd.co.kr
심리검사연구소 **인싸이트** www.inpsyt.co.kr
학술논문서비스 **뉴논문** www.newnonmun.com
교육연수원 **카운피아** www.counpia.com